歴史文化ライブラリー
430

国分寺の誕生

古代日本の国家プロジェクト

須田 勉

吉川弘文館

目　次

国分寺を復元する——プロローグ

備中国分寺本堂の西方に、江戸時代に建立されたみごとな五重塔が残されている。南から見上げると、丘陵上に建てられていることもあり、その凛々しい姿は、天皇を象徴して建立された国分寺七重塔を思わせる。

七重塔と二寺制

日本の国分寺は、唐の官寺制度を範として成立したと考えられているが、そこには、日本独自の思想が二つあった。一つは七重塔の建立であり、いま一つは国分僧寺（金光明四天王護国之寺）と国分尼寺（法華滅罪之寺）の二寺制を採用した点である。前者の七重塔は、聖武天皇勅願の金字『金光明最勝王経』一〇部の法舎利を安置し、国分僧寺と国分尼寺を代表して建てられた。その威容は、まさに天皇を象徴する建物であった。七重塔を営むために国分寺を建立したといっても過言ではない。

後者は、古代中国において、僧寺と尼寺を各県に置いた先例を、隋の文帝の宗教政策にみることができるが、むしろ、唐の大雲寺制度を模倣したとする考えが一般的である。すなわち、則天武后が載初元年（六九〇）に諸州に大雲寺を置き、『大雲経』という経典名を寺号に採用した点と、日本の国分寺制度にみられる二つの根本経典から寺号が決められたこととが共通するのである。しかし、唐の大雲寺制度がほとんど旧寺を転用することで対応したのに対し、日本の国分寺制度は新造である点が大きく異なっていた。

国分尼寺は、罪を滅するという思想をもつ『法華経』を根本経典にすえ、「法華滅罪之寺」と号した。天然痘の大流行は、光明皇后の四人の兄弟を一度に死に追いやり、なにより多くの国民を犠牲にした。そこから救いを求める国分寺の建立は、光明皇后の悲願であった。

国分寺と盧舎那仏造営の詔

日本の国分寺制度は、天平九年（七三七）三月に、釈迦三尊の造像と『大般若経』の書写が命ぜられたときに始まる。詔を発布した最大の契機は、西日本全土を覆った天然痘の大流行にあった。律令国家は、仏教の験力をもって疫病を撲滅しようと考えたのである。しかし、天然痘の流行はその後も収束せず、やがて東日本にも拡大した。その被害は、日本の人口の三分の一が死亡したと推定され、中世ヨーロッパのペストの大流行に匹敵するという。これまで経験したことのない未曽有の事態にまで発展した。疫病の流行による社会不安や人口の減少にともなう労働力不足などの弊害は、その後も長く続いたのである。

天平十二年九月に勃発した藤原広嗣の乱も、天然痘の流行が遠因となって引き起こされた事件であった。広嗣は、光明皇后の甥にあたる人物である。聖武天皇は、乱の最中に東国行幸を決行し、間もなく恭仁宮に遷都する。かつて河内国の知識寺に行幸した聖武天皇は、その盧舎那仏を拝して以来、ある構想を持ち続けていた。恭仁宮遷都は、そのことを実行する第一歩だった。その思いを決断するきっかけとなった事件が、広嗣の乱だったのである。

一方、天然痘で四人の兄弟を一度に失った光明皇后の思いは、天平九年三月詔の発布以来、各国に官立寺院を建立するという全国官寺制の実現にあり、それは、広嗣の乱以後、皇后の心を一層強固なものにしていった。この乱は、聖武天皇と光明皇后の双方にとって、思いを決断するに至る大きな契機となる事件だったのである。

恭仁宮遷都後の同十三年一月十五日、正月のめでたい日を選び、故藤原朝臣家から、三〇〇〇戸の封戸が国分寺丈六仏像（釈迦如来像）の造仏料として施入された。藤原家として広嗣の乱を天下に詫び、仏教の功徳によりこれを払拭しようとする願いが込められていた。翌月の二月十四日、施入された三〇〇〇戸の封戸を財政基盤として、恭仁宮で国分寺建立の詔が発せられたのである。

一方、聖武天皇は恭仁宮遷都後、紫香楽に足繁くかよい、紫香楽宮を造営する。天平十五年十月、そこで盧舎那仏造顕の詔を発願したのである。広嗣の乱の最中、突然、関東行幸を断行した最大の目的は、官民の心を一つにした知識にもとづく盧舎那仏を造顕することにあった。聖武天皇の仏教を中心とした国家構想の核心は、その点にあったのである。紫香楽宮の南丘陵上に定められた甲賀寺での造営工事は、多くの僧侶が読経するなか、聖武天皇がみずから縄をひくことから始められた。

しかし、間もなく、紫香楽宮の近隣で放火による火災が相次ぎ、加えて地震も頻発した。相次ぐ遷都や無理な計画が人心の離反をまねき、盧舎那仏の造営事業はあっけなく頓挫した。紫香楽宮甲賀寺の地で実現を目指した聖武天皇の崇高な理想は、ついに終焉を迎えたのである。

国分寺の創建

天平十七年（七四五）五月、聖武天皇は失意のうちに平城京に還都する。平城京の東郊にあたる、のちの東大寺上院地区では、光明皇后と縁の深い福寿寺が大養徳国金光明寺にあてられ、改造のための工事もおこなわれていた。同年八月、上院地区の大養徳国金光明寺と盧舎那仏の造顕事業とを統合した、新たな計画が平城京東郊の地で開始された。のちの東大寺である。したがってこの寺は、『金光明最勝王経』を根本経典とする大養徳国金光明寺と、『華厳経』にもとづく盧舎那仏を擁する寺院の二つの性格をもっていた。

この統合計画を発案し実践したのは、光明皇后であろう。のちの光明皇太后崩伝の中の、「東大寺と天下の国分寺を創建するは、もと、太后の勧めし所なり」の文言は、この頃の状況を伝えたものと考えられる。

その後、盧舎那仏の造営は順調に進み、天平十八年十月には、盧舎那仏の中心部となる中子が完成したことに対する大規模な燃灯供養が営まれた。翌十九年九月には、ついに鋳造を開始するまでに造営事業は進展したのである。一方、諸国国分寺については、同十八年九月に、恭仁宮大極殿が山背国分寺に施入される。翌十月には、写金字経所において、金字『金光明最勝王経』の書写がほぼ完成し、さらに、翌十九年一月二十日までには、宮寺が大和国法華寺に改称される。大和国法華寺という寺号の誕生である。

このように、平城京還都以後、盧舎那仏の造顕を含む大和国金光明寺・大和国法華寺と諸国国分寺造営への具体的な動きが急速に高まった。計画の進展に大きな役割を果たしたのは、光明皇后と藤原仲麻呂であろう。仲麻呂は聖武天皇の最大の関心事であった盧舎那仏の造営に手腕を発揮し、次第に頭角をあらわした人物である。光明にとっても兄である藤原武智麻呂の嫡男なので、頼りとなる存在であった。

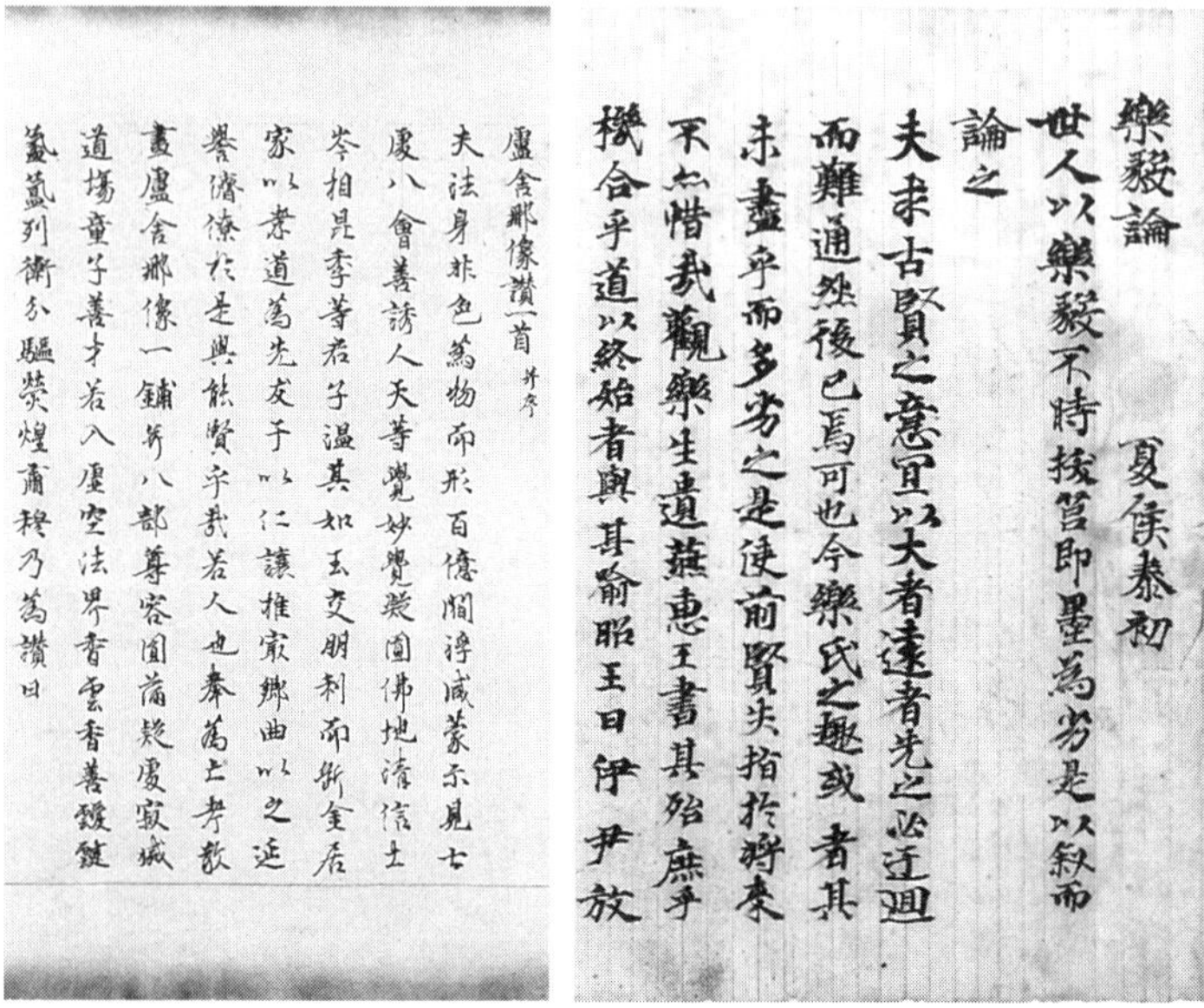

図１　『雑集』（左）と『楽毅論』（右）

『雑集』は聖武天皇31歳のときの筆，『楽毅論』は光明皇后44歳のときの筆．（正倉院宝物）

以上のような諸政策が集中して実施されたことから判断すると、諸国国分寺の造営に対する動きが具体的に始まるのは、平城京還都以後の、天平十八年を前後する時期であろう。詳しいことは後述するが、この頃、造営に着手された国をあげるとしたら、下野国分僧寺、武蔵国分僧寺、上総国分僧寺・国分尼寺、下総国分僧寺、美濃国分僧寺、安芸国分僧寺などである。今後、諸国国分寺の創建期に関する研究が進展すれば、その数はさらに増えることが予想される。

現実に国分寺を造営するにあたっては、計画性や組織編成についての対応方法が、諸国国分寺でまちまちであることが判明してきた。各国とも造営事業を個別的に進めたのである。完成した国分寺伽藍やその他の構造に統一性がみられない事情は、造営の初期の段階から存在していた。また、国分寺の造営時についても、上総国分尼寺を除き、国分僧寺の造営が国分尼寺に先行する国が一般的である。相模国分寺のように、国分僧寺と国分尼寺とが、別々の計画で進められた国もあった。

天平十八年前後の国分寺や盧舎那仏の造営に関するさまざまな措置を受け、天平十九年十一月に、国分寺造営督促の詔が発令される。これは、全国一斉に国分寺造営に着手することを喚起するための政策で、在地に根ざす郡領に国分寺造営に協力することを求めたものである。政府はその見返りとして、末代まで郡領に任用することを約束した。この政策は、足掛け三年であるが、実質は、天平十九年十一月から郡司譜第主義を定めた同二十一年二月までの一年三ヵ月なので、全国の国分寺が一斉に造営に着手するためのカンフル剤的性格を持っていた。しかし、これと一連の政策として知識にもとづく献物叙位の方策が同時におこなわれ、さらに百済王敬福による黄金献上などの幸運が重なり、国分寺や盧舎那仏の造営に対する気運は一気に高まった。天平十九年の詔以降、全国規模で国分寺造営が実質的に進捗する時期を迎えたのである。

国分寺の復元

国分寺の先駆的研究をおこなった石田茂作氏は、全国各地で実施した発掘調査の成果や「上野国交替実録帳」に記載された「築垣壱廻　四面弐町」の記述をもとに、国分僧寺の寺域（寺院地）の規模を方二町、国分尼寺を一町半ないし一町と考えた（石田茂作『東大寺と国分寺』至文堂　一九六六）。石田学説は、長い間定着し、各国で発掘調査を実施するにあたっての大きな指標となった。

さらに石田氏は、国分寺の主要伽藍のほかに、僧尼の生活をささえる食堂・浴室・厨屋などや、寺の寺務をつかさどる政所あるいは三綱所、さらに一国の教学を総監する国師所もあったはずなので、将来の国分寺研究は、主要伽藍以外のこれからの施設の解明に研究の主力を向けるべきと主張した。

しかし、実際の発掘調査にさいしては、堂塔の規模や伽藍配置の調査に主たる関心が向けられ、寺院運営上の空間に対する課題の解明が、研究の俎上にのることはほとんどなかった。わずかに、但馬国分僧寺出土木簡の分析から、運営施設に対する注目を集めたくらいであった（『但馬国分寺木簡』日高町教育委員会　一九八一）。そうした現実は、開発が活発な時期にあっては、国分寺遺跡の保存問題にも関わる重要な課題でもあった。

一九八〇年代におこなわれた上総国分僧寺・国分尼寺の調査は、石田氏が主張した課題に大きな転換をもたらした。さらに、武蔵国分僧寺、下総国分僧寺、下野国分僧寺、相模国分僧寺などの関東の国分寺を中心として、寺院地の面積が一〇町を超える規模の国分寺が、相次いで確認された。

一方、面積が四町前後の規模で造営された国分寺は、西日本で讃岐国分僧寺、安芸国分寺、但馬国分僧寺、備前国分僧寺、近江国分僧寺などがある。東日本では、伊勢国分僧寺、三河国分僧寺、遠江国分僧寺、信濃国分僧寺、上野国分僧寺、陸奥国分僧寺などがそれに加わり、石田氏の主張通り、国分寺では四町を前後する規模が一般的であることが固まりつつある。

上総国分僧寺と国分尼寺では、一四町にもおよぶ寺院地内に、辺長二町の伽藍地と、その北に大衆院を構成する三綱務所・食堂・客房・厨屋・井屋・湯屋、中軸線上には国師院（講師院）が置かれた。さらに、大衆院北方に油菜所を含む薗院（総菜や薬草栽培の土地）、南大門の南には花苑院の施設が置かれるなど、平城京内の官大寺の構造と対比して考察できる段階に至った意義は大きい。

関東を中心とした一〇町を超える規模の国分寺と四町前後の規模をもつ国分寺の構造上の相違は、都城内に建立された平城京薬師寺（東西三町×南北四町）と、藤原京薬師寺（東西二町×南北三町）に代表される寺院の寺院地に類型化することができる。『薬師寺縁起』に引く『流記』に、「四坊塔金堂並僧坊等院、二坊大衆院、以上本寺」とあり、六町を占める。平城京薬師寺との構造上の大きな相違は、寺院地内に独立した薗院、花苑院、修理院、賤院などをもたない点である。これは「法隆寺資財帳」にもみられ、寺奴婢の居住地や薗地、牛馬舎などは、寺院地外におかれていた。逆にいえば、平城京官大寺における寺院地の規模が拡大した共通の要素は、僧尼の修学上、または寺院運営上必要とするさまざまな施設を、寺院地内に新たに取り込んだ点にある。

その根拠は、僧尼令五非寺院条にある。この法令にもとづく僧尼は、寺院内に止住し、日常生活と仏教活動の多くを、寺院内で完結することが求められた。新たに遷都した平城京では、それが可能となる平城京官大寺型の寺院地が設定されたのである。

以上から、寺院地の区画施設が見つかったからといって、賤院・薗院・花苑院・牛馬舎などは寺院地外に置かれた可能性が想定され、国分寺の規模の問題はより広い視野での解明がのぞまれる。

国分寺には、建立に至る以前に複雑な前史がある。本書では、前半において、どのような経緯を経て国分寺が造営されるに至ったのかを概説する。「国分寺の誕生」を考えたとき、避けては通れない問題であるが、多くは文献史の世界を対象とした分析を中心にその経緯を語らざるを得ない。

造営工事が始まると考古学の出番を迎える。本書の後半は、国分寺の実態をもとに、国家が企画した国分寺造営計画の構想を、在地社会がどのように受け止め、実現につとめたのかを、国分寺の造営過程や七重塔の造塔などを材料に、在地の側から考える。また、国分寺の実態を考える場合、堂塔の規模や伽藍配置も重要であるが、ここでは、最近明らかになりつつある大衆院などの寺院運営施設に焦点を絞り分析する。国分寺の経営に対する要請が、最も色濃く反映する機能と考えるからである。さらに、考古学的には、従来あまり分析が加えられることがなかった称徳（しょうとく）朝における国分寺政策について検討する。特にこの時期の太政官符（だいじょうかんぷ）にみられる個々の政策が、どの程度具体化されたのかを考古学的に検証し、称徳朝における国分寺政策の成果について評価する。

国分寺の研究は、寺院地内における施設や僧尼の活動と寺院地外の問題に分けることができる。そのうち、外の問題、すなわち、国分寺と山林寺院、国分寺と都市計画、国分寺と生産遺跡などについては、紙数の都合もあり、全く触れることができなかった。お詫び申し上げたい。

全国官寺制構想

天然痘大流行

藤原四卿の死

九州を中心に疫瘡が大流行したのは、天平七年（七三五）の夏から冬にかけてのことである。豌豆瘡や裳瘡とよばれるこの病は、豌豆に似た発疹をともない高熱を発する病である。死亡率がきわめて高く、古代において最大の流行病であった。今日の天然痘にあたると考えられている。前年の冬に帰国した遣唐使か遣新羅使が、病原菌を持ち込んだらしい。

聖武天皇は疫瘡を鎮めるため、大宰府管内の諸社に幣帛を奉り、また、筑紫観世音寺をはじめ、管内の諸寺に『金剛般若経』を読ませ、疫瘡が鎮静化することを願った。さらに、疫瘡が山陽道方面に拡大し、王権の中枢に侵入することを防ぐため、関門海峡をわたった長門国において道饗祭とよばれる祭祀をおこなうことを命じた。大陸から侵入した疫病は、原因となる厄病神がわるさをすると考えられていた。これを饗応して撃退するという、大陸での鎮圧方法によって対処しようとしたのである。天平七年の大宰府管内は穀物の不作と疫瘡の流行とが重なり、甚大な被害を被ったのである。

しかしそれは、さらなる大惨事の予兆にすぎなかった。天平九年春から、再び流行が始まったのである。今回も発生場所は九州、またたく間に全国に拡大し、夏を経て秋に至るまで猛威をふるった。国政の中枢である平城京では、同年四月十七日に参議民部卿藤原房前が死亡し、六月十三日には陸奥・出羽国の蝦夷征討から帰京したばかりの参議兵部卿藤原麻呂が、七月二十五日には右大臣藤原武智麻呂が、さらに八月五日には参議式部卿藤原宇合が死亡した。国政の枢要を担っていた藤原四卿が、四月から八月までのわずか五ヵ月の間に、相次いでこの世を去るという異常事態にまで発展した。この年、藤原四卿を含め、国政の中枢をあずかる議政官（知太政官事、大臣、大・中納言、参議）のうち五人が、四位以上の官人三三人（推定）のうち一一人が疫瘡で没したという。同年六月には「百官の官人、疾を患う」という理由で、ついに朝政までが停止されたのである。

疫瘡による被害は、平城京に住む貴族・官人にとどまらなかった。流行がピークを迎えたころの七月五日には、大倭・伊豆・若狭の三国に、また同月十日には、伊賀・駿河・長門三国の疾み飢えた民・百姓に、米・塩を給するなど、被害は列島各地に拡大したのである。

『正倉院文書』に残された、この年の各国の正税帳（政府に提出する財政報告書）を分析したウェイン・ファリス氏は、公出挙の制度に着目し、貸し付けた稲の利息の返却を免除された額から、天平九年に死亡した公民の比率を割り出した。その分析結果によると、和泉国で四五％、駿河国で三〇〜三五％、長門国で一四％の公民が死亡していたという。これらのデータから、全国平均の死亡率を二五〜三五％と推定した（Farris, William Wayne, *Population Disease, and Land in early Japan, 645-900*, the Council on East Asian Studies, Harvard University, and the Harvard-Yenchin Institute, 1985.）。この数字は、平城京に住む四位以上の官人の死亡率とほぼ一致し、中世ヨーロッパを変貌させたとまでいわれたペストの大流行に匹敵すると考えられている。

また、鎌田元一氏は、八世紀前半期の日本の総人口を約四五〇万人と推定する（鎌田元一『律令公民制の研究』塙書房　二〇〇一）。この総人口数をファリス氏が計算した死亡率で換算すると、全国平均で一一〇万〜一六〇万人もの死者が出たと推定されている。吉川真司氏は以上のことをふまえ、未曽有の大惨事が日本列島全体を覆ったことになると総括する（吉川真司「律令体制の展開と列島社会」『列島の古代史』八巻　岩波書店　二〇〇六）。

天平九年の詔

そのような惨状の中で、政府の中枢部そのものもマヒ状態に陥った。そうした状況を克服するにあたり、特に、聖武天皇の責任は重大であった。古代中国でもそうであるように、外敵や天変地異、さらに飢饉や疫病など、さまざまな災害や災禍から国土と人民を守るのは、皇帝の仕事とされてきた。そうした思想的影響を受けた日本でも、天平七・九年に起きた疫瘡の流行や飢饉などの大惨事から人民を救済することは、天皇の責任と考えられていたのである。

聖武天皇は、可能な限りの手だてをつくした。すなわち、民・百姓に対する米や湯薬の支給、租税の免除、山川や神仏への祈願などの対策を次々と打ち出した。また、疫瘡の流行がピークに達した頃の、天平九年六月二十六日には、東海道以下六道諸国の国司に対し、疫瘡の治療法などを指示した太政官符を発表した（『類聚符宣抄』第三　疾疫）。

その内容を要約すると、「赤斑瘡」（天然痘）の病名と詳しい症状の明示、治療法の指示、生活上の注意、飲食物の指示、回復期の処置・心得、さらに、服用薬物の使用法などの細やかな注意や対策が七ヵ条にまとめられている。また、太政官符を発した後、各国国司に対して、直接各郡内を巡行し百姓に官符の内容を周知徹底させるよう命じた。さらに、重湯や粥にする米すらもたない百姓には、官物を支給することなどが命ぜられた。そうした疫瘡に対応する緊急措置が、最重要課題として一点に絞られ、それが全国七道の村々にまで伝達された状況は、まさに、日本の社会全体が、重大な危機的状態に直面した様相を彷彿とさせる。

この太政官符が発せられる三ヵ月前の、『続日本紀』天平九年三月三日条に、

> 国毎に、釈迦仏の像一体、挟侍菩薩二軀を造り、兼ねて大般若経一部を写さしめよ。

という全国官寺制構想が発令されていた。

『続日本紀』は、天平九年の出来事を記した末尾に（同九年十二月二十七日条）、次のように記す。

> 是年の春、疫瘡大いに起る。初め筑紫より来りて夏を経て秋に渉る。

天平九年の疫瘡は、春から始まったことを明記する。春は一～三月を指すので、詔が発布された三月三日には、すでに九州において疫病が再発していたのである。ところが、『続日本紀』の記述の中で、最初に疫瘡に関する記事がみえるのは同九年四月十七日である。この日、参議民部卿藤原房前が死亡しているので、天平九年春に九州で再発した疫瘡は、またたくまに西日本全土に広がり、少なくとも四月には、平城京の中枢部にまで侵入していたことになる。

全国官寺制構想を打ち出した三月三日の詔の段階は、国ごとに釈迦三尊を造顕することと、『大般若経』一部六〇〇巻の書写を命じた内容であり、僧寺のみの一寺制であったと

思われる。この詔は、その後、時々の政策や出来事の影響を受けながら次第に計画を具体化し、天平十三年二月に至り、日本独自の国分僧寺と国分尼寺とからなる国分二寺の制度として発足したものである。しかし三月三日の段階では、疱瘡の流行が未曽有の大惨事にまで発展するとは、誰一人予想したものはいなかったであろう。ましてや、藤原四卿の死が、やがて、藤原広嗣の乱を誘発させるまでに発展するなど、予想だにできなかったのである。

三月三日の詔は、仏教の験力をもって疱瘡を鎮圧しようとする政策であった。しかし、この構想は、造営する寺院全体の規模や財政的基盤などを具体的に示したものではないが、釈迦如来を本尊とする官寺を、国ごとに設置する構想を創始した点で、画期的政策であったと評価できる。

というのは、律令国家は、発足の当初から新たな社会統合のイデオロギーとして、仏教の普及を積極的に図ってきた。天武十四年（六八五）三月には、「諸国家毎に、仏舎を作りて、すなわち仏像および経を置きて礼拝供養せよ」の詔が発令される。それと前後して、在地社会での郡家の造営とともに、郡家に付属する仏教寺院の整備が列島規模で進んだ。持統六年（六九二）九月には、「天下の諸寺を計えたところ、およそ五四五寺」存在したという（『扶桑略記』）。そのことは、郡家の整備とともに、準官寺的性格をもつ付属寺院の造営が、一段と進んだ様相を考古学的にも確認することができる。

一方、国レベルの国府については、七世紀末から八世紀初頭頃に、端初的な構造ではあるが、国ごとに行政施設の整備が進められていた。その実態は、下野国、常陸国、三河国などの複数の国で確認できる（大橋泰夫「国府成立の一考察」『古代東国の考古学』慶友社二〇〇五）。しかし、国司が赴任する機関としての定形化した国府政庁の整備が進められるのは、七二〇年代以降のことであった。天平九年の段階には、すでに陸奥国・下野国・武蔵国・三河国・常陸国・肥前国など、かなりの数の国で定形化した国府政庁が成立していた。八世紀初め頃は、郡家に付属する寺院造営がかなりの割合で達成できた段階なので、国府に付属する国政レベルの寺院を造営するという構想は、すでに国家の政策課題として、浮上しつつある時期にあったといえよう。

そうした律令国家のイデオロギー政策を背景とし、さらに疫瘡の鎮圧という目前の大命題を、仏教の験力によって克服する切り札として、国ごとに釈迦三尊像の造像と、『大般若経』の書写が命じられたのである。大養徳国（この時期大倭国を大養徳国に改称）では、東大寺の上院地区にあった大養徳国金光明寺の前身寺院とされる福寿寺において、天平十年三月に、福寿寺大般若経の書写が開始される（栄原永遠男『奈良時代写経史研究』塙書房　二〇〇三）。しかし残念ながら、まだこの段階では、国ごとに釈迦三尊像を造顕するまでには至らなかった。

諸国国分寺での『大般若経』一部六〇〇巻の写経については、『正倉院文書』天平十一年の「伊豆国正税帳」のなかに、実際に写経をおこなった記事がみられる（『大日本古文書』）。それによると、天平九年三月三日の詔にもとづき、同月十六日付の太政官符が下され、その官符によって、天平十一年までに『大般若経』一部六〇〇巻のうち、四二七巻の写経が終了したことが政府に報告されている。

三月三日の詔にともなう『大般若経』の書写の実態について川尻秋生氏は、伊豆国のほか出雲国でもみられるが、その一方で、淡路国・但馬国ではその実態がみられないことを指摘する（川尻秋生「国分寺造営の諸段階」『シンポジウム国分寺の創建を読む―組織・技術論―』国士舘大学　二〇〇八）。このときの『大般若経』の書写については、書写した国としない国があったようだ。

伊豆国は、疫瘡の流行がもっともピークに達した時期の七月五日、飢饉と疫瘡の蔓延が原因で、大倭国と若狭国とともに、百姓に米・塩が給付された国である。国家から被害に対する給付を受けたのであるから、甚大な惨事に見舞われたことは間違いない。もともと、『大般若経』の書写は、仏教の験力により疫病を鎮圧することを目的とした行為である。二郡からなる小国の伊豆国が、積極的に写経事業をおこなった理由は、疫瘡が蔓延した経験をもつ国だけに、鎮圧に対する伊豆国自身がおかれた事情が背景にあった可能性が高い。

さらに、伊豆国は、国の等級が小国であるにもかかわらず、上野・相模・美濃国分寺と同規模（初層辺長三六尺）の全国最大規模の七重塔が造営された。天平九年における伊豆国での疫瘡の大流行が、伊豆国をして最大規模の七重塔を造らせたのかもしれない。

『金光明最勝王経』と『法華経』の採用

『大般若経』から『金光明最勝王経』へ

天平九年（七三七）三月三日の詔で、国ごとに釈迦三尊の造像と、『大般若経（だいはんにゃきょう）』一部六〇〇巻の書写が命じられた。翌四月八日、唐から帰国した道慈（どうじ）は、止住する大安寺（だいあんじ）の伽藍（がらん）に災事が起こることを恐れ、僧たちを招いて、毎年『大般若経』一部六〇〇巻を転読（てんどく）させてきた。この経典の験力により、雷鳴があった場合でも、災害には及ばないことを確信した道慈は、寺を護り国家を鎮めて聖朝（せいちょう）を平安に導くため、この功徳（くどく）を施すことが永く恒例となることを願った。そして朝廷に対し、この法会が国家の儀礼として採用され、恒例の行事となることをのぞみ、許されたのである。

大安寺の前身である藤原京の文武朝大官大寺（だいかんだいじ）は、造営途上で全焼したことが、一九七三年の発掘調査で明らかになった。金堂（こんどう）の基壇（きだん）まわりには、垂木（たるき）や隅木（すみぎ）が焼け落ちて地面に突き刺さり、火災の激しさを物語っていたという。大官大寺は、天皇を象徴した最高峰の寺である。そのとき道慈は、唐に留学中なので、直接この事故に遭遇したわけでないが、寺が全焼した記憶は、王侯・貴族の間で鮮明に残されていたのである（上原真人『古代寺院の資産と経営―寺院資財帳の考古学―』すいれん舎　二〇一四）。道慈の構想によって新造した平城京大安寺の伽藍に火事が起こることを恐れたのは、文武朝大官大寺でのあの忌（い）まわしい一件を知っていたからである。

四月に入ると平城京の中枢にも疫瘡（えきそう）が広がり、同月十七日、参議民部卿藤原房前（ふじわらのふささき）が死亡した。大宰府管内の国々では、すでに疫瘡が広く流行し百姓が多く死亡する事態に発展していた。五月一日、事態を鎮静化するため、宮中に六〇〇人の僧を招いて、災事に験力を発揮するという『大般若経』転読の法会が大規模におこなわれた。しかし、疫瘡は、止まることなく猛威をふるったのである。

八月二日、全国の僧尼に清浄沐浴（しょうじょうもくよく）を励行させ、罪や穢（けがれ）を払うことが命じられた。心身の清浄を保つことは、最大の験力をえることと考えられていたのである。また、月に二、三度『金光明最勝王経（こんこうみょうさいしょうおうきょう）』を転読させ、一月のうちの定められた六日間（六斎日（ろくさいにち））は、生き物を殺生（せっしょう）することを禁断（きんだん）した。六斎日における生き物の殺生禁断の行事は、天平十三年二月の「国分寺建立の詔」(四一頁で詳述)の中に盛り込まれているので、このときの仏教行事が生かされたのである。

八月十五日、天下太平・国土安寧のため、宮中に僧七〇〇人を招き、『大般若経』と『金光明最勝王経』を転読した。また、このときに招いた僧と、諸国で転読会に参加した僧とを合わせ、九八七人を得度させている。

十月二十六日、道慈を講師として招き、『金光明最勝王経』を大極殿において講説した。これは、元日の朝賀の儀に準じた法会としておこなわれた、史上初の大極殿法会と考えられている。朝賀の儀とは、元日に天皇が大極殿に出御し、百官の祝賀を受ける儀式をいうが、この大極殿法会が、道慈を講師として開催されたのである。

吉川真司氏は、同じ国分寺といっても、天平九年の詔での『大般若経』と、天平十三年詔での『金光明最勝王経』との間には、明らかな転換・断絶があると説く(吉川真司「国分寺と東大寺」『国分寺の創建―思想・制度編―』吉川弘文館　二〇一一)。その転換時期を、律師道慈を講師として執行した、十月二十六日の大極殿法会に求めた。さらにその理由について、『大般若経』は効果なしとし、『金光明最勝王経』の講読会を開き、疫瘡の鎮静化が図られたことにあると指摘する。

疫瘡が流行した天平七・九年のうち、同七年の段階で験力が期待された経典は、『金剛般若経』であった。しかし、同九年には、『金剛般若経』は姿を消し、これに替えて『大般若経』と『金光明最勝王経』の二つの経典に特化される。この二経典は、『続日本紀』の中で、天平九年の法会に限った記述のみで七回登場する。異例の使用回数である。疫瘡の鎮圧に対し、当時の朝廷がいかに仏教の験力に期待したのかが理解できる。

　吉川氏が指摘するように、天平九年の記述をみると、二つの経典の使用時期が異なることがわかる。すなわち、疫瘡がもっとも猖獗をきわめた六、七月を境にすると、前半の三～五月に『大般若経』が三回、後半の八月・十月には『大般若経』が一回、『金光明最勝王経』が三回使用される。『続日本紀』の中で、疫瘡に関する記事がみられるのは、天平九年八月までなので、十月には、すでに鎮静化に向かっていた可能性が高い。

　八月二日以降の法会に使用された『金光明最勝王経』は、疫瘡の流行が終結に向かった時期から用いられたので、「効果あり」という点では、断然、有利な時期に登場したことになる。

「瘡」と罪の報

　仏教では、「瘡」と「癩」は、特別な業病とされてきた。ここでいう「瘡」とは、豌豆瘡とよばれ、現在の天然痘と同じ流行病である。「癩」は、癩菌の感染による慢性病で、ハンセン氏病であった。古代中国では、古くから、「瘡」と「癩」は、仏教上正しくない行為をなした者に対して下される仏罪としての病と考えられていた、と吉田一彦氏は指摘する（吉田一彦「国分寺・国分尼寺の思想」『国分寺の創建―思想・制度編―』吉川弘文館　二〇一一）。

吉田氏は、養老四年（七二〇）成立の『日本書紀』をあげ、そうした中国思想は、すでに、日本社会にも伝えられていたという。例えば、敏達十四年（五八五）三月一日条に、物部守屋（もののべのもりや）と中臣勝海（なかとみのかつみ）が天皇に対して疫病が流行し民・百姓が死に絶えそうなのは、蘇我（そが）氏が仏教を広めたことによるものだ、と進言する。天皇は「早速仏教をやめよ」と詔を下した。すると天皇と守屋が急に「瘡」に冒された。さらに、国中の民が「瘡」を発して死ぬ者で満ちあふれたという。その「瘡」を病む者たちが「体を焼かれ、打ちくだかれるように苦しい」といって泣き叫びながら死んでいった。老いも若きもひそかに語りあって、「これは仏像を焼いた罪だろう」といった。やがて敏達天皇も病が重くなり、大殿で死んでしまった、という。

この話は、もちろん、歴史的事実を伝えたものではない。「敏達天皇は、廃仏（はいぶつ）という仏教上正しくない行為をおこなったために、その報いを受けて、自らが「瘡」を患い死んだのである。その罪によって、国中の民までがまきぞえとなって、苦しみながら死んだ」という因果応報を説いた、中国仏教の思想に強く影響されて創作された史話が、『日本書紀』の編纂者によって記述されたと吉田氏は指摘する（吉田前掲論文）。

その一方で、奈良時代中頃までの王権の中枢部では、権力抗争の末に敗死した特定の人物の霊が、怨みをもって再びこの世に現れる、という観念が生まれつつあった。『日本霊異記』（中巻、第一）によると、天平元年（七二九）、謀反の疑いで自刃した長屋王の祟りが、百姓を死に追いやったという。そうした怨霊信仰（御霊信仰）が、宮廷貴族の間でひそかに問題とされたのである（義江彰夫『神仏習合』岩波書店　二〇〇〇）。

前述したように、天平九年の疱瘡の猛威は、四月から八月までのわずか五ヵ月の間に、政界の中枢を担っていた藤原四卿全員の命を奪い、四卿を中心とする政治的秩序は、あっけなく終了した。このような異変は、一〇年前に死に追い込んだ長屋王の祟りであり、罪の報いではないか、と一部でささやかれ始めたのである。

疱瘡の猛威も小康状態を得た天平九年十月二十日、聖武天皇は、平城京の南苑に出御し、長屋王の子女である安宿王、黄文王、円方女王、紀女王、忍海女王の五人に限り、ともに従四位下とする異例の叙位をおこなった（『続日本紀』）。寺崎保広氏は、この異例の叙位は、政治的意味からは説明しにくく、当時の人が疱瘡の蔓延を長屋王の祟りと考え、その霊を鎮めるための政策としての叙位であると指摘する。また、天平八年に、光明皇后の発願で始められた『一切経』の写経事業も、長屋王に対する罪滅ぼし、という意味が込められていたという（寺崎保広『長屋王』吉川弘文館　一九九九）。

このように、一〇年近く前の、皇位継承問題に端を発した長屋王事件が、仏教信仰上からも神祇信仰上からも、聖武天皇や光明皇后を苦しめた。特に、光明皇后にとって最大の後ろ楯であった藤原四兄弟の死は、唯一人残された光明皇后を、一層孤独に追い込んだに違いない。

「護国」と「滅罪」

『続日本紀』天平十二年六月十九日条に、「天下の諸国をして、国毎に法華経十部を写し、幷せて七重塔を建てしむ」とある。詔の形を取っていないので、天平九年三月以降に構想された計画の一部が、この時期に記載されたものと思われる。ここで重要なことは、「七重塔」の建立より、『法華経』の書写を先に記述している点である。ところが、天平十三年二月の国分寺建立の詔では、これが逆転し、七重塔を先に、『金光明最勝王経』『法華経』を後に記述する。このことは、天平十二年六月の段階の全国官寺制構想の中では、七重塔よりも罪を滅する効力をもつ『法華経』の採用を優先したことにほかならない。

もう一つの経典は、天平九年九月二十六日の法会を境として、『大般若経』から転換をした『金光明最勝王経』である。したがって、天平十二年六月の段階には、『金光明最勝王経』と『法華経』の二つの経典は、全国官寺制構想の中で、すでに、準備されていたことになる。さらにいえば、この官寺制構想には、すでに僧寺と尼寺の二寺制を採用することも計画されていたのであろう。

この二つの経典は、天平十三年二月の「国分寺建立の詔」の中でそのまま計画され、国分僧寺の寺名を「金光明四天王護国之寺」、国分尼寺を「法華滅罪之寺」と、それぞれ依拠する経典から定められたのである。

すでに述べたように、仏教では、「瘡」と「癩」は特別な病とされ、仏教上、正しくない行為をおこなった者に下される仏罪として発生する病であった。「瘡」は、罪を犯した者の身に発生する、報（むくい）としての病なのである。そうした中国の仏教思想は、『日本書紀』に記述されているので、当時の王侯貴族のレベルでは知らない者はいなかったであろう。ではどうしたら解決することができるのか。

近年、「滅罪」という難解な語句について、『法華経』の註釈書である隋唐代の吉蔵の『法華義疏』などの研究を検討した吉田一彦氏は、「滅罪」とは、「瘡」を罪の報としての病とする仏教思想にもとづいて、結果として、身に生じた「瘡」を滅ぼし、さらに「瘡」の原因となった「罪」を滅ぼすという考え方を表現したものだと説く（吉田前掲論文）。

では、どうすれば罪を滅することができるのか。それには、『法華経』に効力があると古代中国では考えられていた。『法華経』は「滅罪」の力を持つという思想が、唐代の中国仏教界にある定度浸透していた、というのである。この思想を日本に伝えたのは、留学僧として長く中国に滞在した、道慈か玄昉のどちらかであろう、と吉田氏は推測する。

皇位継承をめぐり政敵長屋王を抹殺した祟りで四兄弟を失ったと噂された光明皇后にとって、瘡の恐怖は、ただならぬものがあったに違いない。なんとかして報の原因となった罪を滅し、国家を安泰に導きたい。その切なる願いは、『法華経』の思想にもとづく尼寺を、全国官寺制構想の中に組み入れて創設することであった。

『法華経』の採用

国分寺建立に関する詔勅や、その他の関連記事に、『法華経』なる経典が最初に登場するのは、天平十二年六月の段階である。しかし、このときには、詔勅の形を取っていないので、実際に『法華経』の採用が決定されたのは、それ以前のことであろう。しかし、そのことを考えるにあたっては、後述する天平十三年二月の「国分寺建立の詔」に触れなければならないが、ここでは、この点について少し考えておきたい。

国分寺建立の詔は、詔の本文と、三ヵ条の条例、五ヵ条の願文とで構成されている。このうち、詔の部分の発布時期を検討した萩野由之氏は、「今春より已来、秋稼に至るまで、風雨順序ひ、五穀豊かに穣らむ」の文言は、五穀豊穣をいっているのであるから、天平十三年二、三月に発布された詔としては不自然であるとした。さらに、詔本文中にある「頃者、年穀豊かならず、疫癘頻りに至る」の文は、天平九年までの疫瘡の流行と飢饉を指すと考えられることから、この詔の本文は、天平十年秋冬の時期に発せられたと考えた（萩野由之「国分寺の建立発願の詔勅について」『史学雑誌』三三―六　一九二二）。

これに対し角田文衛氏は、詔の本文の中に、「天下の諸国をして各七重塔を敬ひ造らしめ、幷せて金光明最勝王経・妙法蓮華経一部を写さしむべし」とあり、『続日本紀』天平十二年六月にも「天下の諸国をして、毎国に法華経十部を写し、幷せて七重塔を建てしむ」とあることを重視する。そして詔の本文が、天平十年の秋冬の時期に発せられたと考えると、詔の本文が発せられた後に、詔の一部が繰り返し述べられるという不自然を生ずることになる。したがって、詔本文の発布は、天平十二年六月より後の、八月のことであろうと推論する。

私は、聖武天皇の詔の形をとって述べられた次の詔に注目している。『続日本紀』天平十一年秋七月十四日詔に、

方に今、猛秋に苗子盛秀なり。風雨調和し、年穀成熟ならしめむと欲す。天下の諸寺をして五穀成熟経を転読し、幷せて悔過すること七日七夜ならしむべし。

（今はまさに秋のはじめで稲は盛んに繁っている。その後も風や雨が順調で穀物が成熟するようでありたいと願っている。天下の諸寺に、五穀成熟経の転読と悔過〈罪を懺悔して許しを乞う儀式〉を七日七夜おこなわせよ。）

とある。天平というめでたい年号に替えたのにもかかわらず、その初年頃から旱ばつや凶作が続いた。また、地震などの天変地異も頻繁に起き、加えて同七・九年の疫瘡による惨状は、国家を非常事態へと陥れていったのである。そうしたなかで、この年は久し振りに稲穀が豊かに成育しているので、このまま五穀が順調に成熟することを、天下の諸寺をして『五穀成熟経』の転読と「悔過」の儀礼を通じて願ったのである。「国分寺建立の詔」にみえる「風雨順序ひ、五穀豊かに穣らむ」の状況は、まさに、天平十一年七月十四日詔の成果が記されたのである。『続日本紀』の天平十年の記事には、五穀が成熟した様子はまったく記述されていないので、天平十三年詔の原案は、天平十一年の冬の時期に作成された可能性が高い。

　天平九年三月の詔は、釈迦如来を本尊とし、『大般若経』を根本経典とした全国官寺制構想であった。それが、疫瘡の流行による大惨事を経て、『大般若経』を効果なしとして『金光明最勝王経』に替え、さらに『法華経』と「七重塔」の造塔を新たに加え、天平十一年の冬の時期に、詔の原案として作成されたと考えられる。釈迦如来を本尊とし、天皇の権威を象徴した七重塔の造塔、さらに、『金光明最勝王経』と『法華経』を根本経典とする僧寺と尼寺からなる二寺制が構想されたと考えられる。このことは、国分寺建立の詔のところで（四一ページ）、再度述べることにする。

釈迦像造仏料の施入

藤原広嗣の乱

天平十二年（七四〇）八月二十九日、大宰少弐・従五位下の藤原広嗣は、聖武天皇に次のように上表した（『続日本紀』天平十二年八月二十九日条）。近年、天地の災異が続くのは、政治が悪いからである。重用している僧正玄昉法師と右衛士督吉備朝臣真備を、ただちに追放することを言上としたのである。九月三日、広嗣は大宰府の兵を動かし、ついに筑紫で反乱を起こした。天皇は、従四位上大野朝臣東人を大将軍に、従五位上紀朝臣飯麻呂を副将軍に任じ、東海・東山・山陰・山陽・南海の五道から一万七〇〇〇人の兵を徴発し、東人らに節刀を授け広嗣を討つことを命じたのである。

藤原広嗣は式部卿宇合の長男であった。光明皇后とは、叔母と甥の関係にあたる。天平九年に従五位下に叙せられ、同十年四月に大養徳（やまと）国守に任ぜられたが、同年十二月、大宰少弐として大宰府に赴くことになった。

広嗣の人物像については、大宰府管内の官人・百姓たちに下した、聖武天皇の勅によって知ることができる（『続日本紀』天平十二年九月二十九日条）。

> 反逆者広嗣は小さいときから凶悪で、成長するに順（したが）い、次第に人を偽り、陥れるようになった。父の故式部卿宇合は、常に広嗣を朝廷から除くことを願っていたが、朕はその願いを許すことができずかばって今日に至った。ところが、京内で親族をそしったりその関係を乱したりするので、遠くに遷して広嗣が心を改めることを願っていた。（後略）

とある。聖武天皇は、この反乱は広嗣自身の性格にもとづくところに最大の原因があるとのべたのである。広嗣自身の不満は、玄昉法師と吉備真備を除くことのみにあったのか、それとも、彼自身の大宰少弐へ左遷されたことにあったのか、確かなことはわからない。しかし、天皇の勅にもあるように、父宇合は、常に広嗣を朝廷から除くことを願っていた、というのである。そのことが事実であれば、反乱に至るまでの間接的な原因は、天平九年に猛威をふるった疫瘡の流行と、藤原四卿の死にあったと想定される。特に、式部卿宇合の突然の死は、押さえを失った広嗣のその後の人生に大きな影響を及ぼしたに違いない。

そうであれば、広嗣の反乱もまた、藤原氏一族に降りかかった罪の報としてとらえられたであろう。すでに、藤原四卿の死から三年も経るが、報の原因となった罪を滅するという滅罪は、いまだ克服されていなかったことになる。

広嗣は、光明皇后の甥にあたる人物である。そうした立場にある人物が天皇政治を直接批判し、国家に対して反乱を起こしたのである。聖武天皇は、広嗣個人の凶悪な性格に起因した事件であると、藤原氏一族をかばった。しかし、藤原四卿の死後、事実上、藤原氏を代表する立場になった光明皇后にとって、広嗣の乱がいかに大きな衝撃を与えたかは、想像に難くない。聖武天皇と光明皇后は、仏法の加護により人民を安泰に導くことを願い、観音菩薩像と観音菩薩経の書写を命ずるなど、ますます仏法による救済に傾いていったのである。

天平九年三月の詔に始まる僧寺のみの全国官寺制構想は、同年に猛威をふるった疫瘡の流行を経て、天平十二年六月までに、七重塔の造塔と『金光明最勝王経』『法華経』の二経を根本経典とする僧寺（そうじ）と尼寺（にじ）の二寺制構想へと発展する。しかし、まだこの時期の計画は、理念中心の構想段階にとどまり、官寺造営のための具体的計画や経済的基盤が与えられたわけではなかった。

以上のように全国官寺制構想の段階から、天平十三年二月十四日の国分二寺建立詔の発願に大きく発展した契機は、同十二年九月に起きた広嗣の乱による衝撃にあった。

関東行幸

広嗣の乱の戦況は征討軍に有利に展開するが、聖武天皇は、突如、関東行幸を決意する。天平十二年十月二十六日、天皇は大将軍大野東人らに対し、次のような勅を発した（『続日本紀』）。

朕意う所有るに縁りて、今月末暫く関東に往かむ。その時に非ずと雖も、事已むこと能わず、将軍これを知るとも、驚き怪しむべからず。

（朕は思うところがあって、今月の末より暫くの間、関東に行こうと思う。今はそのようなことをする時期ではないが、やむを得ないことである。将軍らはこのことを知っても、驚いたり怪しんだりしないようにせよ。）

と、関東（鈴鹿関・不破関の東）に行幸する旨の勅を発し、同月二十九日、平城京から伊賀国を経由し、伊勢国に向かったのである。すでに同月十九日には、造伊勢国行宮司が任命されていることからして、この計画は、少なくとも一週間前から進められ、関東行幸の目的の一つが伊勢国にあったことを知る。

同月二十三日には、行幸の次第司（行幸の列の指揮官）が任命された。それによると、元正上皇・光明皇后をはじめ右大臣橘諸兄を筆頭に、多くの貴族・官人たちが行幸に同行した。行列には、従四位上の塩焼王を御前長官に、従四位下の石川王を御後長官に任じ、藤原朝臣仲麻呂（なかまろ）を前衛の騎兵大将軍に、正五位下の紀（きの）朝臣麻呂（まろ）を後衛の騎兵大将軍に任じ、その配下に騎兵・東西史部（ふひとべ）・秦忌寸（はたのいみき）らを擁する総勢四〇〇人の大部隊であった。河口頓宮（かわぐちのかりみや）に滞在中の十一月五日、大将軍大野東人から、広嗣を肥前国松浦（まつら）郡で捕え、十一月一日、斬首刑を執行したとの報告があった。これで、聖武天皇の関東行幸の目的は終わったかのように思われた。しかし、天皇は、赤坂頓宮・不破頓宮・禾津（あわづ）頓宮などを経て、約一ヵ月半の行幸のすえに、十二月十五日、恭仁宮（くにのみや）に入ったのである。

聖武天皇がたどったコースは、その大半が壬申の乱における大海人皇子（おおあまのおうじ）がたどったルートと重なる。瀧浪貞子氏が指摘するように、壬申の乱における大海人皇子の行動と、その結果としての勝利を意識し、それを追体験しようとしたのではないだろうか（瀧浪貞子『帝王聖武—天平の勁き皇帝—』講談社　二〇〇一）。聖武天皇の関東行幸は、広嗣の乱が終結するまでの期間に平城京を離れるといった程度のことではなかった。天皇の脳裏には、ある壮大な計画が準備されていた、とみなければならない。天皇は、広嗣の乱を、これまで温めてきた計画を実行する最大の契機ととらえた。関東行幸は、その計画を実現するための第一歩だったのである。

食封三〇〇〇戸の施入

天平十三年元旦、聖武天皇は、初めて恭仁宮で元旦朝賀の儀を受ける。まだ、宮の四周を囲む大垣は完成しておらず、予定地に幕をめぐらす状態であった。十一日には、伊勢大神宮と七道の諸神社に使者を派遣して幣帛を奉り、平城京から恭仁宮に遷都したことを報告させた。

同月十五日、注目すべきことは、新京に遷り、めでたい正月の時期を選び、藤原家から、諸国国分寺の釈迦丈六仏を造る造仏料が施入されたことである（『続日本紀』）。

故太政大臣藤原朝臣の家、食封五千戸を返し上る。二千戸は、旧に依りてその家に返し賜ふ。三千戸は、諸国の国分寺に入れて、丈六の仏像を造る料に充つ。

（故太政大臣藤原不比等の家が、食封五〇〇〇戸を返上した。しかし、二〇〇〇戸はもとのまま藤原家に返上し与え、三〇〇〇戸は諸国の国分寺に施入して、丈六の釈迦像を造る費用に充てた。）

とある。このような行為がおこなわれたのは、国分寺建立の詔が発布される一ヵ月前のことである。広嗣のような、国家に対する反逆者を出したことに対し、藤原一族として天下に謝罪し、同時に、仏教の功徳によってこれを払拭しようとした意図がうかがえる。不比等の財産を伝領したのは娘の光明子であった。封戸の返上は、藤原四卿の死後、一族の代表格となった光明皇后の強い意志によることは間違いあるまい。

光明皇后の全国官寺制構想への強い関与は、天平九年に疫瘡が猛威をふるい、頼りであった四兄弟を失った頃からのことであろう。それが再び、天皇の政治を批判し、一族から国家に反逆する者が現れたのであるから、これは、名門藤原氏の存亡に関わる大事であった。光明皇后が窮地に立たされたことは間違いあるまい。償いとしての封戸五〇〇〇戸の返上は、広嗣の乱直後に計画されたが、実際の公表は、恭仁宮に遷都した直後の、一月十五日のめでたい時期を選んでおこなわれたのである。

藤原家による造仏料としての封戸三〇〇〇戸の施入は、国分寺建立へと具体的に始動する大きな契機となる行為であった。その点を重要視すると、償いとしての封戸の施入と国分寺建立の詔の発布とは、一体のものとして計画され、広嗣の乱以後における藤原氏の危機意識を背景に、具体的に準備された可能性が高い。

国分寺制度の確立

国分寺建立の詔は、天平十三年（七四一）二月十四日（『類聚三代格』、『続日本紀』は同年三月二十四日）に発布された。前者が正確な日付であろう。

国分寺建立の詔

朕、薄徳を以て忝くも重き任を承けたまわる。政化弘まらず、寤寐に多く慚づ。古の明主は、皆光業を能くしき。国泰く人楽しび、災除り福至りき。何なる政化を脩めてか、能くこの道に臻らむ。頃者、年穀豊かならず、疫癘頻りに至る。慙懼交々集りて、唯労して己を罪へり。是を以て、広く蒼生の為に遍く景福を求む。故に、(1)前年に使を馳せて、天下の神宮を増し飾りき。(2)去歳は普く天下をして、釈迦牟尼仏尊像の高さ一丈六尺なる各一鋪を造らしめ、幷せて大般若経各一部を写さしめたり。今春より已来、秋嫁に至るまで、風雨順に序ひ、五穀豊かに穣らむ。此れ乃ち、誠を徴して願を啓くこと、霊貺答ふるが如し。載ち惶り載ち懼ぢて、自ら寧きこと無し。経を案ふるに云はく、「若し有らむ国土に、この経王を講宣し読誦し、恭敬供養し、流通せむときには、我ら四王、常に来りて擁護せむ、一切の災障も皆消殄せしめむ。憂愁・疾疫も亦除差せしめむ。所願心に遂げて、恒に歓喜を生せしめむ」といへり。宜しく天下の諸国をして各七重塔一区を敬ひ造らしめ、并せて金光明最勝王経・妙法蓮華経一部を写さしむべし。朕また別に擬りて、金字の金光明最勝王経を写し、塔毎に各一部を置かしめむ。冀はくは、聖法の盛、天地と与に永く流り、擁護の恩、幽明を被りて恒に満たむことを。その造塔の寺は、兼ねて国華とせむ。必ず好き処を択ひて、実に久しく長かるべし。人に近くは、薫臭の及ぶ所を欲せず。人に遠くは、衆を労はして帰集することを欲せず。国司等、各務めて厳飾を存ち、兼ねて潔清を尽すべし。近く諸天に感け、臨護を庶幾ふ。遐邇に布れ告げて、朕が意を知らしめよ。

また、国毎の僧寺に封五十戸、水田一十町施せ。尼寺には水田十町。僧寺は、必ず廿僧有らしめよ。その寺の名は、金光明四天王護国之寺とせよ。尼寺は一十尼。その名は法華滅罪之寺とせよ。両寺は相去りて、教戒を受くべし。若し闕くこと有らば、即ち補ひ満つべし。その僧尼、毎月の八日に必ず最勝王経を転読すべし。月の半に至る毎に戒羯磨を誦せよ。毎月の六斎日には、公私ともに漁猟殺生すること得ざれ。国司等、恒に検校を加ふべしとのたまふ。

（朕は徳の薄い身であるのに、忝くも重任を承けながら、まだ民を導く良い政治を広めておらず、寝てもさめても慚ることが多い。しかし、昔の明君は皆、祖先からの仕事をよく受け継ぎ、国家は安泰にして人民は楽しみ、災害を除き福がもたされた。どのような政治をおこなえば、このような統治ができるのであろうか。

この頃、田畑の稔が豊かではなく、疫瘡がしきりに起こる。そのような状態をみると、我が身の不徳を慚る気持ちと恐れが交互に起こって、独り心をいため自分を責めている。そこで、広く人民のために、あまねく幸福がおとずれるようにしたい。そのため、先年に駅馬の使いを遣わして、全国の神宮を修造させ、去る年には、全国に高さ一丈六尺の釈迦の仏像一体を造らせ、あわせて大般若経を各一部ずつを写させた。そのためか、この春から秋の収穫に至るまで、風雨が順調に進み、五穀もよく稔った。これは真心が通じ願いが達したもので、不思議な賜りものがあったのであろう。恐れたり驚いたりで、我が心が安まらない。

そこで経文を考えてみると、『金光明最勝王経』には、「もし国内にこの経を講義して聞かせたり、読経、暗誦したりして、恭しくつつしんで供養し、この経を流布させるならば、我ら四天王は常に来て擁護し、一切の災いや障害はみな消滅させるし、憂愁や疾疫もまた除去し癒すであろう。願いも心のままであるし、いつも歓喜を生ずるであろう」とのべてある。

そこで諸国に命じて、各国がつつしんで七重塔一基を造営し、あわせて『金光明最勝王経』と『妙法蓮華経』をそれぞれ一部書写させよう。

朕はまた別に、金字の金光明最勝王経を書写し、七重塔ごとにそれぞれ一部を置くことを願った。神聖な仏の法が盛んになって、天地と共に永く伝わり、四天王の擁護の恵みを死者にも生者にも行きとどかせ、常に十分であることを願うためである。

そもそも、七重塔を造顕する寺は、国の華ともいうべきで、必ず好い場所を選んで実際に永久であるようにすべきである。人家に近くて悪臭が及ぶ所ではよくないし、人家から遠くては、参集の人々を労れさせるので好ましくない。国司らは各々の寺を厳かに飾るように努め、あわせて清浄を保つようにせよ。間近に諸天〈四天王〉を感嘆させ、諸天がその地に臨んで擁護されることを乞い願うものである。遠近に布告して、朕の意向を人民に知らせよ。

また、国ごとに建てる僧寺には、封戸五〇戸・水田一〇町を施入し、尼寺には水田一〇町を施入する。僧寺には必ず僧二〇人を住まわせ、その寺の名は金光明四天王護国之寺とせよ。尼寺には尼一〇人とし、寺の名は法華滅罪之寺とせよ。両寺とも僧尼は受戒することとし、もし欠員が生じたなら、すぐに補充すべきである。その僧尼は毎月八日には、必ず『金光明最勝王経』を転読することとし、月の半ばに至るごとに、受戒の羯磨（かつま）を暗誦し、毎月の六斎日〈月に六日精進する日〉には、公私ともに漁猟や殺生をすることを禁ずる。国司らはよろしく常に検査を加えよ。）

詔の検討

この詔は、「朕、薄徳を以て……遐邇に布れ告げて、朕が意を知らしめよ」までの、いわゆる詔の部分を前段とし、それ以下の条例の部分を後段として、前段二段に分けて考えられている。前段の詔の部分の要旨については、

一、去歳普く天下をして、高さ一丈六尺の釈迦牟尼仏の尊像を諸国に造ることを命じ、ならびに大般若経一部の書写を命じたこと

二、天下諸国に七重塔を造立し、ならびに『金光明最勝王経』と『法華経』を各一〇部の書写を命じたこと

三、塔ごとに安置するため、聖武天皇勅願の金字『金光明最勝王経』の書写を発願したこと

四、造塔の寺は国華であるから、必ず好所を選ぶよう命じたこと

などである。前後の詔の発令時期については、荻野由之氏の学説以来、天平十年の冬頃に発願されたとする考えが有力である。しかし、詔本文にみられる、（1）「前年に使を馳せて……」と、（2）「去歳は普く天下をして……」（筆者傍点）の文言の中で、「前年」と「去歳」の解釈が問題となる。すなわち、（1）の「前年」は、天平七年八月の「幣を彼部の神祇に奉り、民の為に禱み祈らしむ」、同九年四月の「幣を部内の諸社に奉りて祈み禱らしめたまふ」、同年五月の「山川を祈み禱り、神祇を奠祭らしむ」、同年七月の「神祇を祈り祭る」、同年八月の「その諸国に存りて能く風雨を起し、国家の為に験有る神の、幣帛に預らぬは、悉く供幣の例に入れよ。大宮主・御巫・坐摩御巫・生嶋御巫と、諸神の祝部等とに爵を賜ふ」、同年十一月の「使を畿内と七道とに遣して、諸の神社を造らしむ」などの事実を受けたものである（田村圓澄「国分寺の創建」『日本仏教史』二　法蔵館　一九八三）。これに対し（2）の「去歳」は同年三月の「国毎に、釈迦仏の像一体、挟侍菩薩二軀を造り、兼ねて大般若経一部を写さしめよ」に相当する。いずれも、天平七・九年のできごとを記したものである。ここでの「前年」は、必ずしも「前の年」を指した文言ではなく、漠然とした過去をいっているのであって、その点では、「去歳」と同義なのである。したがって、「前年」、「去歳」とも、天平十年に特定する必要はない。

詔の「今春より已来、秋稼に至るまで、風雨順に序ひ、五穀豊かに穣らむ」は、（1）

神宮の増飾と、（2）造仏写経による恩恵の結果であった。したがって、「五穀豊かに穣らむ」の状態は、天平十年以降の事実を記したものである。しかし天平十年に関する『続日本紀』の記事には、農作物に関する記述はまったくみられず、この年に五穀が豊かに稔ったのか否かの状況は、確認することはできない。

それに対し、同十一年秋七月の記述には、久し振りに、全国的に稲苗が順調に成育し、無事に秋稼が迎えられることを、『五穀成熟経』の転読や、悔過（けか）の勤修（ごんしゅ）を通じて願ったことが、聖武天皇の詔の形で発願されている。天平十三年二月に発令された詔本文にみられる、「風雨順に序ひ、五穀豊かに穣らむ」の文言は、前述したように、まさに、同十一年冬頃の状況を述べたものである。したがって、国分寺建立の詔の本文は、天平十一年の冬頃にその原案が作成されたと考えるのが妥当であろう。

翌天平十二年六月、「国毎に法華経十部を写し、幷せて七重塔を建てしむ」という内容の文言が令達（れいたつ）される。先述したように、詔原案の一部が先行して令達されたものと思われる。ここで問題となるのは、国分寺建立の詔の本文と異なり、『法華経』の書写を先に記述し、「七重塔」の造塔を後に記述した点である。国分寺建立の詔の本文には、「各七重塔一区を敬ひ造らしめ、幷せて金光明最勝王経・妙法蓮華経一部を写さしむべし」とある。「七重塔」と『法華経』の記述順序が逆転することと、天平十二年六月の「法華経十部」

が、同十三年二月の詔では、「妙法蓮華経一部」の表現にかえられている。

さらに加えて、「朕また別に擬りて、金字の金光明最勝王経を写し、塔毎に各一部を置かしめむ」という七重塔に対する格付が一段と高められた内容に変更されている。

舒明（じょめい）天皇が建立した百済大寺（くだらのおおでら）、天武天皇の天武朝大官大寺（だいかんだいじ）、文武天皇の文武朝大官寺はいずれも九重塔、平城京大安寺は七重塔二基が建立された。「九重塔」「七重塔」は天皇の権威を象徴する建物であった。

天平十一年冬に詔の原案が作成されたときも、天平十三年に国分寺建立の詔が発願されたときの文言も、天皇を象徴する七重塔を建立した点では一致していた。しかし、後者の詔本文では、七重塔に安置する聖武天皇勅願の金字『金光明最勝王経』を安置することが新たに加えられ、天皇権威を一段と高めた内容で発布されているのである。内容を変更しなければならなかったことに原因を求めるとしたら、天皇政治を指弾し、大宰府で反乱を起こした広嗣の乱をおいてほかにあるまい。天然痘の大流行や広嗣の乱によって失った天皇の権威を、天下諸国の隅々に至るまで復活させなければならず、それを一段と高めた内容に改め、天皇の復権を国分寺七重塔に託したのである。

条例の要旨

次に後段の要旨について検討しておきたい。

一、僧寺を金光明四天王護国之寺と名づけ、封戸五〇、水田一〇町を施入

することと
二、尼寺を法華滅罪之寺と名づけ、水田一〇町を施入すること
三、僧尼は、毎月八日の最勝王経の転読、月の半ばに至るごとに受戒の羯磨を暗誦し、
毎月の六斎日の不殺生戒を厳守するよう規定したこと

などの、三ヵ条文からなる。国分二寺の寺号である金光明四天王護国之寺と法華滅罪之寺は、『金光明最勝王経』と『法華経』の二経典からつけられた名称である。『金光明最勝王経』は、建立の詔の中で、「もし有らむ国土に、この経を講宣し、読誦し、恭敬供養し、流通せむときには、我ら四王、常に来りて擁護せむ、一切の災障も皆消殄せしめむ。憂愁・疾疫も亦除差せしめむ」とひかれ、同経による国土の擁護と除災とが、四天王の験力にもとづくことが説かれている。

一方、法華滅罪之寺の建立については、すでに述べたように、その根本経典である『法華経』の験力で国家や個人に降りかかるさまざまな罪を滅ぼすことに目的があった。特に藤原氏を出自とする光明皇后にとっては、藤原氏が犯した罪を滅することで、罪の報として現れる災いの根源を絶つという強い思いが込められていた。日本の国分寺制度の中に国分尼寺を併設したことについては、光明皇后の意志によるところが大きかったのである。したがって、国分僧寺が護国を祈念する寺であるのに対し、国分尼寺は罪や災いの除去を

願う寺という性質があったといえよう（有富由紀子「金光明四天王護国之寺と法華滅罪之寺」『季刊考古学』一二九号　雄山閣　二〇一四）。

しかし、その一方で、『金光明最勝王経』は国分尼寺でも読まれていた。毎月八日には『最勝王経』の転読が義務づけられていたのである。また、月に二度、僧侶（尼僧）全員が食堂に集まり、僧侶が遵守すべき戒律を持することを誓う儀礼（布薩）、さらに毎月の六斎日（月に六日精進する日）には公私ともに漁労や殺生を禁ずることなどが規定されていた。

国分寺建立の詔は、九州に発した疫瘡の流行を背景に、天平九年三月釈迦牟尼仏の造像と『大般若経』の書写を発願することから創始されたものである。しかし、疫瘡による惨状は全国に拡大し、ついに平城京の中枢を直撃するに至った。『大般若経』による疫瘡鎮圧の効果が薄いことを知った朝廷は、天平九年十月、これを『金光明最勝王経』に替えることで、事態の沈静化を図ったのである。

作物の凶作と疫瘡の流行とが重なり、全国民の三〇％近い死者を出すという未曽有の大惨事に見舞われた日本列島は、長い間、社会の動揺が続いた。聖武天皇・光明皇后は、仏教の功徳による救済を願い、全国官寺制構想を進めたのである。

天平十一年冬、『金光明最勝王経』と『法華経』の二経典を根本経典とし、さらに七重塔の造塔を内容とした全国官寺制構想を実現化するため、新たな詔の原案が作成される。翌十二年六月、詔の原案の一部である『法華経』の書写と七重塔の造塔が発表されるなど、構想は順調に進んだかにみえた。

その直後、藤原宇合の長男である広嗣が天皇政治を批判し、大宰府で反乱を起こしたのである。聖武天皇は、反乱の最中に関東に行幸し、恭仁宮に遷都する。この間に、詔原案に聖武天皇勅願の「金字『金光明最勝王経』の書写」を加えて修正し、さらに三ヵ条の条例と五ヵ条からなる願文が整備された。また、藤原氏からの封戸三〇〇〇戸の施入を受け、これを造営財源の契機として、天平十三年二月に「国分寺建立の詔」として発布したのである。

大養徳金光明寺の誕生

国分寺建立の詔が発布されたからといって、列島社会全体が疫瘡や凶作による疲弊で喘いでいる時期に、その建設がたやすく推進されたわけではなかった。それでも、天皇のお膝元である大養徳国（この時期、大倭国を大養徳国に改称）では、少なくとも、天平十四年四月三日には、大養徳国金光明寺を発足させた（『東大寺要録』巻七　雑事章第十　金鍾寺安居宣旨事）。東大寺東方の上院地区と丸山西地区にあった金鍾寺と福寿寺の二つの寺が統合され、大養徳国金光明寺と称されるようになったと考えられている（吉川真司「東大寺の古層—東大寺丸山西遺跡考—」『南都仏教』

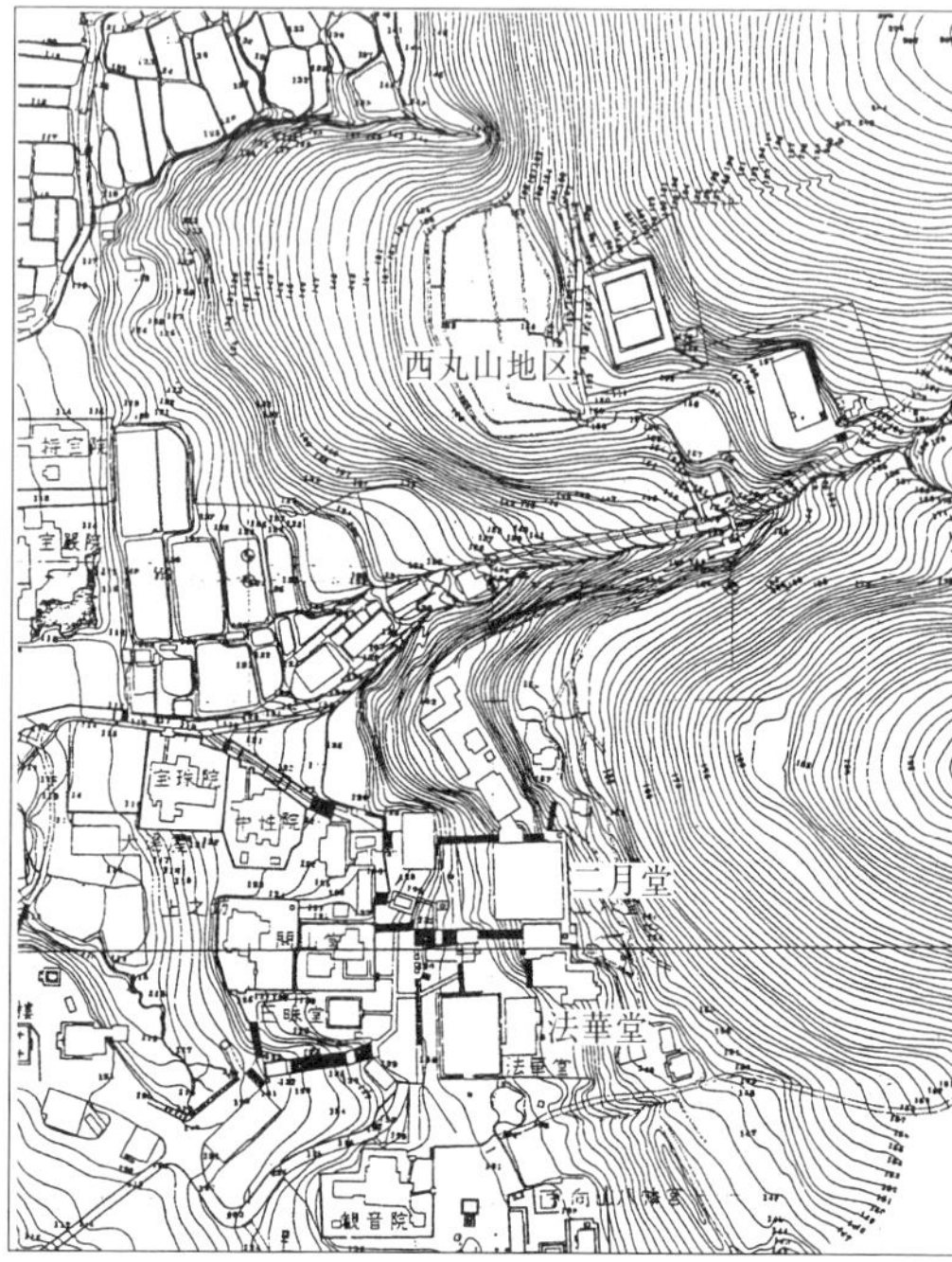

図2　東大寺上院地区と西丸山地区（奈良文化財研究所作成）

七八号　二〇〇〇）。福寿寺と金鍾寺の所在については、異論もあるが、法華堂（三月堂）と二月堂が所在する東大寺上院地区を福寿寺とし、そこから谷一つを隔てた北方の平坦地を利用した東大寺西丸山遺跡を金鍾寺とする見解が強い（図2）。金鍾寺については、西丸山遺跡出土瓦を詳細に検討した高橋照彦氏は、興福寺の堂塔出土瓦との比較分析の結果、その創建年代を、『東大寺要録』（『東大寺要録』巻一　本願章第一　根本僧正　諱良弁）にみえる天平五年の可能性が高いという結論を導き出した（高橋照彦「考古学からみた法華堂の創建と東大寺前身寺院」『論集　東大寺法華堂の創建と教学』ザ・グレイトブッダ・シンポジウム論集七号　東大寺　二〇〇九）。

一方、上院地区にある法華堂では、恭仁宮所用瓦と同じ刻印が施された丸・平瓦（恭仁京式文字瓦）が用いられていたことが、堂宇の修理工事にともなう調査で明らかになっていた。その文字瓦を詳細に検討した上原真人氏は、文字瓦の追刻や印面のキズの進行などから、法華堂に瓦が供給された時期を分析し、恭仁宮造営期である天平十二～十五年とし、恭仁宮造営事業の推進状況から、天平十三年の夏以降、天平十四年七月以前と推定した（図3）。また、恭仁宮内裏造営初期の段階で、その瓦を急遽、福寿寺に搬入しなければならなかった理由を、天平十三年二月の「国分寺造営の詔」の発令を契機としたことに求めた。すなわち、詔の発布にともない福寿寺金堂が大養徳国金光明寺に転換したと結論づけたのである（上原真人「東大寺法華堂の創建―大養徳国金光明寺説の再評価―」『考古学の学際的研究』昭和堂　二〇〇一ほか）。

また、高橋氏は、上原説の再検証と別の資料を駆使しての分析をおこない、上原氏と同じ結論を導き出した。さらに既往の諸説の再検討と新たな仮説の提示をおこない、檜皮葺福寿寺金堂→丈六堂→瓦葺大養徳国金光明寺→羂索堂（けんさくどう）（法華堂）へと変遷したと想定した（高橋照彦「東大寺の成立過程と法華堂」『待兼山考古学論集Ⅱ―大阪大学考古学研究室二〇周年記念論集―』大阪考古学友の会　二〇一〇）。大養徳国金光明寺の成立に関しては、史料よりわかる天平十三年二月から翌十四年四月三日に金光明寺として皇后の令旨が出されるまでの間とし、恭仁宮式文字瓦の考古学的分析が、上原説と一致したといえよう。

拓影 1・2	印面変化	恭仁宮	法華堂	平城宮
KJ02	・文字右側の木理方向のキズが拡大明瞭化し，「刑」の第６画と一体になる．	1	1	2
KJ05A	・「人」の第２画右上に木理方向のキズを生ず．	1 2	1 2	1
KJ05B	・本来は文字上端の 8cm 上に印端があるが，上部 6.2cm を切除し，印幅も2.5cm から1.9cm に切り縮める．左端のキズはこの切断で除かれる．	1 2	1 2	

図３　恭仁宮式文字瓦（上原真人2001）

しかし、国分寺建立の詔で求められた国分寺の姿は、「必好き処を択ひて、実に久しく長かるべし」と、平地での新造寺院が求められたのである。諸国の範となるべき大養徳国金光明寺の創設が、王権や藤原氏との関係が強い寺院とはいえ、既設の、しかも山林寺院で進められたことは不審である。後に、盧舎那仏の造顕と大養徳国金光明寺の造営事業が一体化して進行するが、この時期にはまだ、そのような状況になることは予測できなかったのである。

一方、天平十四年五月の太政官符で、国分寺の僧尼としてふさわしい、精進練行の者を選ぶための基準と方法が示された（『類聚三代格』延暦二年四月二十八日条）。同十四年十一月には、大養徳国の僧尼を定めるため、清信兼行の僧尼の候補を貢挙する旨の太政官符が、大養徳国司から部内の諸郡に向けて発給される（『大日本古文書』二―三三八）。

そのとき、大養徳国城下郡から二名の僧が貢進されているが、このことについて吉川真司氏は、優婆塞貢進文と呼ぶべき内容のもので、『正倉院文書』天平十四年十一月十四日から、翌十五年正月九日に至る間の優婆塞・優婆夷貢進文に見られる人物は、すべて国分寺僧尼の候補者とみる（吉川真司「国分寺と東大寺」『国分寺の創建―思想・制度編―』吉川弘文館　二〇一一）。この時期の『正倉院文書』で、本貫地のわかる優婆塞・優婆夷二七名の中で、大養徳国一八名（六七％）と、その他の五ヵ国で九名（三三％）が貢進されてい

表　天平14～15年の優婆塞・優婆夷貢進（吉川真司2011）

優婆塞・優婆夷	出典	貢進日付	本貫	読誦経
小治田朝臣於比売	8-133	天平14年11月14日	右京五条一坊	法最
柿本臣大足	2-314	天平14年11月15日	大養徳国添上郡	法
秦大蔵連喜達	2-314	天平14年11月15日	右京四条四坊	法最
小治田朝臣某	2-315	天平14年11月15日	右京六条一坊	法最
淡海少広	8-134	天平14年11月15日	大養徳国添上郡	法最
秦人乙麻呂	8-136 24-298 24-304	天平14年11月15日	左京四条三坊	法最
県犬飼宿禰大岡	8-138	天平14年11月15日	左京一条三坊	法最
鏡作首縄麻呂 他田臣族前人	2-318	天平14年11月17日	大養徳国城下郡	—
槻本連堅満侶	2-319	天平14年11月23日	左京三条二坊	法最
物部人足	8-149	天平14年12月５日	尾張国中島郡	法最
大原史長額	8-153	天平14年12月９日	右京八条四坊	法最
曽禰造牛養	2-321	天平14年12月12日	右京一条三坊	法最
秦調日佐酒人	8-154	天平14年12月13日	山背国葛野郡	—
船連次麻呂	2-323	天平14年12月23日	河内国丹比郡	法最
星川五百村	2-324	天平14年12月30日	因幡国高草郡	法
某	2-331	天平15年正月６日	？	？
辛国連猪甘	2-331	天平15年正月７日	河内国日根郡	法最
秦三田次	8-161	天平15年正月７日	山背国愛宕郡	法最
日置部君稲持	2-332	天平15年正月８日	出雲国出雲郡	最
某	2-333	天平15年正月９日	？	？
荒田井直族子麻呂	8-162	天平15年正月９日	尾張国愛智郡	法最
八戸史族大国	8-164	天平15年正月	河内国高安郡	最法
石上郡君島君	2-316	？	左京四条二坊	最
百済連弟麻呂	2-317	？	左京五条五坊	法最
丹破史橘女	8-135	？	左京五条四坊	法最
丹波史年足	24-299	？	左京四条四坊	法最
坂本君沙弥麻呂	24-300	？	左京七条一坊	最
寺史妹麻呂	24-301	？	右京三条三坊	法最
丹比連大歳	24-302	？	大養徳国城下郡	法最
某	8-137	？	？	法最
某	24-305	？	？	最法

註　「出典」は『大日本古文書』の巻一頁，「読誦経」の「最」は最勝王経，「法」は法華経を示す．その他の経典は省いた．

る（表）。諸国国分寺と比べ、大養徳国分寺の対応が突出していたことがわかる。王権のお膝元の国分寺としての意識が働いたのであろう。

また、畿内と畿外の出身僧の数を比較すると、前者が二三名（八五％）、後者が四名（一五％）なので、畿内諸国の対応が圧倒的に早かったことがわかる。また大養徳国に限り、二名の優婆夷が貢進されている。いずれも大養徳国法華寺に対してである。優婆塞の数に比べ優婆夷の貢進が少ない事実は、国分尼寺への対応が遅れていたことの証左となろう。

翌天平十五年の正月から三月にかけて執行された『金光明最勝王経』の転読会は、国分寺でおこなわれた最初にして最大の法会であるとされる。この法会について吉川氏は、大養徳国金光明寺として本格的に発足するに至った段階であることを示す史料だと指摘する。

これまで国分寺建立の詔の発布後における、大養徳国金光明寺の動向を中心に検討してきた。しかし、まだ諸国国分寺については、造営に至る段階までには進捗していなかった。そこで、もう一方の活動拠点である、恭仁宮における聖武天皇の動向について検討しておきたい。

紫香楽宮と盧舎那仏の造顕

大養徳恭仁大宮

恭仁宮は、天平十三年（七四一）正月に遷都の宣言をしてから、同十七年五月に平城京に還都するまでの都である。その場所は、足利健亮氏により、京都府加茂町の木津川北岸に遺存する地割によって復元されている。中央の賀世山（鹿背山）を境に左京と右京とし、大河である木津川（泉川）が、京域の中央部を貫流するという景観が復元されている（図4）。

発掘調査から明らかになった恭仁宮は、大極殿、朝堂院、内裏東地区、内裏西地区などの主要な建物によって構成されていた。やや大型の内裏東地区は、四面廂建物の前殿・後殿を配し、小型の内裏西地区では両面廂建物などを配す構造になっていた。

これら二つの内裏地区は、その規模や建物構造から東地区の内裏が聖武天皇、東地区

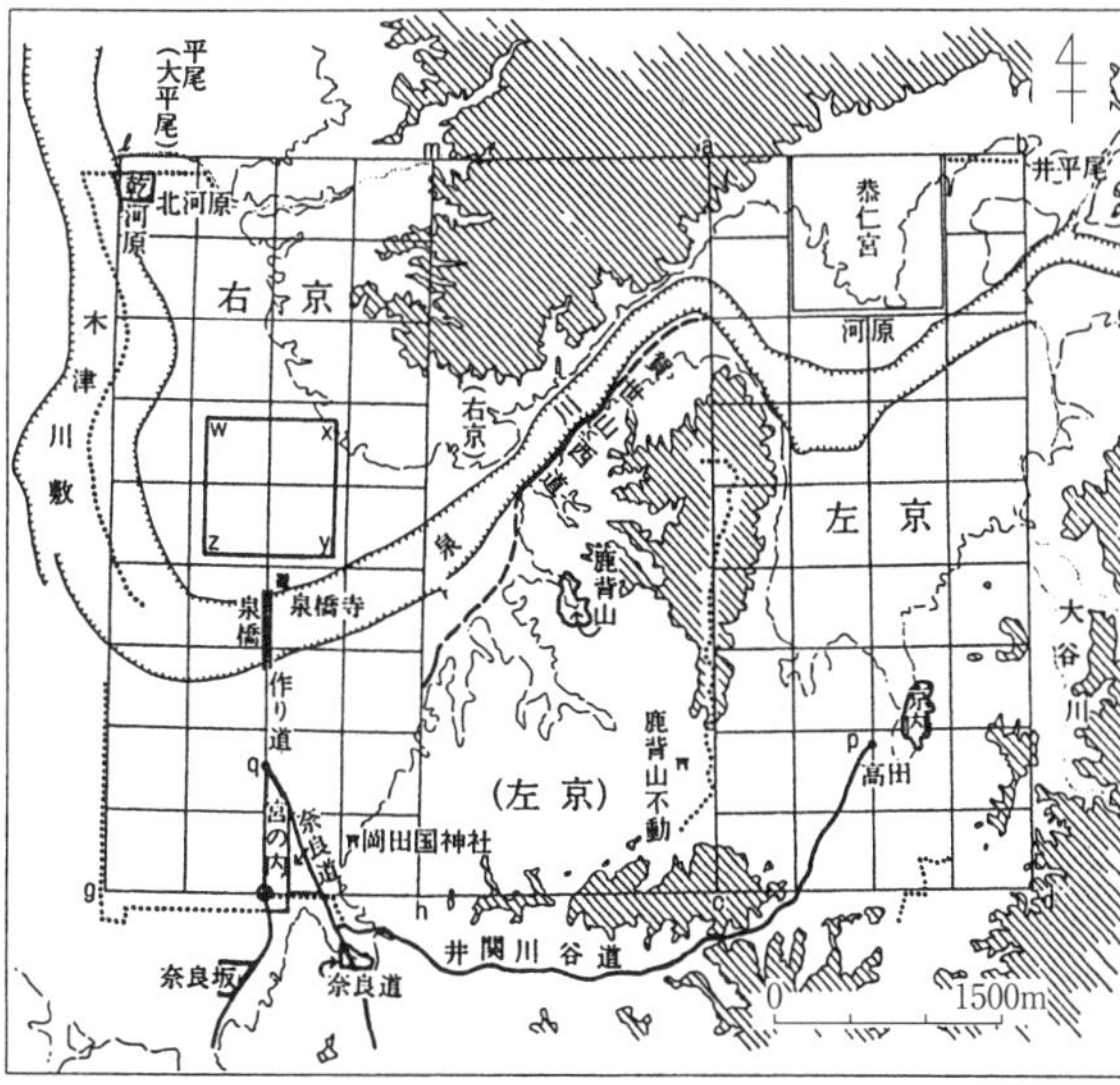

図４　恭仁京復元図

の空間が元正太上天皇の居所と考えられている。さらに、東西の内裏・朝堂院を囲繞する大垣や宮城門が検出されたことから、恭仁宮の規模が、東西約五六〇メートル、南北約七五〇メートルの長方形の形状であることが明らかになった（図5）。

恭仁宮の大極殿は、平城宮から移築した建物である。朝堂院の規模も、ほぼ同規模で造営された。しかし、宮城の規模は、平城宮の東院を除く敷地の半分以下の空間にすぎないことから、恭仁京の京域の規模も、平城京と同規模にみなすことは難しいと考えられている。小笠原好彦氏は、恭仁宮の造営は難波宮とあわせ、当

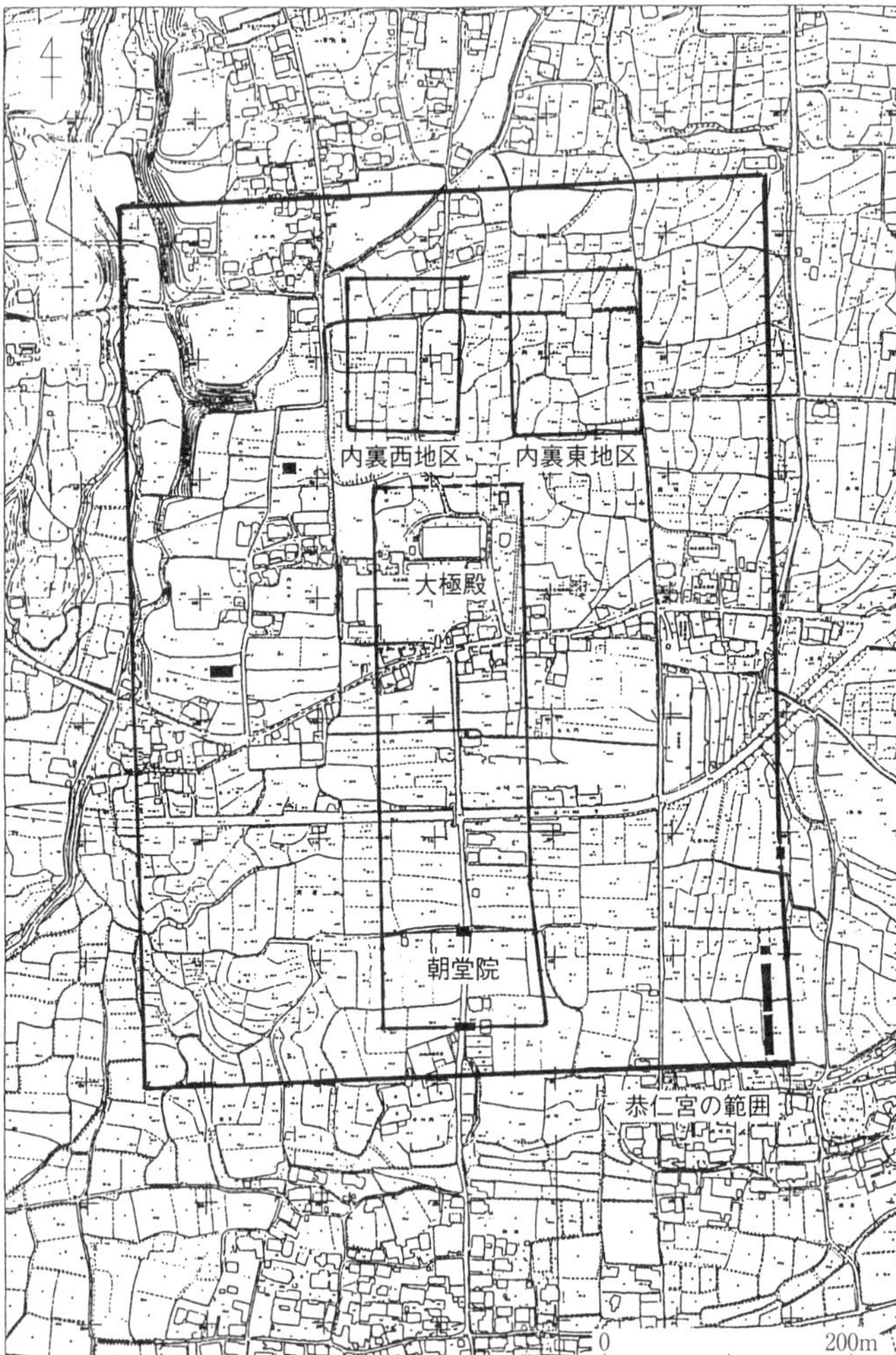

図５　恭仁宮の宮城全体図（小笠原好彦2005）

初から、複都として造営された都城を思わせると指摘する（小笠原好彦『大仏造立の都　紫香楽宮』新泉社　二〇〇五）。

紫香楽宮の造営

天平十四年二月五日、『続日本紀』は、恭仁京から近江国甲賀郡に通ずる東北道が開設されたことを伝える（図６）。

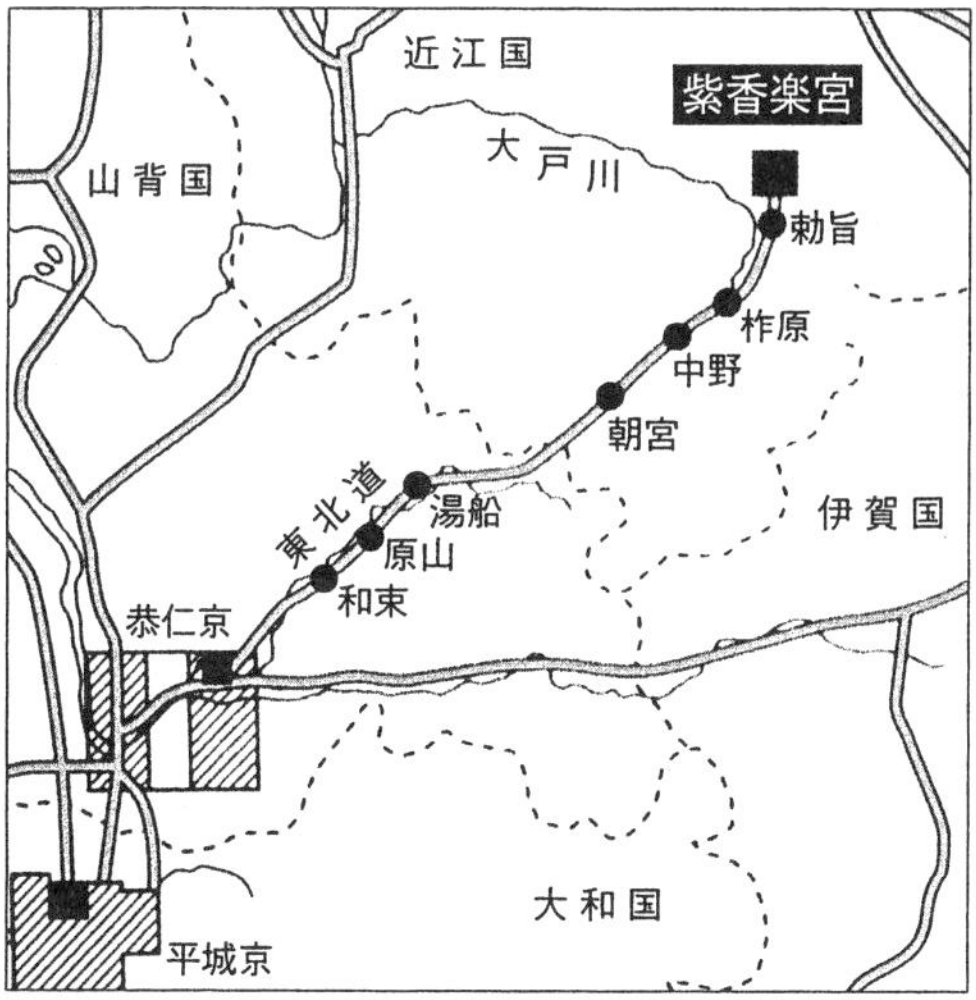

図６　恭仁京から紫香楽への東北道（小笠原好彦 2005）

これは、恭仁京の造営と平行して進められた事業であった。人里から離れ、恭仁京から東に三〇キロ余にもおよぶ山間地域の道路工事は、多くの困難をともなったことが予想される。道路の完成時期から推定し、工事が開始されたのは、前年の天平十三年からのことであろう。とすると、近江国甲賀郡までの道路の開設を構想し、実際のルートが策定されたのは、恭仁京に遷都してから間もなくのことであったと想定される。かなり素早い対応であった。東北道開設の真意は、どこにあったのであろうか。

同八年八月十一日、聖武天皇は、近江国甲賀郡紫香楽村に行幸することを宣言する。同時に、恭仁宮の造宮卿であった智努王と造営輔高岡河内ら四人を造離宮司に任命し、紫香楽宮を造営することを命じた。同月二十七日、開設したばかりの東北道を通り、紫香楽宮に行幸したのである。滞在期間は一週間であった。

ここに至り、聖武天皇が恭仁宮に遷都した真意の一部がみえてきた。そのひとつが、紫香楽宮の造営にあったのである。

紫香楽宮は、滋賀県信楽町の宮町遺跡で発見された。北と東西が丘陵で囲まれた東西約六〇〇メートル、南北五〇〇メートルほどの小盆地があり、遺跡は、その中をVの字状に流れる馬門川の北にある。

発掘調査からは、大型の南北棟建物が、東西対称に配されていることが明らかになった。西側の建物は桁行二四間以上、梁行四間の一〇〇メートルを超える長大な建物である。対称の位置で検出された南北棟建物は、発掘された部分が桁行五間以上、梁行四間であるが、西の長大な建物と同規模の朝堂と考えられている。

また、東西朝堂の中央北に桁行九間、梁行四間の四面廂をもつ大型の東西棟建物が検出された。さらにその北からも、桁行九間、梁行四間の四面廂建物がみつかり、南の建物が前殿、北の建物が後殿とされた。このように、東西朝堂と前殿と後殿を構成していることが明らかとなった。紫香楽宮は、朝堂院を構成した宮であることが判明したのである（図7）。

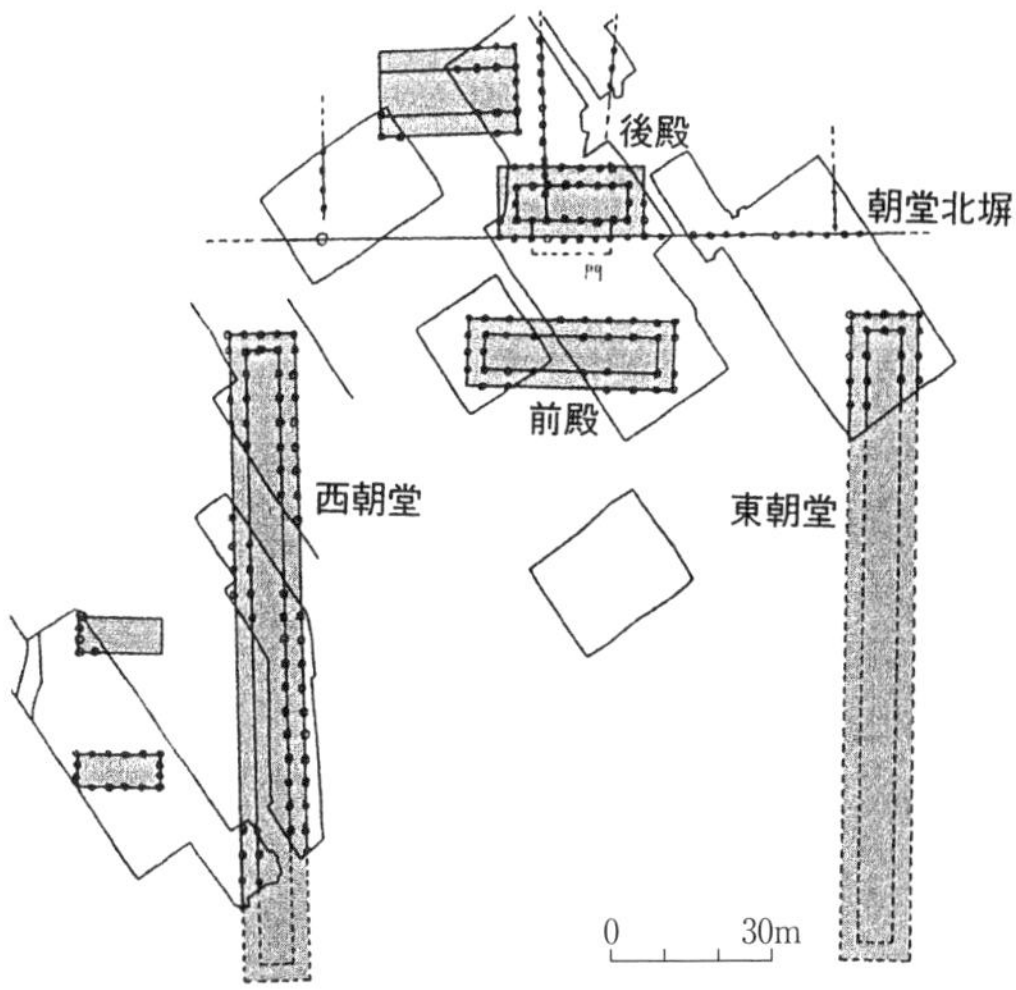

図7　紫香楽宮中枢部（小笠原好彦2005）

　しかし藤原宮や平城宮の構造と比較すると、建物配置が少し異なり、むしろ平城宮の西側におかれた西池宮（にしのいけのみや）の建物配置と共通していた。西池宮は『万葉集』にも読まれ、西池（佐紀（さき）池）のほとりに営まれた離宮的性格を持つと考えられている（小笠原好彦前掲書）。

　先述したように、紫香楽宮を造営するにあたり、四人の造離宮司が任命されている。紫香楽宮は当初から、恭仁京の離宮として造営された可能性が高い。内裏とみなしうる遺構は、まだみつかっていない。

聖武天皇は、天平十四年十二月二十九日、紫香楽宮に二度目の行幸をし、翌年の正月一日に恭仁宮に戻る。同年四月三日、三度目の行幸。同月十六日に恭仁宮に戻るが、そのときに従った者は、五位以上官人が二八人、六位以下が二三七〇人の多きにのぼった。紫香楽宮の造営促進を目的に動員されたのであろう。恭仁京に帰京後に、各々禄を賜っている。

同年七月二十六日、四度目の行幸。このときの滞在は十一月三日に帰京するまで、足掛け四ヵ月にのぼった。その間の十月十五日、盧舎那仏造営の詔が発願（ほつがん）されたのである。これまでの行動でもわかるように、天皇の関心は紫香楽宮での大仏造営に集中し、むしろ国分僧寺・国分尼寺の造営は、光明皇后に託された感じすらあった。

天平十二年十月、聖武天皇は広嗣の乱の最中、「朕意（おも）う所有るに縁（よ）りて」という迷の言葉を残し、関東行幸を断行した。そのときすでに、聖武天皇の脳裏には、河内（かわち）国大県（おおあがた）郡における知識寺を詣でて以来の、盧舎那仏造営の構想が描かれていたのであろう。その実現に一歩近づいたのである。

盧舎那仏造顕の詔

天平十五年十月十五日、盧舎那仏大仏造営の詔が発布された。詔は以下のとおりである（『続日本紀』）。

朕薄徳を以て恭（うやうや）しく大位を承け、志（こころざし）兼済（けんさい）に存して勤めて人物を撫（な）づ。率土の浜（はま）

已に仁恕に霑ふと雖も、普天の下法恩洽くあらず。誠に三宝の威霊に頼りて乾坤相ひ泰かにし、万代の福業を脩めて動植咸く栄えんとす。粤に天平十五年歳癸未に次る十月十五日を以て菩薩の大願を発して、盧舎那仏の金銅像一軀を造り奉る。国の銅を尽して象を鎔、大山を削りて堂を構へ、広く法界に及して朕が知識とす。遂に同じく利益を蒙りて共に菩薩を致さしめむ。夫れ、天下の富を有つは朕なり。天下の勢を有つは朕なり。この富と勢とを以てこの尊き像を造らむ。事成り易く、心至り難し。但、恐るらくは、従に人を労すことのみ有りて能く聖に感くること無く、或は誹謗を生して反りて罪辜に堕さむことを。是の故に智識に預かる者は懇に至れる誠を発し、各介なる福を招きて、日毎に三たび盧舎那仏を拝むべし。自ら念を存して各盧舎那仏を造るべし。如し更に人有りて一枝の草一把の土を持ちて像を助け造らむと情に願はば、恣に聴せ。国郡等の司、この事に因りて百姓を侵し擾し、強ひて収め斂めしむること莫れ。遐邇に布れ告げて朕が意を知らしめよ、とのたまふ。

〈朕は徳の薄い身でありながら、かたじけなくも天皇の位を承け継ぎ、その志は広く人民を救うことにあり、努めて人々を慈しんできた。国土の果てまですでに思いやりと情け深い恩恵をうけているけれども、天下のもの一切がすべて仏の法恩に浴しているとはいえない。そこで本当に三宝〈仏法僧〉の威光と霊力に頼って、天地ともに安泰になり、万代までの幸せを願う事業をおこなって、生きとし生けるものを悉く栄えんことを望むものである。

ここに天平十五年、天を一二年で一周する木星が癸未にやどる年に、盧舎那仏の金銅像一体をお造りすることとする。国中の銅を尽して像を鋳造し、大きな仏堂を構築し、広く仏法を全宇宙にひろめ、これを朕の知識としよう。そして最後には朕も衆生と同じように仏の功徳を蒙り共に仏道の悟りを開く境地に至ろう。

天下の富を所有するものは朕である。天下の権勢を所有するものも朕である。この富と権勢をもってこの尊像を造るのはこと成りやすいが、その願いを成就することは難しい。ただ徒らに人々を苦労させることがあってはこの仕事の神聖な意識を感じることができなくなり、あるいはそしりを生じて、却って罪におちいることを恐れる。したがってこの事業に参加する者は心からなる至誠をもって、それぞれが大きな福を招くように、毎日三度盧舎那仏を拝し、自らがその思いをもって、それぞれ盧舎那仏造営に従うようにせよ。もし更に一枝の草や一握りの土のような僅かなものでも捧げて、この造仏の仕事に協力したいと願う者があれば、欲するままにこれを許そう。国・郡などの役人はこの造仏のために、人民の暮らしを侵しみだしたり、無理に物資を取りたてたりすることがあってはならぬ。国内の遠近にかかわらず、あまねくこの詔を布告して朕の意向をしらしめよ。）

詔が発せられる三ヵ月前の七月二十六日、紫香楽宮に行幸した天皇は、翌八月、鴨川

（大戸川カ）に行幸し、川の名を宮川と改名した。翌九月には、紫香楽宮の所在地である甲賀郡の課税を畿内に準じて調庸の半分にし、田租を免除している。天皇の在所となる紫香楽宮の準備が進められ、その上にたって盧舎那仏造顕の詔が発布されたのである。

　詔発布の翌十六日、東海・東山・北陸道の三道の国々、合わせて二五ヵ国の調庸物を紫香楽に貢納するよう命じた。盧舎那仏造顕のための準備は着々と進められたのである。

　通常、天皇が寺院を建立したり、巨大な仏像を造顕する際には、造寺司とか造仏司といわれる国家的な官司を組織しておこなわれた。これは、舒明天皇による百済大寺造営以来の方法であった。この盧舎那仏造顕事業も平城京に還都してからは、造東大寺司とよばれる官司で造顕が進められたのである。

　しかし、紫香楽宮での大仏造顕にあたって聖武天皇がとった方法は、貴族・官人から庶民に至るまで広く天下に呼びかけ、盧舎那仏造顕への協力を求める方法であった。いわゆる「知識」「知識結」である。知識とは、仏と結縁するために財物を喜捨し、それにより現世での平穏や往生を願うことである、集団が力を合わせておこなう場合は知識結といった。

　ところが、詔の中の「天下の富を有つは朕なり。天下の勢を有つは朕なり」という文言を強調し、大仏造営の詔は、権力者の命令という形で発令され、知識の勧誘がおこなわれたとする理解もある。しかし、それでは聖武天皇の真意を、歴史上正しく理解したことにはならないだろう。瀧浪貞子氏が指摘するように、聖武天皇が知識結を呼びかけたのは、人々の協力とともに、同朋意識を共有して大仏造営を推進するところに真意があったのである（瀧浪貞子『帝王聖武—天平の勁き皇帝—』講談社　二〇〇〇）。

疫瘡の流行による惨状以後の社会復興はいまだ半ばにあり、広嗣の乱による人心の動揺も払拭されていたわけではなかった。そうした中で聖武天皇は、貴族・官人から庶民に至るまでの人々が、盧舎那仏の造顕事業を通じ、精神的紐帯を強めることを願ったのである。

行基の登用

聖武天皇が、知識によって盧舎那仏を造顕することを決意したのは、天平十二年、河内国大県郡にある知識寺を詣でたさいに、盧舎那仏を礼拝してからのことである。そのときに、自身が盧舎那仏を造営することを願ったことを、『続日本紀』天平勝宝元年（七四九）十二月二十七日条は伝える。それ以来、知識の力によって盧舎那仏を造顕することが、聖武天皇の最大の目標となっていった。

聖武天皇が盧舎那仏の造顕事業を推進するうえで、もうひとつ重要なことは、行基の登用である。天平十三年正月、聖武天皇は平城宮から恭仁宮に遷都する。九月四日、智努王と巨勢朝臣奈弖麻呂の二人を造宮卿に任命し、同月中には造宮に携わる役夫五五〇〇人を大養徳国・河内国・摂津国・山背国の四ヵ国から徴集し、これにあたらせたのである。

恭仁宮造営中の十月十六日、賀世山の東の河（木津川）に架けられた泉橋が完成した。七月に始められ、十月に完成したという。異例の早さである。畿内および諸国の優婆塞を動員して工事がおこなわれ、竣工とともに七〇五人もの得度が認められた。ここに行基の名は登場しないが、多くの優婆塞が動員されたことから判断して、彼らの多くは、行基の弟子や信者で組織されていたとみて間違いないだろう。恭仁京の架橋事業に活躍した知識集団を基盤とする行基の活動は、間近にいた聖武天皇の耳にも届いていたに違いない。知識結にもとづく行基集団の精神的紐帯の強さは、聖武天皇の盧舎那仏造顕の基本理念と合致する行動であったからである。

やがて行基は、聖武天皇のもとで、紫香楽宮における盧舎那仏の造顕に参画することになる。詔が発願された四日後の十月十九日、天皇は紫香楽宮に行幸し、甲賀寺の寺地を開いた。現在、この位置の確認はできていないが、紫香楽宮の南約二キロの丘陵南端部にあたる好地で、後の近江国分寺の所在地が、甲賀寺の地に相当する可能性が高い。行基はここで弟子たちを率いて、広く民衆の参加を勧誘したのである。

しかし、銅の原材料を集めることなどに時間を要したのであろうか。甲賀寺に盧舎那仏の体骨柱が建てられたのは、一年後の天平十六年十一月十三日のことであった。体骨柱とは、仏身の中子を造るための塑像の芯となる柱と考えられている。仏身を鋳造する基礎工事が始められたことを意味する。平城京四大寺（大安寺・薬師寺・元興寺・興福寺）の衆僧が集う中、天皇は、自ら臨んで縄を引いたという。思えば、天平十二年、河内国大県郡の知識寺で盧舎那仏を礼拝してから四年、具体的な造営工事にたどりついた聖武天皇の胸中は、察して余りある。

一方、盧舎那仏の体骨柱が建てられる四ヵ月ほど前の天平十六年七月、諸国国分寺に対し、出挙した利稲を造寺料に充てることが定められた（『続日本紀』天平十六年七月二十三日条）。正税四万束を割き、国分僧寺と国分尼寺に各二万束を施入したものである。この時期の公出挙の利率は五割なので、特定財源として、一万束ずつが国分僧寺と国分尼寺の造寺料として施入されたことになる。

また、同年十月からは、地方の僧官である国師を国分寺造営に参画させて、その推進を図ろうとした施策が認められた（『類聚三代格』弘仁三年〈八一二〉三月二十日付太政官符）。国師が国内僧尼の育成や法令の執行などのほか、地方行政に関してどの程度の権限をもっていたのかは不明な点が多い。しかし、新たな造寺料稲の扱いに対する国司の怠慢を牽制することなどが期待されたのであろう。盧舎那仏の造顕が具体化することに並行して、諸国国分寺の造営を推進する動きがみられた点で重要である。

翌天平十七年正月、行基が大僧正に抜擢される。玄昉僧正の上位に位置づけられたのである。聖武天皇が行基の協力を高く評価した証であるが、吉川真司氏は、玄昉が盧舎那仏造顕事業に協力的ではなかったことを主な要因としてあげる（吉川真司『聖武天皇と仏都平城京』講談社　二〇一一）。同年十一月、玄昉は筑紫観世音寺の造寺司別当として左遷される。しかし、肝心の盧舎那仏造顕も、塑像の体骨柱が建てられたことまでは確認できるが、その後の状況は明らかではない。

平城京還都

天平十七年四月一日、紫香楽京の市の西の山で火災が起きた。同月三日には、甲賀寺の東の山で火災が起きた。また同月八日、紫香楽宮に近い伊賀国真木山で火災が発生し、三～四日焼け続け数百余町を延焼した。同月十一日、紫香楽宮の東の山で火災があり、このときは天皇も乗物を用意し、大丘野に避難しようとした。火は幾日も鎮火しなかったという。

思えば前年十一月、甲賀寺で念願の体骨柱を建てる儀式をおこなう四ヵ月前にも、紫香楽宮の西北で山火事があった。火災の頻度は尋常ではなく、紫香楽宮や盧舎那仏の造営事業に対する人々の不満が鬱積し、放火に走らせたのであろう。

五月に入ると、火災とともに地震が連日のように発生した。同月二日、太政官が諸司の官人を召集して、「何の処を以って京とすべきか」と問うた。すると皆、「平城に都すべし」と答えたという。同月四日、大膳大夫栗栖王を平城京薬師寺に派遣し、四大寺の衆僧に同様のことを尋ねさせた。答えは皆、官人たちと一緒であった。「平城を以て都とすべし」と。

ここに、聖武天皇が理想とした紫香楽宮・甲賀寺における盧舎那仏の造顕は、挫折したのである。

同月十日、恭仁京の市人たちが平城京に移ってきた。早朝から夜ふけまで先を争い、行列は絶えることはなかったという。翌十一日、紫香楽宮はからっぽで無人の地となり、盗賊が充満し山火事の火もいまだ消えなかった。そのため、諸司の官人や衛門府(えもんふ)の衛士(えじ)らを派遣して官物(かんもつ)を収納させたという。

この日、天皇・皇后は恭仁宮から平城宮に還都した。紫香楽宮・甲賀寺での、五年にわたる聖武天皇の理想は、ついに終焉を迎えたのである。

国分寺の創建

金字『金光明最勝王経』の書写と盧舎那仏の鋳造

大養徳国金光明寺と盧舎那仏の造営

聖武天皇・光明皇后が平城京に還都したのは、天平十七年（七四五）五月十一日のことである。このとき天皇は、中宮院を御在所とし、旧皇后宮を宮寺と改称した。旧皇后宮はもとの藤原不比等邸で、不比等の死後に、藤三娘である光明子がこれを伝領した。この地が光明子立后後に、皇后宮にあてられたと考えられる。

同年八月二十三日、甲賀寺で挫折した盧舎那仏造顕計画が、平城京の東郊外において再開された。平城京に還都してから三ヵ月後のことである。この日、聖武天皇は、自らの袖に土を入れて運び、光明子をはじめ、貴族官人たちもそれにならって土を運び、大仏が坐す基壇を築き固めたという（『東大寺要録』巻二　縁起章第二　大仏殿碑文）。

新たに盧舎那仏の造顕地として選ばれたのは、大養徳国金光明寺（やまとのくにこんこうみょうじ）が置かれた平城京の東の京外の地であった。ここは、聖武天皇と光明皇后との間に生まれ、若くして夭折した皇子基王（もといおう）の菩提を弔うために建立された金鍾寺（こんしゅじ）と、安倍内親王（あべないしんのう）が立太子したさいに造立された福寿寺を包摂した場所である。天平十四年四月、この二つの山林寺院が統合され、大養徳国金光明寺が設置されていた。したがって、当初の大養徳国金光明寺は、既設の山林寺院であった。

天平十七年八月、平城京の東の京外の地で始められた盧舎那仏造顕計画は、大養徳国金光明寺と、盧舎那仏が坐す寺院とを統合して成立した寺院であった。しかし、国分寺建立の詔の主旨にみられる国分寺の伽藍は、「必ず好き処を択び」と新造であることを求めたものであった。したがって、既設の山林寺院を利用した大養徳国金光明寺は、早晩、造り改めなければならない状況にあったのである。さらに国分寺建立の詔は、諸国国分寺の造営責任者を国司に定めている。しかし、中央の大養徳国金光明寺については、当初から聖武天皇と光明皇后に直接関連した金鍾寺と福寿寺がこれらにあてられ、天平十四年四月の光明皇后の令旨（りょうじ）にみられるように、官大寺（かんおおでら）としての位置づけがなされたのである（『東大寺要録』巻七　前掲）。しかもその推進にあたっては、光明皇后と皇后宮職（こうごうぐうしき）が深く関与していた。大養徳国金光明寺については、発足の当初から中央国分寺としての性格を有していたが、恒久的な国分寺として営まれた寺ではなかった。

一方、盧舎那仏の造顕にあたり、紫香楽宮甲賀寺を理想の地と定めた聖武天皇は、行動のほとんどを大仏造顕に集中し、その実現に向けて邁進した。しかし、結果として、甲賀寺における造顕計画は、人心の離反により挫折したのである。

平城京還都後、盧舎那仏と大養徳国分寺を統合した二つの壮大な造営計画は、それぞれに事情を抱え、二つの性格を内抱したまま巨大な平地寺院としてスタートしたのである。二つの性格とは、大養徳国金光明寺が『金光明最勝王経』を、盧舎那仏を擁する寺院が『華厳教』を根本経典とすることである。金光明寺の正面門である西大門には「金光明四天王護国之寺」の勅額を、南大門には「大華厳寺」の寺額を揚げ、今日まで引き継がれたのである（図8）。

この統合計画を進めたのは光明皇后であろう。新たな大養徳国金光明寺の地で、盧舎那仏造顕工事の再開後、聖武天皇は難波宮に行幸する。しかし、到着後まもなく病床につくが、そのときの病状はただごとではなかったことを『続日本紀』天平十八年九月十七日勅は伝える。

> 朕は、この頃病気がちで、不安定な容態が一〇日以上続いている。思うに、わが政道に過失があり、人民の多くを罪人にしているようだ。そこで天下に大赦をおこなうが、

通常の大赦では許されない者もことごとく赦免することにする。（後略）

「わが政道に過失があり」とするのは、恭仁宮・紫香楽宮での五年間を指すのであろう。本心とするところは、無理をして盧舎那仏の造顕を押し進めてきたことに対する反省であった。その結果「人民の多くを罪人にした」というのである。聖武天皇が重病におちいった最大の理由は、人々の心をひとつにするために、信念をもって推進してきた紫香楽宮での盧舎那仏の造顕を、多くの人たちの反対から、断念せざるをえなかったという挫折感に

図８　東大寺南大門扁額（上），東大寺西大門勅額（下）

あった、と思われる。そのことは、還都直後に、聖武天皇が体の不調を訴えることが多かった頃から続いたのである。

苦しむ聖武天皇の心を救う唯一の方法は、盧舎那仏の造顕を再開し、天皇の理想を実現することと、それに加え、大養徳国金光明寺・各国国分寺の造営を促進し、天皇権威の復活を果たすことである、と光明皇后は考えたに相違ない。『続日本紀』が伝える光明皇太后崩伝のなかに、「東大寺と天下の国分寺を創建するは、もと、太后の勧めし所なり」とあるのは、この頃の状況を伝えたものと思われる。

大養徳国法華寺の誕生

旧皇后宮に置かれた宮寺が法華寺に改称されたのは、天平十八年四月から同十九年正月二十日の間のことである（『正倉院文書』）。すでに、大養徳国金光明寺は、天平十四年四月には発足していた。吉川真司氏は、同十四・十五年の優婆塞（うばそく）・優婆夷貢進文（うばいこうしんぶん）にみられる総数三二名の僧尼は、すべて国分寺僧尼としての候補者と考える（五六ページ表、吉川真司「国分寺と東大寺」『国分寺の創建—思想・制度編—』吉川弘文館　二〇一一）。この優婆塞・優婆夷貢進文は、皇后宮職に集約されているので、そこには、光明皇后との強い関係が想定できると吉川氏は指摘する。

この優婆塞・優婆夷貢進文の中に、平城京右京五条一坊と左京五条四坊に出自をもつ、二名の尼僧が推挙されている。この時期は、まだ宮寺も大養徳国法華寺も発足していないが、後の法華寺に対して貢挙（こうきょ）されたことは確実である。すでに天平十四・十五年には、大養徳国法華寺の構想は、光明皇后のもとで進行していたと考える必要がある。

このように、初期の大養徳国法華寺の構想や、平城京還都後の大養徳国金光明寺と盧舎那仏造顕事業の統合計画は、光明皇后の勧めによって推進された可能性が高い。とすれば、旧皇后宮に設置された宮寺を大養徳国分法華寺に改めたのも、光明皇后自身であることは明白である。さらにいえば、天平十七年の平城還都時に旧皇后宮を宮寺に改称したのも、法華寺に発展させるための布石であったと考えられる。天平十七年八月に、金光明寺と盧舎那仏の統合計画が実施され、本格的工事が始動したこととの関連で考えると、大養徳国法華寺の誕生は、同十八年四月以降の早い段階であったと想定される。

恭仁京大極殿を山背国分寺に施入

天平十八年九月二十九日、恭仁京大極殿が山背（やましろ）国分僧寺に施入される。この大極殿は、平城宮の第一次大極殿および歩廊（ほろう）（回廊）を恭仁宮に遷し替えたものである。天平十五年十二月二十六日、足掛け四年をかけ、ようやく大極殿の移築工事が終了した。しかしそれに要した経費は、計算できないほど多額であった。そのうえ紫香楽宮を造営するのであるから、恭仁宮の造営は停止することにした（『続日本紀』）というのである。したがって、恭仁宮大極殿として存在したのは、平城京還都までの、わずか一年半ということになる。

発掘調査の結果、この大極殿は、山背国分僧寺に施入後、金堂として使用されたことが確認された。そのときの軒先瓦は、軒丸瓦・軒平瓦ともに近江国分寺と同じ瓦笵によって製作されたことが判明している。創建期の国分寺の主体となる軒先瓦の瓦笵が他の国分寺に移動し、その瓦笵で軒先瓦を製作した例はきわめて稀な事例である。背後に特殊な事情があったことを想定する必要がある。また、その瓦笵には傷がみられ、その笵傷の痕跡から近江国分僧寺から山背国分僧寺に瓦笵が移動し、その瓦笵で山背国分僧寺の瓦が製作されたことが判明した。ただし、両国分寺での製作技術は異なるので、瓦笵は移動したが、瓦工人はともなっていなかったようだ。軒平瓦は、平城京の六六九一A型式を模倣したもので、型式学的特徴から、天平末年から天平勝宝年間の早い段階（七五〇年前後）に作笵されたと考えられる。

一方、文献史料からは、天平勝宝三年（七五一）二月二十四日に、「甲賀宮国分寺大工家」から逃亡した奴の忍人なる人物を捕えた記事がある（『大日本古文書』三―五二）。天平勝宝三年に、近江国分寺の大工家がその造営に関与していたことと、軒平瓦の型式学的年代から、近江国分寺は、天平勝宝年間の早い段階には造営に着手されたと想定できる。栄原永遠男氏は『正倉院文書』の詳細な分析から、天平十九年五月から天平勝宝三年十二月の間に、甲賀寺は律令国家的寺院から近江国が管轄する国分寺になったと考えるのがもっとも妥当であるとする（栄原永遠男「正倉院文書からみた甲賀寺」『律令国家史論集』塙書房　二〇一〇）。山背国分僧寺の造営は、瓦の笵傷から近江国分僧寺より若干遅れるが、その年代を天平勝宝年間と考えることができる。両寺とも諸国国分寺と同じ頃に造営が進行したことになる。

恭仁宮大極殿が山背国分寺として施入されたのが、天平十八年九月のことである。この政策は、国分寺造営の積極策として評価できる。しかし、前述したように、施入後ただちに造営に着手されたわけではなかった。結局、その造営は天平勝宝年間の早い段階（七五〇年代前半期）までずれ込んだのである。

恭仁宮大極殿を施入する政策を促進した中心人物は、藤原仲麻呂であろう。仲麻呂は、天平十五年五月に参議、六月には左京大夫を兼ねる。同十七年正月には、紫香楽宮で二階級特進し、正四位上に叙せられる。紫香楽宮や盧舎那仏の造営に、主導的役割を果たしたことによる昇叙であろう。さらに、同年五月には平城京還都が決定し、八月には平城京の東の京外で盧舎那仏造顕工事が再開される。この間の動向について、左京大夫であった仲麻呂の実務面での力は大きかったと推測される。彼は、光明皇后と密接に連携することで、次第に権力を掌握していったのである。そうした関係が築かれたのは、当時朝廷内で最大の関心事であった紫香楽宮や盧舎那仏造営を通してのことであろう。それは一方で、光明皇后自身にとっても、自身の甥にあたる仲麻呂に期待することが大きかったと思われる。

仲麻呂は、盧舎那仏や国分寺造営の実務を自己の権力下で掌握し、これを成功に導いた。林陸朗氏は、盧舎那仏鋳造の成功こそが官人社会における主導権確保の決定的契機であり、同時に皇后を中心とした後宮勢力との深い結合に成功したと指摘する（林陸朗『光明皇后』吉川弘文館　一九八六）。国分寺の造営は光明皇后が心血を注いだ事業であり、林氏の見解に国分寺の造営に関することを加えるべきと思う。

天平十七年九月、仲麻呂は民部卿で近江守を兼ねる。また、同十八年七月の「近江国司解（げ）」によると従三位で式部卿兼左京大夫、東山道鎮撫使（ちんぶし）、近江守とある（『寧楽遺文』下―七四五）。紫香楽宮の盧舎那仏造顕の跡地である甲賀寺を近江国分僧寺に、恭仁京を山背国分僧寺として、新たな活用を実務面で促進したのは、光明皇后と共に盧舎那仏や国分寺造営政策を積極的に進めた仲麻呂であったと考える。

盧舎那仏への燃灯供養

平城京の東の京外における新たな盧舎那仏造顕予定地の造成工事が開始されたのは、天平十七年八月のことであった。東方の山塊から伸びた丘陵を掘削して造成した土地であるが、それだけでも大変な大工事であった。

それから一年二ヵ月を経た同十八年十月六日、聖武天皇は、元正太上天皇・光明皇后をともない、金鍾寺（大養徳国金光明寺）に行幸した。それから約一年後の、翌天平十九年九月二十九日には、大仏の鋳造が開始されるので（『東大寺要録』巻一　本願章第一）、このときの行幸の目的は、大仏の原型塑像の完成を祝う燃灯供養をおこなうためであった。『続日本紀』は、そのときの様子を次のように記す。

仏像の前後に灯火一万五千七百余りの灯明皿が置かれ、夜の一更（午後七時）になって数千人の僧侶に脂燭（しそく）（松の木を細く割り、油をしみこませて火をともす照明器具）を捧げて、讃歎して供養しながら仏の周囲を三度まわらせた。三更（午後十一時～午前一時）に至って、天皇は宮に還られた。

聖武天皇は、還都以後、体調は決して良くなかったようであるが、盧舎那仏の造顕が順調に進んでいることは、何よりの喜びであったのであろう。塑像の盧舎那仏を拝した天皇は、深夜まで供養の会場を去ろうとしなかったのである。

金字『金光明最勝王経』の書写

国分寺建立の詔の中で『金光明最勝王経』と『妙法蓮華経』各一部の写経が命じられるが、聖武天皇はこれとは別に、金字『金光明最勝王経』を写し、塔ごとに各一部を置くことを命じた。

このうち、金字『金光明最勝王経』については、『正倉院文書』天平十八年十月十七日付の「写金字経所解案」（『大日本古文書』三―二九五）、および、同二十年十月二十五日付

図９　紫紙金字『金光明最勝王経』（奈良国立博物館蔵）

の「写経所解」（『大日本古文書』三―一二七）により、金字『金光明最勝王経』を実際に書写した記録がみえ、天平十三年二月詔に対応するものと考えられている（図９）。

同十八年十月十七日に請求された経師等の布施料は、『金字最勝王経』七一部七一〇巻のうち、経師一八人・校生兼螢生一二人・装潢二人・題師三人（実際には四人）分の銭四二貫八五二文の一七九巻分であった。これは、当初の計画が一八部一八〇巻であったが、一巻分に誤字が認められたためである。このことは、天平二十年十月十五日付の「写経所解」に記されていることで明らかである。認められた誤字は一巻分だけであるが、同二十年に書写されたのは、一部一〇巻であった。

「写金字経所」は、諸国国分寺の七重塔に安置する金字『金光明最勝王経』の書写を目的として設置された、大養徳国金光明寺に付属する写経所内に臨時的に設けられた機関である。そのことは、誤字の修正のための写経が、「写金字経所」ではなく「写経所」でおこなわれたことでわかる。この金字『金光明最勝王経』の書写は、同十八年十月十七日をもって実質的に終了したという認識であった。

このことは、誤字による写経の修正が二年後の、しかも「写金字経所」の組織が解体した後におこなわれたことで想定できる。しかし、そのとき計画された金字『金光明最勝王経』の書写は一八部一八〇巻なので、全体計画が七一部七一〇巻であったことから考えると、一八部一八〇巻を除いた五三部五三〇巻は、同年十月十七日以前の段階で、すでに完成していたことになる。この五三部の金字『金光明最勝王経』については、同年十月十七日の段階で題経七一〇巻の題師料（題師に支払う料金）がまとめて請求されていることから推測すると、この時期を大きく遡ることはあるまい。

国分寺建立の詔の中で、もっとも重い意味を持つ事柄は、天皇権威を象徴する七重塔の造営と、そこに納める金字『金光明最勝王経』である。この金字『金光明最勝王経』は、大養徳国金光明寺に付属する書写所で写経された。しかし、読誦用の『金光明最勝王経』

図10　金字『金光明最勝王経』の経帙
10巻をつつみ諸国の塔ごとに納められた.
(正倉院宝物)

と『法華経』については、各国で書写されたものと思われる。

天皇権威とその思想的基盤となる金字『金光明最勝王経』の本格的写経の開始は、諸国国分寺全体の造営計画が具体的に動き始めたか、あるいは始動させようとしたことを意味し、その意義は、きわめて大きいといわねばならない。諸国国分寺の中で、比較的早期に着手した武蔵(むさし)国分僧寺・上総(かずさ)国分僧寺・下総(しもうさ)国分僧寺・安芸(あき)国分僧寺などの造営が始められたのはこの頃であろう。

天平勝宝三年十月二十二日、この金字『金光明最勝王経』が、東大寺上院(じょういん)地区の阿弥陀堂に安置されていた（図10）。これが造東大寺司次官の佐伯今毛人（さえきのいまえみし）の宣により、どこかに運ばれた（蜂須賀家文書『大日本古文書』一二―一七）。同二十年十月の段階で七一部であった同経は、七五部に増経されていた。この時点で、諸国国分寺七重塔に安置する金字『金光明最勝王経』は、各国に配布されたと推定される（有富純也「疫病と古代国家―国分寺の展開過程を中心に―」『歴史評論』七二八号　二〇一〇）。

盧舎那仏の鋳造開始

天平十八年十月、聖武天皇をはじめ元正太上天皇、光明皇后は、盧舎那仏の原型となる塑像の完成を祝い、数千人の僧侶の参列のなか大規模な燃灯供養がおこなわれた。その約一年後の同十九年九月二十九日、盧舎那仏の造顕に対し、封戸一〇〇〇戸という手厚い保護が施入されている（「大仏殿碑文」）。長門（ながと）国長登（ながのぼり）銅山で採掘された銅を原料に、本格的な鋳造が開始されたのである。その際、皇后宮職が所持していた銅が使用されたことが、大仏殿西地区での出土木簡により判明した。光明皇后が盧舎那仏造顕に積極的に貢献したことが明らかになった意義は大きい。これは、同十七年八月、盧舎那仏造顕の地と一体化して造成工事が始められてから、約二年後のことであった。

天平十九年冬、大養徳国金光明寺の写経所が東大寺写経所に改称される。「東大寺」という寺号の誕生である。東大寺は、『金光明最勝王経』を根本経典とする金光明寺と『華厳経』を根本経典とした大華厳寺という二つの性格を維持しながら、次第に、日本最大の官寺として成長したのである。

さらに、盧舎那仏の鋳造が開始される三週間程度前の九月二十九日、東大寺に対し知識物が寄進される。その際の様子を『続日本紀』は、

河内国の人で大初位下の河俣連人麻呂が銭一〇〇〇貫を、越中国の人で無位の礪波臣志留志は米三〇〇〇石を、盧舎那仏への寄進として献上したので、それぞれ外従五位下を授けた。

ことを伝える。盧舎那仏の造顕に対し、いわゆる献物叙位の政策が採用されたのである。献物叙位とは、銭や米・布・農具などの物資を、東大寺や国分寺などに献納する代わりに叙位にあずかるという、売官の一種である。東大寺や国分寺の造営にさいし、不足する建設費を補うために、銭や物資を納入させる代わりに、在地豪族に対して最高で外従五位下に叙位したり、有利に官職につかせた制度である。

この政策の初見は、養老六年（七二二）閏四月の太政官奏にある。この太政官奏は、二年前の同四年九月に、蝦夷が反乱を起こし、そのときに政府が採った対応策である。その中で、陸奥国鎮所に備蓄する軍粮を強化するため、政府は、地方豪族のもとに大量に備蓄された私穀に期待した。その際、輸送した私穀の多寡により、最高で外従五位下を授け

たのである。それまでの蝦夷対策の根幹を左右する大事件の後に、陸奥国強化の一環として、時の政府がとった辺境対策であった。

もともと、盧舎那仏造顕の思想的基盤は、『華厳経』と知識である。政府はその造顕に対し、構想の段階から広く官人層から民間に至るまでの知識による協力に期待し、計画が推進されてきた。政府は、知識としての献物に対し、叙位をもって答えたのである。この政策が『続日本紀』に記述されたのは、盧舎那仏の鋳造を開始する一七日前のことなので、そうした事業の本格化に焦点を合わせた施策であることは疑いない。聖武天皇の理想は、次第に現実のものとなっていった。

天平十七年五月の平城京還都以後、平城京の東の京外で進められた大養徳国金光明寺と盧舎那仏の造顕事業は、順調に推進されたようだ。さらに、恭仁宮大極殿を山背国分寺に施入したり、金字『金光明最勝王経』の写経事業が進み、中央での国分寺の造営事業に対する準備が具体的に動き始めてきた。

この時期、諸国国分寺の建立に関する具体的な施策がみられるわけではないが、中央での国分寺造営に対する動向が地方に伝達されたのであろう。全国的にも、早期に開始されたいくつかの国分寺で、造営に対する具体的な動きがみられるようになる。おそらく、天平十九年十一月の国分寺造営督促の詔が発布される以前の、天平十八年を前後する時期のことであろう。

考古学は、遺跡や遺物を対象とする学問なので、現地での造営工事が始まらないと具体的な検討が進められない。国分寺研究の中で、やっと考古学の出番を必要とする時期を迎えた。比較的早期に造営が開始された国分寺として、武蔵国分僧寺・上総国分僧寺・美濃（みの）国分僧寺・安芸国分僧寺などをあげることができる。ここではそうした計画を、まず、上総国分僧寺と武蔵国分僧寺の造営状況から検討しておきたい。

上総国分寺

寺院地の区画

寺が所有する田畠を含め、寺の土地を総称して「寺領地（じりょうち）」という（山路直充「寺の空間構成と国分寺—寺院地・伽藍地・付属地—」『国分寺の創建—思想・制度編—』吉川弘文館　二〇一一）。そのなかで、いわゆる七堂伽藍（しちどうがらん）と呼ばれる主要な堂塔が建つ区画を「伽藍地」といい、そのまわりの付属施設を合わせた土地を「寺院地」と呼んでいる。寺院地は、溝や塀の区画施設により聖地と俗界とが区別され、四方に開かれた門からのみ、出入りが許されたのである。これまで、そうした区別があいまいなまま、寺地全体を漠然と寺域と呼び、国分寺の場合は、国分僧寺が二町四方、国分尼寺が一・五町の広さをもつといわれてきた。

ところが、確認された上総（かずさ）国分僧寺と国分尼寺の寺院地の規模は広大で、これまで寺域と考えられてきた部分が、伽藍地に相当することが明らかになってきた（櫻井敦史『上総国分僧寺跡Ⅰ』市原市教育委員会　二〇〇九）。さらに重要なことは、国分僧寺・国分尼寺ともに、創建の時期に二つの造営上の画期があることが判明したことである。一つは、中軸線の方位が座標北に対し、東に七度前後振れる時期（A期）と、いま一つは、西に三度から四度振れる計画で造営された時期（B期）の二者である。両者の造営時期は、国分尼寺の尼坊跡での遺構の重複関係から、前者が古く、後者が新しいことが明らかになった。また、瓦を使用した本格的な伽藍はB期に成立し、A期には瓦葺建物が存在しないことも確認された。

国分僧寺では古墳や谷地形をさけ、幅一・五から二・〇メートルの素掘溝（すぼりみぞ）で、丘陵全体を囲繞（いにょう）する形で寺院地の区画が策定される。したがって、正方形や正長方形をなさない。規模は、南北四七八メートル（約四・四町）、北辺東西二五四メートル（約二・三町）、南辺東西二九九メートル（約二・八町）で寺院の全体で約一四町歩を占める。諸国国分寺では、武蔵（むさし）国分僧寺・下野（しもつけ）国分僧寺に継ぐ規模である。また、平城京内の寺院では、薬師寺の規模を上回る（図11）。

A期中軸線の方位は、座標北に対し約七度大きく東に傾き、一般的な古代寺院の方位と比べ振れが大きい。現状では、A期国分寺以前の条里遺構や道路などの施設に方位決定の根拠を求めることは難しい。丘陵の馬の背状の高い位置に、中軸線が設定されているので、

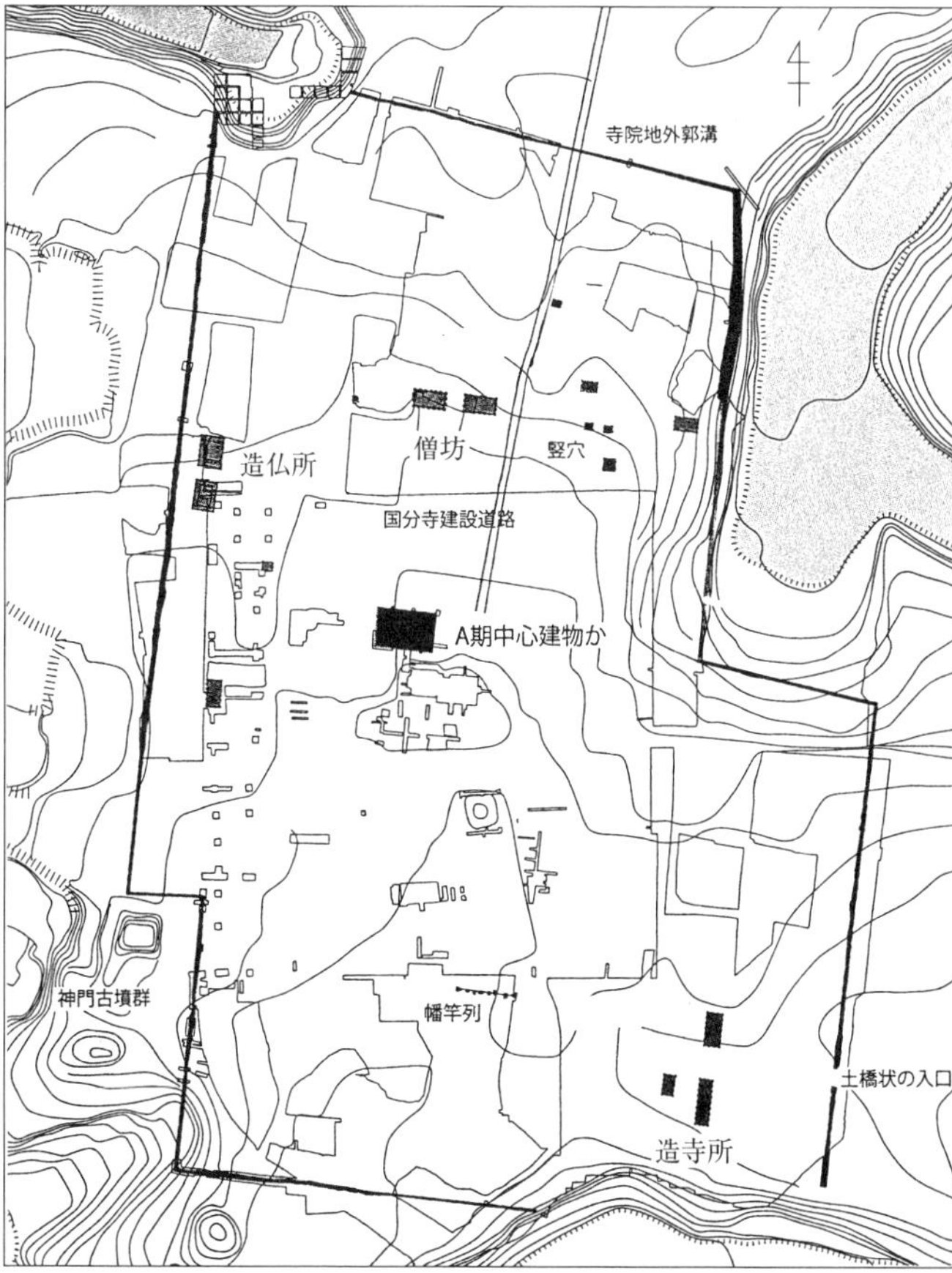

図11　上総国分僧寺全体図（A期）
（『発掘いちはらの歴史』市原市教育委員会 2010）

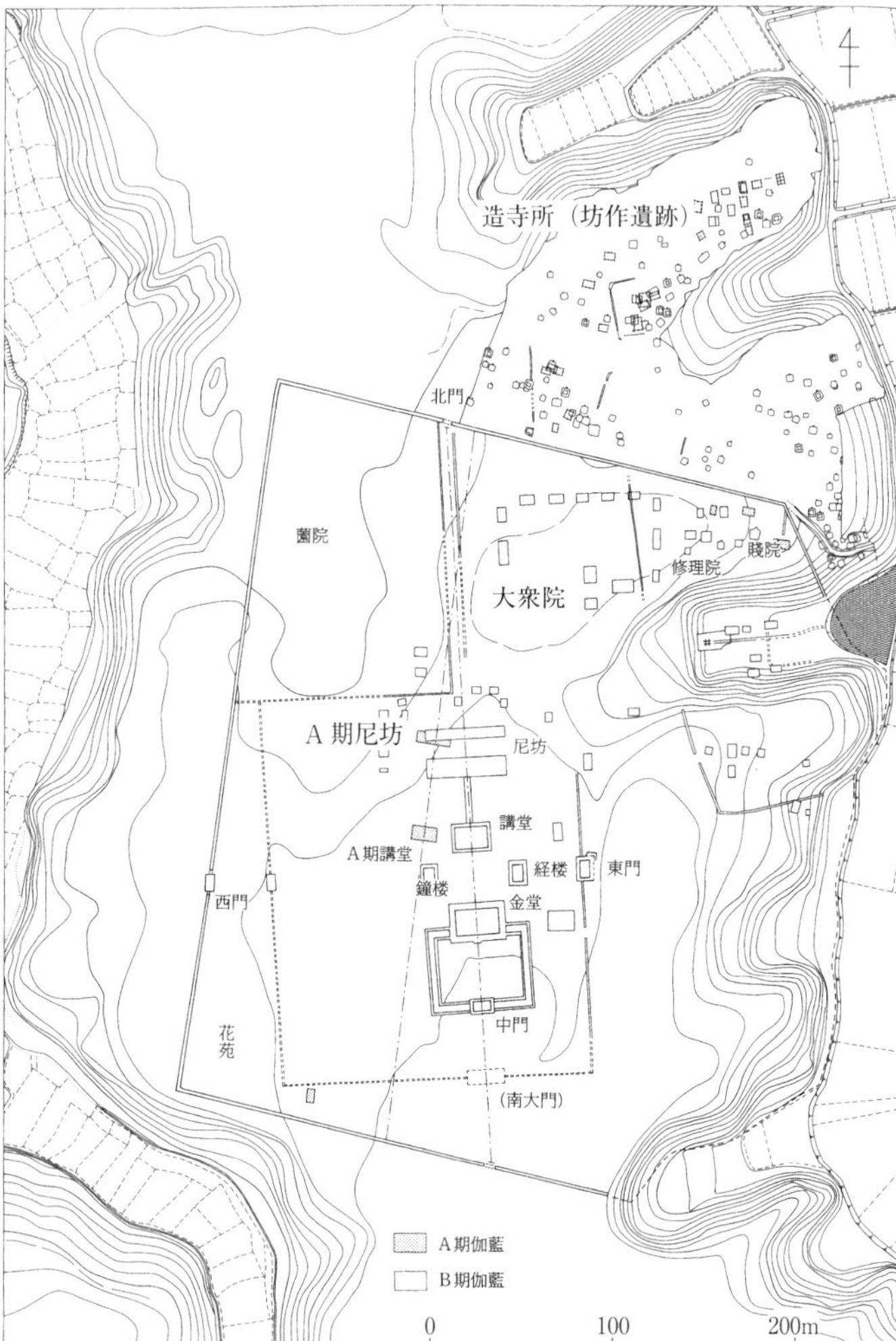

図12　上総国分尼寺全体図（A・B期）
（『坊作遺跡』市原市教育委員会 2002）

地形に合わせ任意に決定された可能性が高い。

一方、国分尼寺の寺院地の区画溝も、幅一・五メートルから二・〇メートルの素掘溝で区画され、国分僧寺と同様にA期とB期の計画による遺構がある。南北三七二メートル（約三・五町）、北辺の東西二八五メートル（約二・六町）で、東辺は必ずしも明瞭でないが、寺院地の面積は広大で、国分僧寺とほぼ同規模の約一三町歩を占める（図12）。諸国国分尼寺の中では最大で、大和国法華寺に匹敵する規模である。また、西辺溝の座標北に対する傾きは、八度二〇分東に、A期の講堂・尼坊を結ぶ中軸線は、七度二〇分東に振れる。A期における国分僧寺・国分尼寺の寺院地区画施設は、同一計画のもとで造営が進められ、その後、B期に改築されたときも、同位置で踏襲されたことが判明した。

僧坊・尼坊

国分僧寺A期の僧坊は、六間×三間の同規模の二棟の掘立柱建物を、東西に並置して建てられた。B期の本格的な僧坊が完成するまでの仮設の建物で、建て替えは認められない（図13―1）。

国分尼寺A期尼坊は、八間×三間の掘立柱東西棟建物で、南北面に目隠塀を設置する（図13―1）。この尼坊は、B期尼坊の下層にあり、重複関係から、A期の寺院計画がB期のそれに先行したことを確定した遺構である（宮本敬一「上総国分尼寺」『千葉県の歴史　資料編　考古3』千葉県　一九九八）。僧坊・尼坊とも桁行（けたゆき）の柱間数が偶数間で、梁間（はりま）が奇数

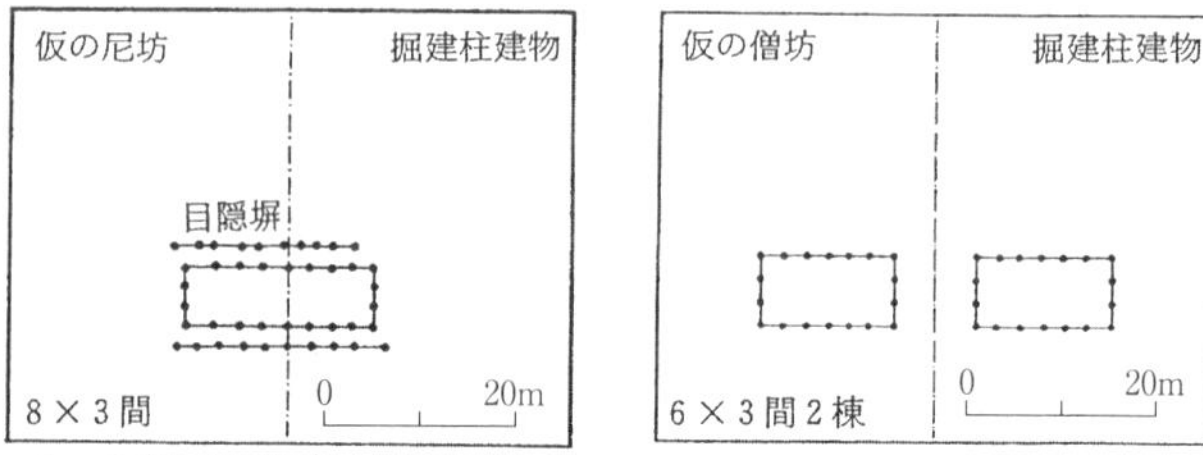

1　上総国分僧寺・国分尼寺

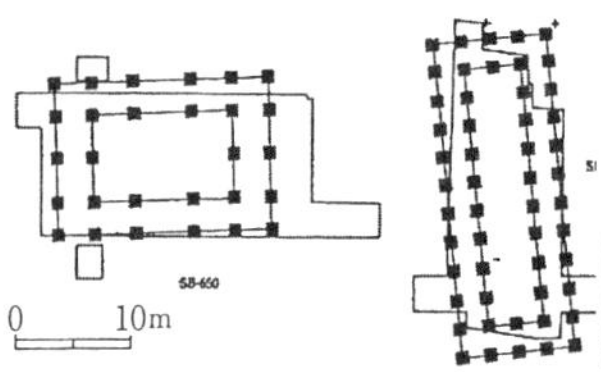

2　下野国分僧寺
造仏所（左）・仮僧坊（右）

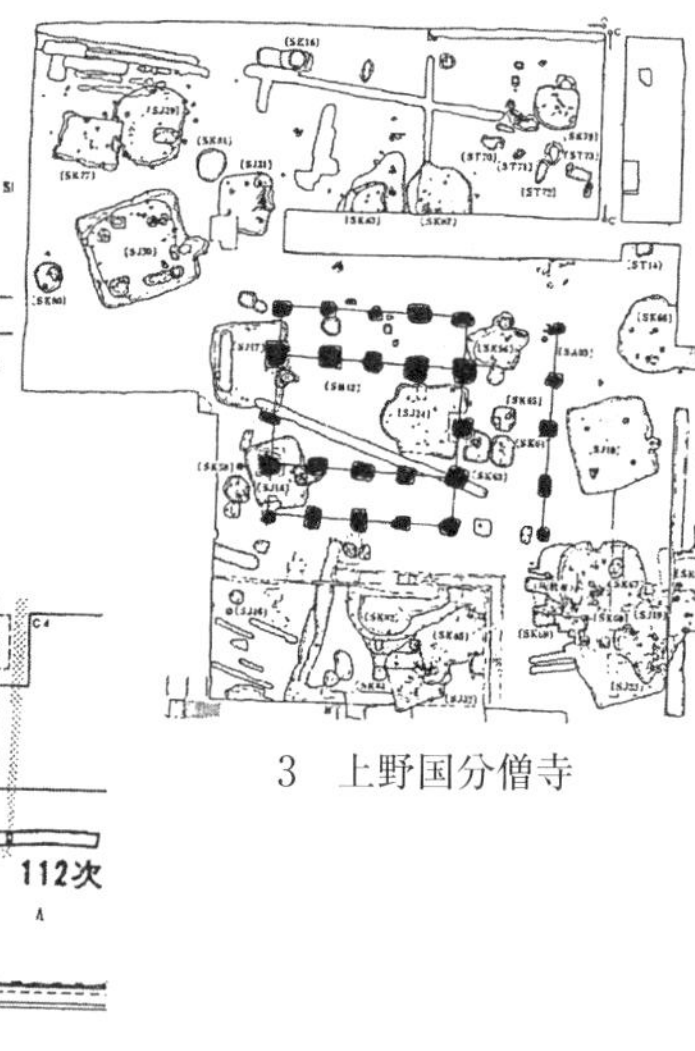

3　上野国分僧寺

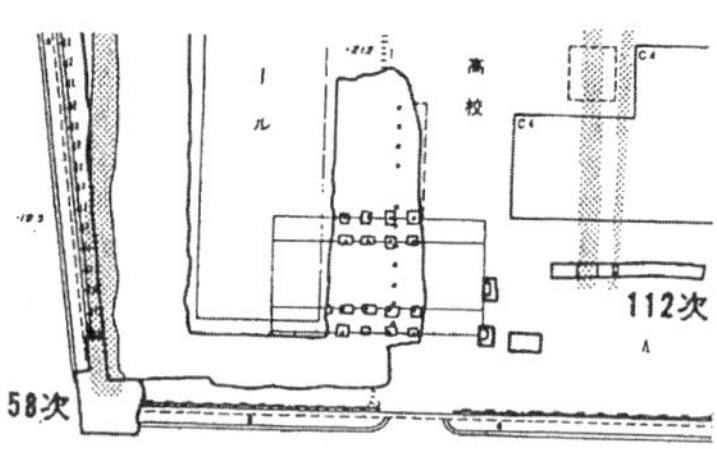

4　遠江国分僧寺

図13　諸国国分寺の仮僧坊

間である。そうした構造は、この時期のほかの建物と同様に、在地性の強い建物構造が採用されていることを示している。A期段階の僧坊・尼坊は、規模から推測して僧二〇人、尼一〇人の定員を満たしてはいなかったようだ。

下野国分僧寺では、金堂の東約一二〇メートルの伽藍地区画施設の下層で、一一間×四間の四面廂付建物の僧坊が主要伽藍の建物に先行して建てられた（図13―2）。上野国分僧寺では、七重塔の南面に四間×四間の両面廂建物で（図13―3）、遠江国分僧寺では、九間×五間の両面廂建物で建てられている（図13―4）。

いずれの僧坊も、その後に成立する本格的な僧坊や尼坊と比べて規模も小さく、構造も簡易なので、仮設的性格の強い僧坊として造営されたことは明らかだ。まだ僧・尼の定員が満たされる前の段階であり、造営工事の安全や早期に完成する祈願など、国分寺の造営過程で、僧侶が仏教上果たすべき役割は多かったのであろう。それは、寺院内にとどまらず造瓦所や山作所など、外部の施設にまでおよんだと思われる。上総国分寺創建期の大規模な鋳所である千葉市の鐘つき堂遺跡や造瓦所の南河原遺跡では、鋳所や造瓦所の遺構群の中央に、同時期の三間×三間の廂付建物と付属建物などが存在する。そこからは、三彩陶器や瓦鉢などの仏具のほか、「釈迦寺」「寺東」「仏」などの墨書土器が出土する。上総国分寺の造営に関する国衙工房に、国分寺僧が出向いた施設であろう。

国分寺僧尼の採用については、天平十四年五月二十八日付の太政官符で、精心錬行の僧を採用すべきこと、すぐに得度させず数年の間志性を確かめてから入道させるべきことなどの、基準や方法が示される（『類聚三代格』巻三）。同年十一月十七日の優婆塞貢進解によると、大養徳国の城下郡司が、国符を受けてから二日後には、二名の優婆塞を貢進したことが知られている。国分寺僧についても、比較的早い時期に対応がなされていたようだ（『大日本古文書』巻二　優婆塞貢進解）。仮設の僧尼坊の設置は、造営当初における建設現場での、国分寺僧尼の活動を示す遺構として注目される。

造仏所

上総国分僧寺の寺院地の北西地区に、六間×五間（三二二〇建物）と五間×四間（三二二一建物）の二棟の四面廂建物がある（図11・14—1）。西側の柱筋を通し、南北縦列に計画的に配置したA期の建物であるが、両建物とも建て替えは認められていない。三二二〇建物の身舎構造は、桁行が偶数間、梁行が奇数間である。また、三二二一建物の身舎は、三間×三間の桁行・梁行とも奇数間の建物である。こうした建物は、桁行を奇数間、梁行の柱間二間を原則とする一般的な寺院建築の仏堂とは異なる構造の平面形態を有する。

同様の構造の建物は、千葉県新林遺跡内の新林廃寺や同砂田中台遺跡内の仏堂建築（図14—2・3）など、主に東日本の在地社会に展開する村落寺院の仏堂の構造にみること

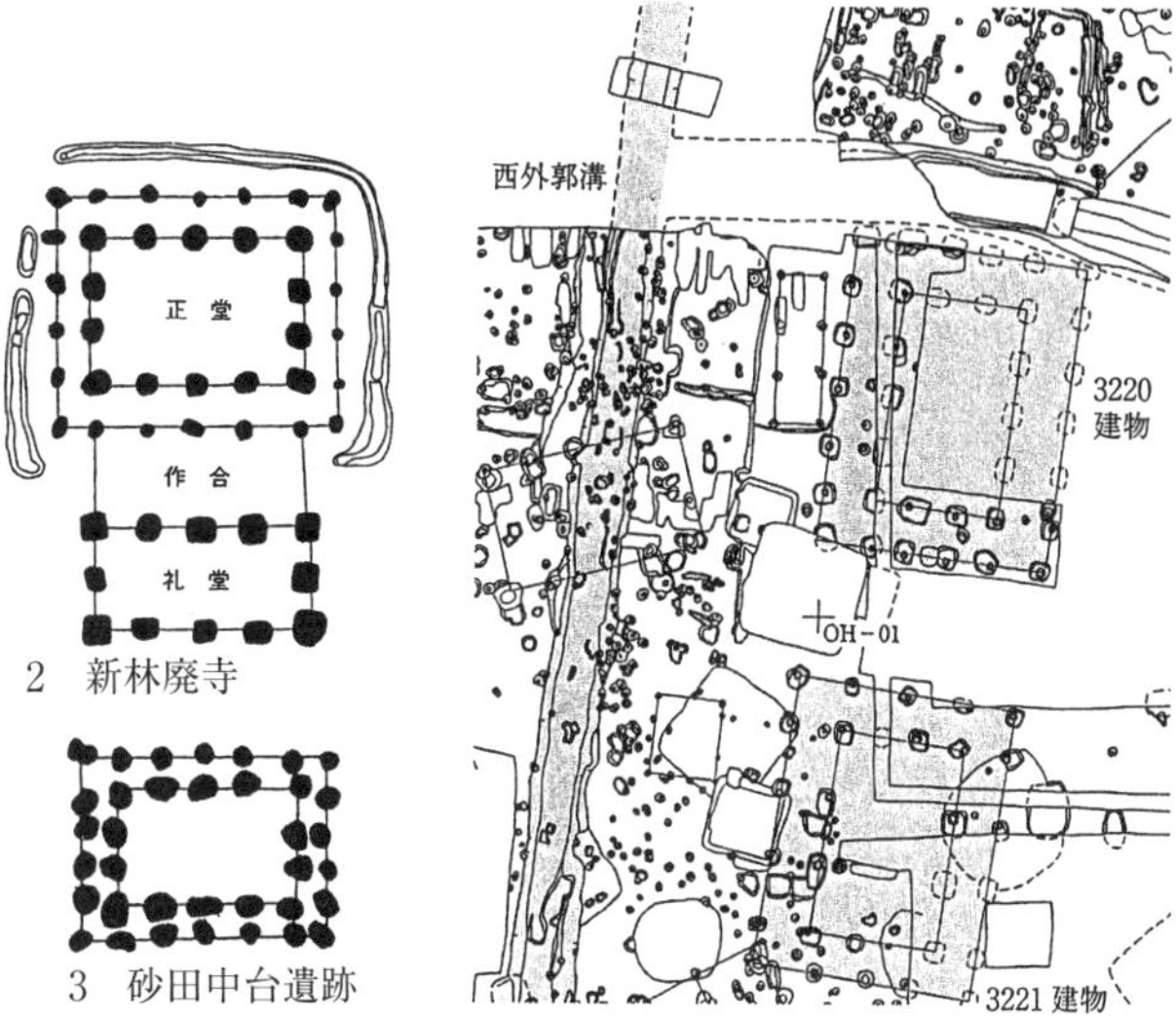

2　新林廃寺

3　砂田中台遺跡

1　国分僧寺造仏所

図14　上総国分僧寺造仏所と村落寺院の構造との比較

ができる。しかも、比較的規模の大きい四面廂建物の正堂(せいどう)と共通した建築構造である。また、柱掘方(はしらほりかた)の形状が円形や不整円形をもつことなど、在地性の強い技術で建てられている。

八世紀中頃に成立する村落寺院の正堂は、隋・唐から伝来した仏像建築の原則とは異なる平面構造もつ建物である。むしろ、在地社会にある郷長クラスや有力農民の居宅の構造と共通し、そこから出発した私宅仏教に原点があると想定される（須田勉「古代村落寺院とその信仰」『古代の信仰と社会』六一書房　二〇〇六）。したがって、三二二〇・三二二一建物は、村落社会に展開した仏堂建物と共通した性格をもつ建物と想定される。

恒久的な仏堂建築である金堂や講堂は、伽藍中枢部に南面して建てられるのが一般的である。短期間で解体された二棟の建物が、仏堂的性格をもつのであれば、仏像製作に関わる造仏所であった可能性が高いのである。

上総国分尼寺の、二期目の掘立柱建物の鐘楼跡の柱抜取穴から、講堂の本尊と考えられる丈六仏の炭化した木製螺髪（らほつ）が出土した。諸国国分寺の本尊の多くは、木造か、安価で造像が可能な塑像が多かったと推測される。

諸国国分寺で、造仏所と考えられる遺構は、上総国分僧寺のほかに下野国分僧寺の五間×四間の四面廂建物がある（図13―2）。前述した初期僧坊と一体化して建てられた建物で、いずれも創建期の早い段階に対応していることがわかる。これに対し、少し時期は遅れるが、国分尼寺の造仏所として建てられた可能性の高い建物に、上総国分尼寺の五間×四間の四面廂建物と常陸国分尼寺の七間×五間建物がある（図19―1）。このことについては後述する。

造寺所　上総国分僧寺の寺院地南東部に五間×三間（三〇四〇建物）、八間×三間（三〇四一）、四間×二間（三〇四二）の三棟の南北棟建物がある（図11・15）。三〇四〇建物と三〇四一建物は西側の柱筋を通し、三〇四一建物と三〇四二建物が北妻柱筋（きたつまばしらすじ）を通して建てられる。この地区の建物には造営上の計画性がみられ、全体で機能を果たした施設である。

この南東建築物群は、東西の中心と寺院地区画溝（二〇四五）に開いた土橋（どばし）の中心とが、一致するように計画されていた。寺院地区画溝の策定時には、あらかじめ南東建物群を設置することが計画されていたことになる。すなわち、二〇四五区画の陸橋に開いて機能した施設であることがわかる。

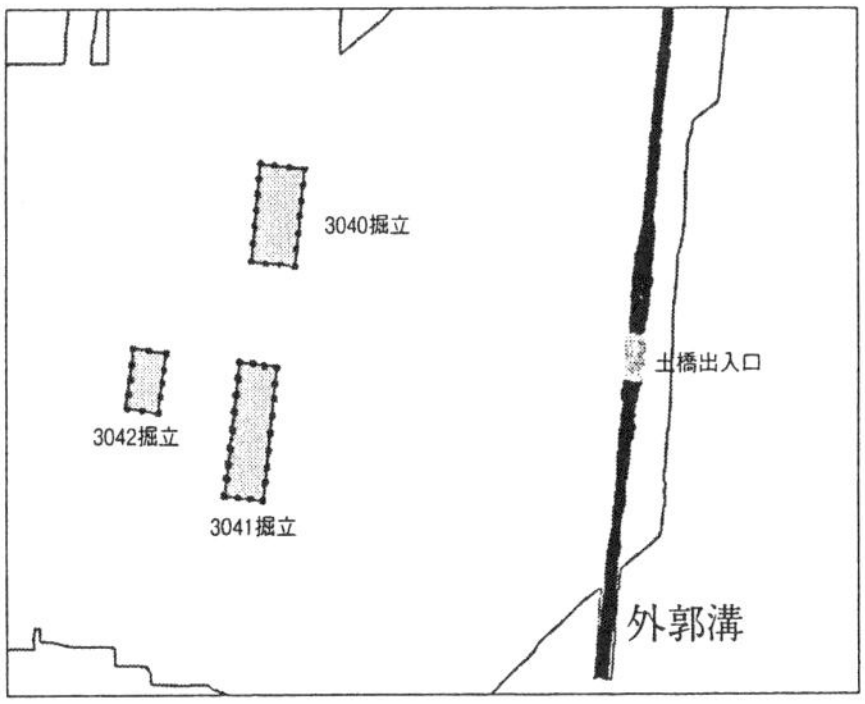

図15　上総国分僧寺造寺所（A期）

東側に専用の出入り口をもち、機能的に独立した南東建物の性格は、設置された場所およびA期国分僧寺の進捗状況などから判断して、寺院運営上の機能である政所院（まんどころいん）や大衆院（たいしゅういん）に該当しないことは明らかである。この南東建物群は、国分僧寺と国分尼寺の計画を、A期からB期に変更したときに、伽藍地の北に移動して再整備が計画される。

A期の造寺所については、国分尼寺の寺院地内には同様の施設が認められていない。国分僧寺に設置された上総国府が営む造寺所によって、国分尼寺を含めた全体計画が進められたと想定される。国分僧寺と国分尼寺の遺構には、寺院地の規模や方位、さらに溝の形態に至るまでよく似た施工方法がとられていることが随所にみられる。同一組織によって施行されたことに起因することは疑いない。B期の段階には、北に移動した建物群の東に大衆院が整備されるので、この建物群は、造営上の機能をもつ造寺所の建物である可能性が高い。

A期の上総国分寺では、国分僧寺・国分尼寺の造営にあたり、まず同一計画にもとづく寺院地の区画溝が策定された。さらに国分僧寺では、掘立柱建物による僧坊・造仏所・造寺所・搬入用道路などが設置されていた。

国分尼寺では、掘立柱構造の講堂・尼坊のほか、数棟の掘立柱建物と竪穴建物などが置かれていた。国分僧寺・国分尼寺とも、A期での瓦葺建物は存在しない。建物数は、国分僧寺が一〇棟未満、国分尼寺が五棟未満なので、国分僧寺の造営がわずかに先行していた。国分僧寺では、A期に掘立柱建物による造営施設の大半が造られ、A期上総国分寺の造営に要した時間は長くはない。また、A期の造営にあたっては、郡司や在地勢力との協力関係をもった形跡はみられない。国衙が直接関与することにより、天平十九年の国分寺造営督促の詔が発布される以前に、施工が開始されたと考えられる。この時期における国分寺に対する上総国司の認識が、遺構のうえに反映したと受け止めたい。

武蔵国分寺

先行した七重塔

広大な寺院地をもつことで知られている武蔵(むさし)国分寺では、一九七四年以降の継続した発掘調査の成果をもとに、全体を三時期に大別している。創建期を中心とした時期がⅠ期に相当し、以下の小三期に区分される。Ⅰa期が天平十三年（七四一）二月の国分寺建立の詔発布後、塔を中心とした伽藍計画にもとづき、国分僧寺のみの造営に着手した時期。Ⅰb期が、天平十九年十一月の国分寺造営督促の詔を受け、国分尼寺を含めた本格的な造営に着手した時期。さらに平城宮系の軒先瓦(のきさきがわら)を導入し、塔を中心とした補修をおこなったⅠc期である（有吉重蔵「武蔵国分寺」『聖武天皇と国分寺―在地から見た関東国分寺の造営―』雄山閣出版　一九九八）。

創建期の小区分で最大の画期は、Ⅰa期からⅠb期への大幅な計画変更をともなっての本格的造営への移行である。すなわち、Ｉｂ期伽藍地の南面を区画する掘立柱塀の下層から、幅約二メートルの南北にのびる素掘溝（すぼりみぞ）が確認された（二二六次調査）。さらにこの溝は、Ｉｂ期の寺院地を区画する南辺素掘溝（二〇二次調査）、北辺素掘溝（二八一次調査）にも先行することが判明した。

この結果、これまで考えられてきた国分僧寺に先行する伽藍計画があることが確認された。寺院地の東辺と南辺の区画と考えられてきた素掘溝は、当初Ｉａ期の国分寺の寺院地を区画する溝であるとして策定されたことが明らかになった（図16―1のＡ・Ｂ・Ｃ・Ｄ地点）。そのこととともに、埋められた西面区画溝を除き、Ｉｂ国分寺僧寺の寺院地区画（くかく）溝として踏襲されたことも判明したのである。

こうして得られたＩａ期国分僧寺の寺院地の規模は、東辺五八〇メートル（約五・四町）、西辺五四二メートル（約五・〇町）、北辺四八二メートル（約四・五町）で、面積が約二六・五町歩にもおよぶ広大な規模であった。寺院地の規模だけで比較すると、平城京四大寺をはるかにしのぐ規模に復元される。Ｉａ期における寺院地内の発掘調査は、多く実施されているわけではない。この時期の瓦葺建物は、南辺をほぼ二等分した中軸線上に、塔跡が存在するのみである。Ｉａ期の伽藍がどのような計画であったのかは明らかではないが、残された遺構からは、七重塔を建立することに第一の目的があったと想定ができる。

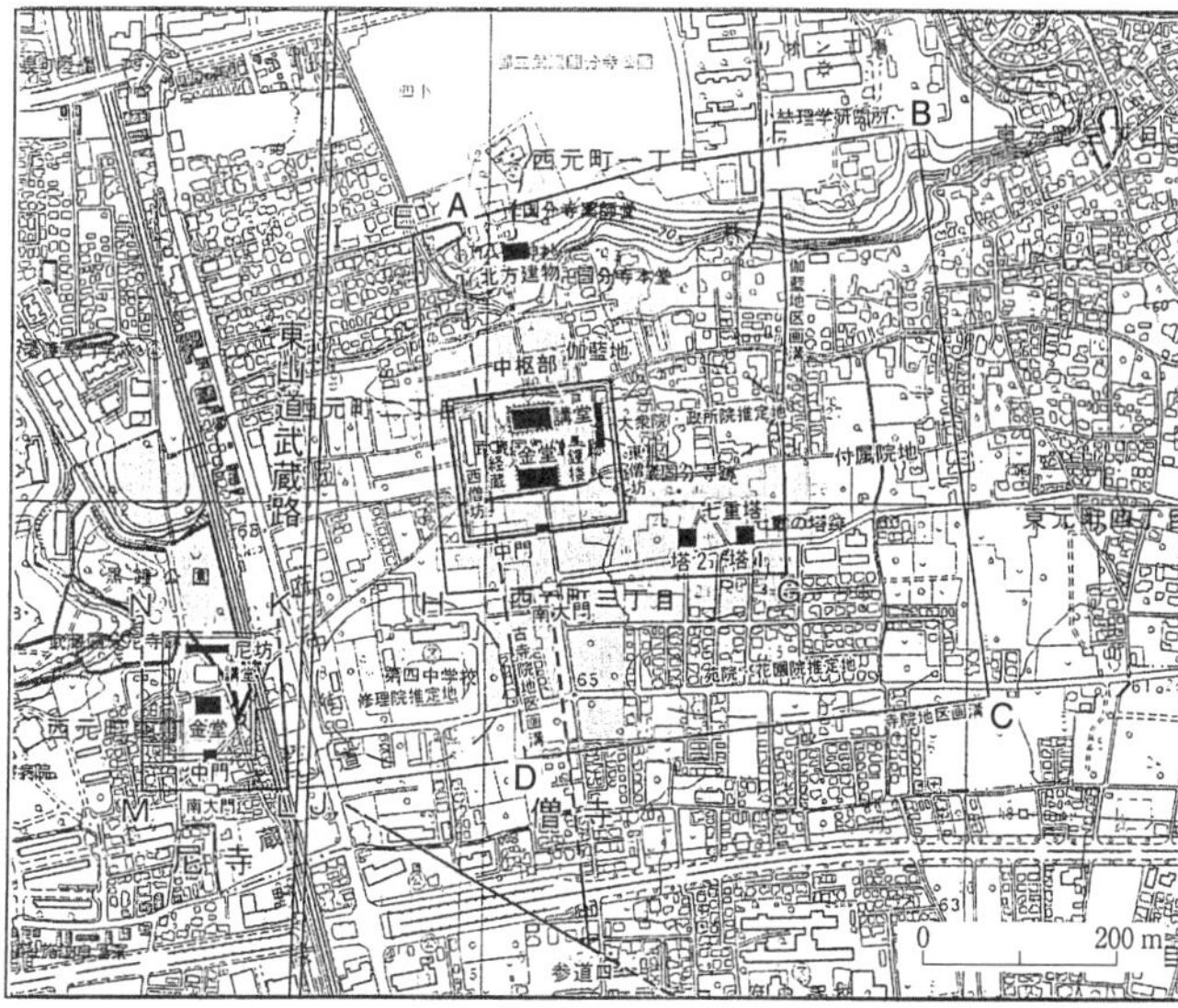

1　武蔵国分僧寺・国分尼寺全体図

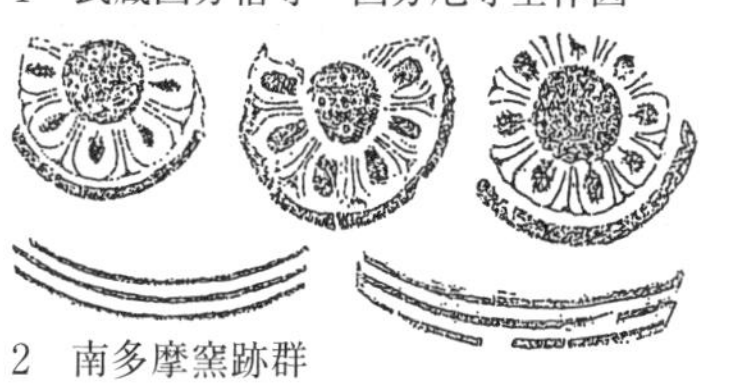

2　南多摩窯跡群

4　多麻 榛沢 比企 加美

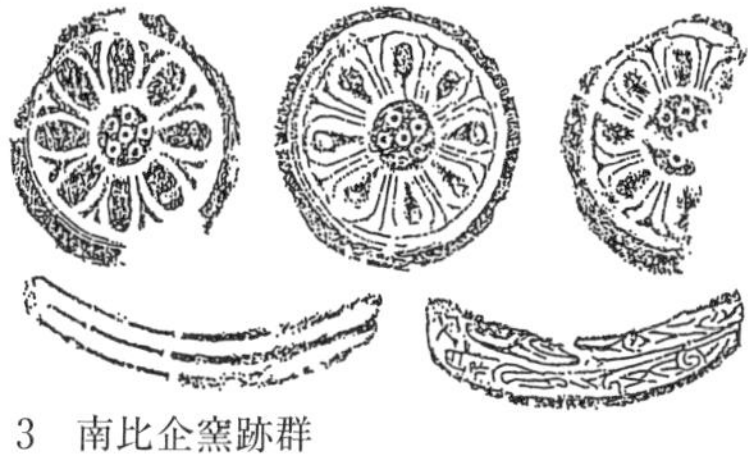

3　南比企窯跡群

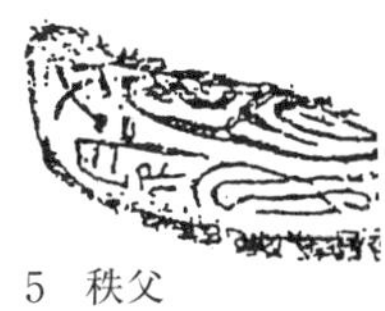

5　秩父

図16　武蔵国分寺全体図（Ⅰa・b期）と文字瓦（Ⅰa期）

Ⅰa期の瓦生産

長年武蔵国分寺の発掘調査を担当した有吉重蔵氏は、塔跡出土瓦のⅠ期をa・b・cの三期に分類した（有吉重蔵「武蔵国分寺創建期瓦」『考古学ジャーナル』三六四号　ニュー・サイエンス社　一九九三）。このうち、Ⅰa期の塔所用瓦を生産した瓦窯は、南多摩窯跡群の稲城市瓦谷戸窯跡、大丸地区の五一三遺跡（以上多磨郡）と、南比企窯跡群赤沼地区の小谷・広町・山田窯跡（以上比企郡）などである。前者は、地下式有段登窯の構造で、当初から瓦専用窯として構築された。軒丸瓦の文様は、多磨郡の郡名寺院である京所廃寺の創建瓦を模倣した資料が中心となる（図16―2）。多磨郡が国府のお膝元の郡として武蔵国分寺・国府の瓦生産に積極的に関与したことが理解できる。

これに対し後者の南比企窯跡群は、武蔵国内最大の窯業生産地である。ここでは、入間郡の郡名寺院と想定される勝呂廃寺などの瓦を一時的に焼成するが、生産の主体は須恵器であった。塔のみに供給したⅠa期の瓦生産も、赤沼地区の小谷・広町・山田窯などで、須恵器生産を一時的に停止し、塔に向けた瓦生産をおこなった。

このように、Ⅰa期の塔に供給する瓦生産は、南武蔵の南多摩地区と北武蔵の南比企地区とでは、生産に対する対応の方法に明らかな違いがみられる。この相違は、塔跡から出土する南多摩窯跡群で生産された瓦の量が軒丸瓦八八点（六五％）に対し、南比企窯跡群が四八点（三五％）という数字にもあらわれる（有吉前掲論文）。

また、出土文字瓦で確実な郡名は、南多摩窯跡群が多磨郡・棒沢郡（北武蔵）・加美郡（北武蔵）の三郡であるのに対し、南比企窯跡群が秩父郡（北武蔵）一郡である。郡名文字瓦の出土はみられないが、窯跡群が所在する比企郡も協力関係にあった。したがって、Ⅰa期の段階で国分寺造営に協力した郡は、南武蔵では多磨郡一部のみで、他の四郡はいずれも北武蔵に所属する郡であった。郷名文字瓦には、川口郷・小嶋郷・新田郷（梅田郷カ）の三郷があり、いずれも多磨郡内の郷である。Ⅰa期の段階で、すでに郷を単位とする瓦生産がおこなわれていたことは重要である。

Ⅰa期の南多摩窯跡群では、多磨郡・棒沢郡・加美郡・比企郡が瓦生産をおこなった（図16—4）。しかし生産量のうえでは、多磨郡の瓦生産が圧倒的に多い。これは、北武蔵の南比企窯跡群で生産されたⅠa期の瓦を含めても約半数にのぼる。このことからⅠa期の瓦生産に、多磨郡が主導的役割を果たしたことは明白である。

武蔵国分僧寺の七重塔は、Ⅰb期の段階で完成する。塔跡での創建期の出土瓦二八〇点の中で、Ⅰa期の瓦は一三六点ある（有吉前掲論文）。つまり、七重塔に必要な瓦の約半数が搬入された段階で、Ⅰb期の造営に移行したことになる。その間、瓦生産に要した期間はさほど長くはない。

多賀城瓦生産方式がモデルに

武蔵国分寺のような郡名や郷名を冠した文字瓦を使用した瓦生産方式をとるのは、陸奥国分寺・上野国分寺・下野国分寺など、ほぼ東国の国分寺に限られる。坂東以北における国分寺特有の瓦生産方式といってよい。しかし、その方式の内実はさまざまである。

国家的事業の推進にあたり、そうした方法がとられた最初の例は、多賀城・多賀城廃寺の造営時である（須田勉「多賀城様式瓦の成立とその意義」『人文学紀要』三七号　国士舘大学文学部人文学会　二〇〇五）。

養老四年（七二〇）陸奥国で蝦夷による大規模な反乱が勃発する。その際、坂東諸国は、国家の要請により陸奥国の復興に対し、背後地としてさまざま援助をおこなったのである。緊急時の多賀城・多賀城廃寺の造営に対する支援もその一つであった。

考古学的には、「常」（常陸）、「上」（上総）、「下」（下総）、「上毛」（上野）、「下野」、「武」（武蔵）、「相」（相模）などの国名を冠する文字瓦としてあらわれる。疲弊した陸奥国を救済するため、国家的要請による大規模な造営事業がおこなわれたときに、新たな方式として採用された方法、それが坂東諸国に造営協力を求める多賀城瓦生産方式である。

そうした多賀城・多賀城廃寺における国レベルの協力関係を、国と郡との関係に置き替えたのが、同じ国家的要請で推進された国分寺造営時の造瓦方法であった。その方式が、国分寺造営事業の中でもっとも早く採用されたのが、武蔵国分僧寺七重塔の造営に関わるＩａ期の段階である。前述したように、この時期、武蔵国二〇郡の中で、協力関係にあった郡を五郡と想定した。生産量を含め、その中心をなしたのが多磨郡であった。そうした実態から判断すると、武蔵国分寺の造営にあたり、多賀城方式を採用したのは、武蔵国司とそのお膝元の郡である多磨郡司であったと想定される。文字瓦の表出にあたり模骨文字を使用したのもそのためであろう（図17）。

武蔵国分寺では、天平十九年の国分寺造営督促の詔以後、武蔵国二〇郡全郡の協力体制を確立する。それは、Ｉａ期での数郡の協力関係にもとづく方式を、武蔵国全体に拡大した体制であった。

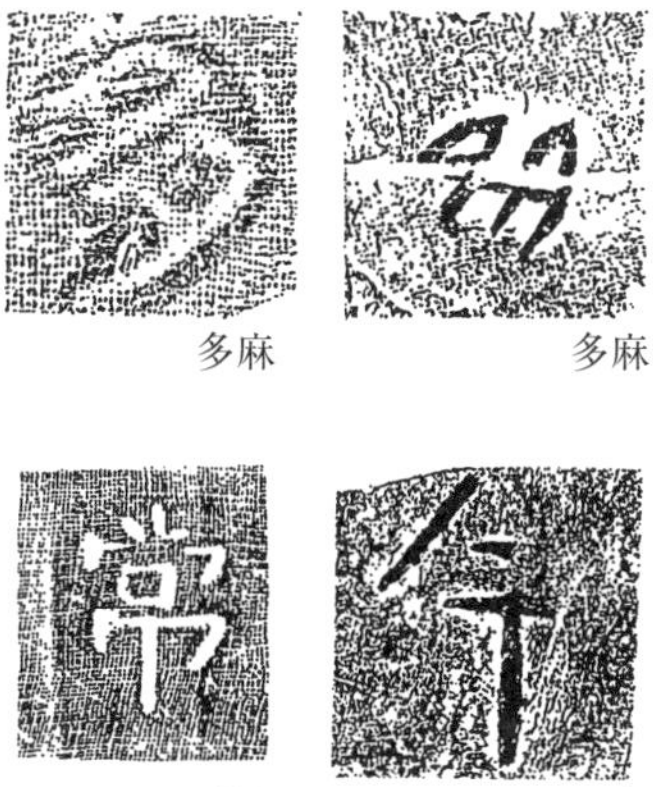
多麻　多麻
今　常陸

図17　武蔵国分寺（上）と多賀城（下）出土文字瓦

平城京還都以後の動向

天平十七年の平城還都以後に造営に着手した国分寺の事例として、上総国分僧尼寺、武蔵国分僧寺について検討した。上総国分僧寺の塔跡は、現状での方位からはＢ期の造営であり、Ａ期に塔が造営されたのか不明である。この時期に建てられた国分僧寺の掘立柱建物は一〇棟未満で、国分尼寺が五棟未満であることから、前者の造営がやや先行したことは確実だ。しかし、その段階での建物総数から判断すると、この時期の造営に要した時間はさほど長くはない。

武蔵国分僧寺では、創建期の七重塔に使用された軒先瓦全体に、Ⅰa期の軒丸瓦が占める割合は四八％であった。もちろん、瓦のみで塔が完成するわけではない。全体の骨組みが完了したのちに瓦を葺くわけであるから、造営開始後、現地に瓦が搬入されている段階と考えることができる。

同じく七重塔の造塔が先行した下総国分僧寺でも、寺院地が設定され、その北東部に北門や造寺関連の施設が置かれていた。その造営計画から、伽藍地内では塔の造営から始められたことが判明している。しかし、武蔵国分僧寺のⅠa期に担当する段階の七重塔は、まだ瓦を葺くまでに至っていなかったと想定されている（山路直充「下総国分寺」『聖武天皇と国分寺』雄山閣出版　一九九八）。

七重塔の造営から始められた美濃国分僧寺は、当初から瓦葺、基壇建物として建立された。それに平行する時期の、金堂・僧坊・中門は掘立柱建物で造営され、その後に、基壇建物に造り改められるという経緯をもつ国分寺である（須田勉「国分寺造営勅の評価」『古代探叢Ⅳ』早稲田大学出版部　一九八五）。国分寺建立の詔の思想が遵守された典型例であ

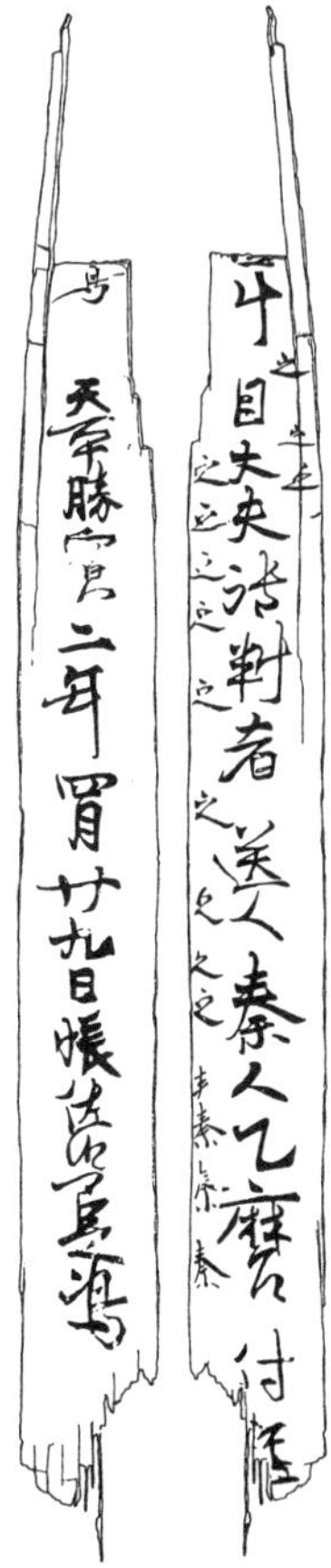

・表面　□　□〔四カ〕斗　目大夫御料者　送人　秦人乙麿　付□
『之　之之』
『之之之之　之　之　之之　之秦秦秦秦』

・裏面　×□〔嶋カ〕　天平勝宝二年四月廿九日帳佐伯マ足嶋

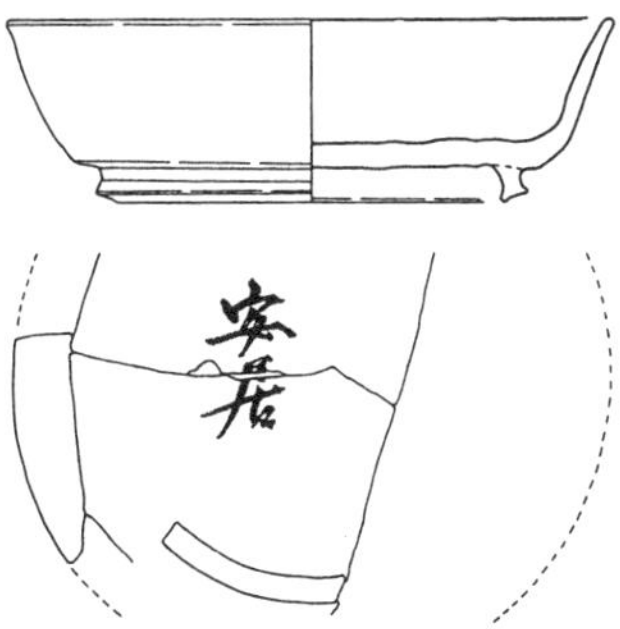

「安居」

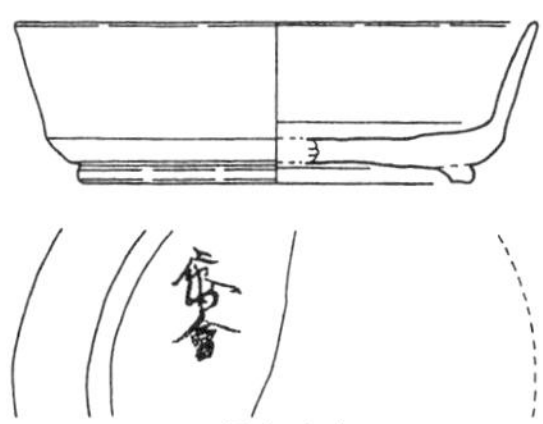

「斎会」

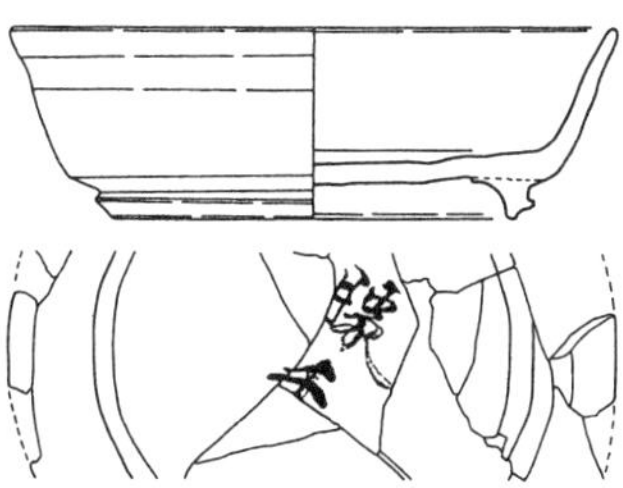

「勝千」

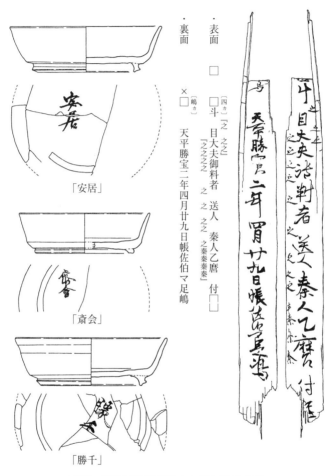

図18　安芸国分僧寺出土木簡と墨書土器

る。ただし、七重塔の造塔はわずかに先行するが、それ以外の建物と、造営上の大きな時間差は認められないであろう。

天平勝宝二年（七五〇）の紀年をもつ木簡を出土した安芸（あき）国分僧寺では、同じ土坑内から「安居（あんご）」「斎会（さいえ）」などの墨書土器も出土した（図18）。墨書土器から、天平十四年四月に光明皇后により、国分寺の恒例行事として定められた安居（夏季に一定の場所に集まって坐禅修道すること）や斎会（食事を供にし、読経して供養する法会）などの仏教行事が始められていることが明らかになった。天平勝宝二年の段階でどの程度の伽藍が整備されていたかは明らかではないが、ここでは、金堂が完成した時点で実施されたのではないだろうか。また、同じ土坑から出土した木材片の年輪年代測定から、天平十九年という結果が出されている。安芸国分僧寺の造営が、国分寺造営督促の詔以前に開始されたことは確実であろう。

以上の考古学的成果から、七重塔の造営が先行した国分寺でも、天平十九年十一月の国分寺造営督促の詔から、さほど遡ることはあるまい。仮設的国分寺の造営から始められた上総国分寺についても同様である。そのように考えると、先行して造営された国分寺も、天平十七年五月の平城京還都以降の大養徳（やまと）国分寺や盧舎那仏（るしゃなぶつ）造営などの動向と密接に連動して進行したと考えることができよう。

国分寺の造営促進

天平十九年詔

　大養徳国金光明寺と盧舎那仏の造営が統合されたのは、天平十七年（七四五）八月のことである。以後、国分寺関係では、恭仁宮大極殿が山背国分寺に施入され、写金字経所での金字『金光明最勝王経』の書写がおこなわれるなど、国分寺の造営に向けての具体的な措置がとられるようになる。一方、東大寺では盧舎那仏への燃灯供養がおこなわれ、宮寺は法華寺に改称され、盧舎那仏造顕に対する献物叙位や鋳造が開始されるなど、ここ二年間で、両寺に対する計画が急速に推進された。

　いわゆる国分寺造営督促の詔といわれる天平十九年十一月七日詔（『続日本紀』）は、そうした実積を踏まえたうえで発令されたという背景がある。

　朕、去ぬる天平十三年二月十四日を以て至心に願を発し、国家をして永く固く、聖法をして恒(つね)に修めしめむとして、遍く天下の諸国に詔して、国別に金光明寺・法花寺を造らしめき。その金光明寺には各七重塔一区を造り、幷(あわ)せて金字金光明経一部を写して塔の裏に安置せしむ。而(しか)るに諸国の司等怠緩(たいかん)して行はず。或は寺を処(お)くに便あらず、或は猶基(なおもとい)を開かず。以為(おも)へらく、「天地の災異、一二顕(あらわ)れ来ること、蓋(けだ)し茲(これ)に由らむか」とおもふ。朕が股肱(ここう)、豈此(あにかく)の如くあるべけむや。是を以て、従四位下石川朝臣年足(としたり)、従五位下阿倍(あべ)朝臣小嶋(こしま)・布勢(ふせ)朝臣宅主(やかぬし)らを差(つかわ)し、道を分ちて発遣(はっけん)し、寺地を検(かんが)へ定め、幷せて作れる状を察しむ。国司、使(つかい)と国師(こくし)と与(とも)に勝(すぐ)れたる地を簡(えら)ひ定め、勤めて営繕を加ふべし。また郡司の勇幹にして諸事を済すに堪(た)ふるを任して、専ら主当せしめよ。来る三年より以前を限りて、塔・金堂・僧坊を造り、悉く皆了(お)へしめよ。若し能く勅に契(かな)ひ、理(ことわり)の如く修(おさ)め造らば、子孫は絶えゆること無く郡領の司に任せむ。その僧寺・尼寺の水田は、前に入る数を除く已外(ほか)、さらに田地を加ふること、僧寺に九十町、尼寺に四十町なり。便(すなわ)ち所司に仰せて墾開(ひら)き施すべし。普(あまね)く国郡に告げて朕が意を知らしめよ。

（朕は去る天平十三年二月十四日に、真心から発願して、国家の基礎を永く固め、仏の教えを常に修めさせようと思い、広く天下の諸国に詔して、国ごとに金光明寺と法華寺を造立させようとした。その金光明寺にはそれぞれ七重塔一基を造立し、あわせて金字の金光明経一部を写し塔の裏に安置させることにした。

ところが、諸国の国司らは怠りなまけてそのことをおこなわず、あるいは場所が便利でなかったり、あるいはいまだにその基礎も置いていない国もある。思うに、天地の災異が一つ、二つあらわれているのは、これのためかと思う。朕の股肱〈片腕〉としてたよりにする臣が、このようであってよかろうか。

そこで従四位下の石川朝臣年足、従五位下の阿倍朝臣小嶋らを各道に分けて派遣し、寺地の適否を検べ定め、あわせて造作の状況を視察させよう。国司は使いおよび国師と共に、勝れた土地をえらび定め、努力して造営を加えよ。また郡司の中で積極的に諸事を成し遂げることのできる者を選んで、専ら造寺のことを担当させよ。これから三年以内を限度として、塔・金堂・僧坊をすべて造り終わらせよ。もし勅を守ることができ、その通り造営することができたら、その子孫は絶えることなく郡領の官職に任じよう。その僧寺・尼寺の水田は、以前に施入された数を除いて、さらに田地を加え、僧寺には九〇町、尼寺には四〇町、所司に命じて開墾させて施入するであろう。広く国・郡に告げて朕の意を知らしめよ。）

この詔は、三項目より成っている。「朕」以下「営繕を加ふべし」までが第一項である。まず、天平十三年二月詔を引き、国分寺制度の中でもっとも重要な事柄は、七重塔の建立と国分僧寺・国分尼寺の二寺制をとる点にあることを簡潔に述べている。また、国分二寺制の造営が、国司等の怠慢により円滑に進んでいない実情を指摘し、催検使の督促により造営を促進させようとした内容である。

第二項は、「また」以下「郡領の司に任せむ」まで。この詔の中でもっとも重要な部分である。郡司を積極的に国分二寺の造営責任者として参画させ、塔・金堂・僧坊を三年以内に完成させた場合には、子孫を永久的に郡司として任じようとした内容である。

第三項は、「その僧寺」以下から文末までである。国分僧寺に九〇町の田地が新たに加増されたことを内容とする。国分寺建立の詔のときは、国分僧寺と国分尼寺のそれぞれに、水田一〇町が施入されているので、この段階で国分僧寺に一〇〇町、国分尼寺に五〇町の田地が施入されたことになる。ただし、このとき施入された田地は、国司が新たに開墾しなければならない土地なので、各国での達成率はまちまちであった。

子々孫々まで郡司職に

天平十九年の詔は、まず、諸国国分寺の造営が遅滞している原因は、国司の怠慢にあることを指弾する。そのうえで、在地を直接掌握している郡司に対し、造営責任者として協力することを求めたものである。協力の内容は、三年という年限と、塔・金堂・僧坊の三つの建物が造営対象であることを具体的に明示する。さらに、造営に協力した郡司には、子々孫々に至るまで郡司職に任用することを約束するなどの優遇措置をとったのである。

これまで、郡司の任用にあたっては、譜第主義と才用主義とがあった。実際には、この二つの方法が明確に分かれていたわけではなく、譜第を前提とした才用を重んじる方法が採られる場合が多かったようだ。そうした郡司の任用基準については、これまで、必ずしも一貫していたわけではなかった。そのため、在地社会での郡司任用をめぐる争いを断つことで、郡内での秩序の安定を図る必要があったのである（米田雄介『郡司の研究』法政大学出版局　一九七六）。

その頃、東大寺盧舎那仏や諸国国分寺の造営をめぐる問題が、朝廷内でも大きな関心事であった。しかし、いずれの事業も難航しているのが現状であり、事業の完成にあたり、在地で力を畜えていた郡司の協力を得ることが期待されたのである。在地の伝統的勢力に依存することで、二つの壮大な事業の実現を目指したのである。

譜第重大の家と嫡々相続

天平十九年十一月国分寺造営督促の詔発布の二年後の『続日本紀』天平二十一年二月二十七日詔には、

項年之間、郡領を補任するに、国司先づ譜第の優劣、身才の能不、舅甥の列、長幼の序を検して、擬て省に申す。式部更に口状を問ひ、勝否を比校し、然して後に選任す。或いは譜第軽しと雖も労を以て薦め、或は家門重しと雖も拙を以て却く。是を以てその緒一に非ず、その族門多く、苗裔尚繁く濫訴次無し。各欲せるに迷ひて礼儀を顧みず。孝悌の道既に衰へて、風俗の化漸く薄し。朕窃に思ひ量るに、理然るべからず。今より已後、前の例を改め、郡を立てしより以来の譜第重大の家を簡ひ定め、嫡々相継ぎて、傍親を用ゐること莫らしむべし。終に争訟の源を絶ちて、永く窺窬の望みを息めむ。若し嫡子に罪疾と時務に堪へぬことと有らば、立て替ふること令の如し、とのたまふ。

〈近頃、数年間、郡領〈郡の大・少領〉の補任にあたっては、国司がまず譜第の優劣や才能の有無、一族内での地位の上下関係、長幼の順序などを調べ、候補者を選定し、式部省に上申している。式部省はさらに口頭試問をおこない、優劣を検討して、その後に選任している。或る場合は譜第としての条件は低いが、本人の功労があるので推薦し、或る場合は家門が重くても拙劣であれば、これをしりぞけている。そのために郡司を選ぶ場合の糸口は一つではなく、郡領となる一族は多くの家門に分かれている。子孫は多くあって、自分勝手な訴をすることが多く、それぞれが各自の欲に迷って、礼儀を顧みないようになっている。親や兄に使える道義がすでに衰え、風俗の徳化も次第に薄らいできている。

　朕はひそかに考えるのに、道理としてそうであってならない。今後はよろしく前例を改めて、郡を立てて以来の、譜第として重々しい家を選び定め、嫡子に代々相続させることにし、傍流の親族に継がせることのないようにしたい。そのようにして争いごとの源を絶ち、永く身分不相応に郡司の望みをうかがうことをなくしたい。もし嫡子に罪や疾病があって、時に応じた適切な務めができない者があれば、令に従って立て替えることにせよ。）

とある。「立郡以来の譜第重大の家」という郡司譜第主義と、「嫡々相続」の嫡子相続主義の政策を打ち出したのである。

天平十九年詔は、国分寺造営に協力した郡司を対象とした優遇政策である。一方、天平二十一年詔は、郡司の任用に対する混乱を避けるため、譜第主義・嫡子継承主義に任用基準を定めたものである。法令の目的は、在地社会の安定を図ることにあった。

天平二十一年まで、足掛け三年である。天平十九年詔にみられるように、「来る三年より以前を限りて、塔・金堂・僧坊を造り、悉く皆了へしめよ」と完成までの三年の年限と、造営対象となる建物の範囲が明確に定められている。三つの建物を造営する年限からすると、かなり高いところに目標が定められているので、現実には、対象とした建物すべてを完成させることは困難であったと思われる。とすれば、三年という年限は、むしろ、諸国国分寺の本格的造営が郡司の協力関係を軸に、全国一斉に着工する契機となることが大きな目的であったと思われる。造営が軌道にのる実態を見届けるための年数であったと考えられるが、国分寺の造営過程の中で大きな画期をなす政策であったことは、考古学的な造営実態から判断することができる。

天平十九年詔の評価

ところが、実際には、天平十九年十一月から同二十一年二月までは、一年数ヵ月にすぎない時限立法なので、この期間では、効果は限定的であり過度の評価はすべきではない、との文献史からの見解もある（川尻秋生「国分寺造営の諸段階―文献史学から―」『国分寺の創建―組織・技術編―』吉川弘文館　二〇一三）。

天平十九年詔が郡司にとって重要なことは、政府の大きな政治課題である国分寺造営事業に協力することで、子々孫々に至るまで郡司職に任用される点にあった。この段階にいたり、中央政府と郡司との間に、共通の利益が生ずることになったのである。

川尻秋生氏が指摘するように、この詔に示された実質的期限は一年数ヵ月にすぎないので、この期間に目標を達成することは難しかったと思われる。しかし、国分寺造営は全国六十余国で一斉に始めなければならず、造営責任者である国司の怠慢が原因で事業が進展しない以上、在地社会での実質的実力者である郡司の協力を得ることが、最善の方策であった。

これまで述べたように、天平十八年には国分寺七重塔に安置する金字『金光明最勝王経』の書写がほぼ終了し、平城京の東郊で新たに始められた盧舎那仏の造営は、原型となる塑像が完成した。さらに、天平十九年九月には、民間からの多額な知識や新たな封戸（ふこ）の施入により、盧舎那仏の鋳造が開始されるなど、造営事業は順調に進んでいた。残る課題は、全国六〇国余の国分寺において、造営が一斉に開始されることであった。

天平十九年詔は、各国内における郡司が一つの政治的課題に対し、相互に協力しあえる用件が整備される大きな契機となった点が重要なのである。考古学的成果からすれば、この時期以降、各国ではほぼ一斉に国分寺造営に着手した状況を示すことができる。

さらに、天平十九年詔が失効してから三ヵ月後の、天平勝宝元年（七四九）五月、国分寺造営に対し、新たな政策が採用される。知識にもとづく献物叙位の政策である。

『続日本紀』によると、

上野国碓氷郡の人外従七位上石上部君諸弟、尾張国山田郡の人外従七位下生江臣安久多、伊予国宇和郡の人外大初位下凡直鎌足ら、各当国国分寺に知識の物を献る。並に外従五位下を授く。

とあり、このとき、三名の在地豪族が当国国分寺に知識物を献上している。知識物の内容は明らかではないが、いずれも外従五位下を叙位していることから、それに相当する内容がともなっていたことが推定できる。ただ、国分寺に知識物を献上して叙位された在地豪族は、この直後の天平勝宝元年閏五月と道鏡政権下の二時期に集中してみられるが、わずか九例にすぎない。これは五位以上の叙位しか正史に記録されなかったためで、六位以下の献物叙位がさらに多数あったことを否定するものではない。

例えば、上野国をとってみると、正史に記録された碓氷郡と勢多(せた)郡以外に、佐位(さい)郡・新田(にった)郡・緑野(みどの)郡などの郡が、造営に対する協力関係にあることは、軒先瓦や文字瓦の分析を通じ、考古学的に説明することができる。国内二〇郡全部の文字瓦がそろう武蔵国分寺、同じく九郡全郡の文字をもつ下野国分寺、そのほか上総国分寺・相模国分寺などの正史に記録されない国分寺でも、在地豪族の協力関係がみられるのである。献物に限らず、さまざまな方法で国分寺造営に貢献した在地豪族は多かったとみるべきであろう。

天平十九年詔は、現職郡司に限った任用法に関する内容である。一方、献物叙位は、現職郡司も含まれるが、在地豪族全般を対象とした政策であった。東大寺では、盧舎那仏の鋳造が開始されるのとほぼ時を同じくして、献物叙位の政策がとられた。国分寺でもこの二つの政策が時を置かず連続して施行されている事実は、もともと、一連の政策として準備されていたと理解すべきである。天平十九年詔は、国分寺造営の主体を郡司に移行させ、全国規模で造営が開始される契機となった点で、大きく評価すべきであろう。

黄金献上

天平二十一年二月二十二日、陸奥国から黄金が献上された。盧舎那仏の造顕は順調に進んだが、聖武天皇にとって唯一の気掛りは、大仏の鍍金(ときん)に必要な金の不足であった。当時の日本では、金は産出しないと考えられていたからである。

それが最高のタイミングで陸奥国から献上されたというのであるから、まさに天平のクライマックスを迎えたというべきであろう。天平十八年以降、国分寺や盧舎那仏の造営に対し、積極的な政策が次々と打ち出されているときのできごとである。黄金の献上は、諸国国分寺の造営を促進するにあたっても、大きな後ろ楯になったに違いない。

同年四月一日、聖武天皇は東大寺に行幸した。『続日本紀』によると、天皇は盧舎那仏の前殿に出御し、北面して像の前に坐した。それに光明皇后と皇太子（阿倍内親王）が侍し、さらに、群臣・百寮および一般の民衆がこれと分かれて前殿の後ろ方に並んだという。

ここで天皇は、盧舎那仏の前面で二つの宣命を読ませたのである。第一の宣命は、『続日本紀』に、

> 三宝の奴としてお仕えいたします天皇のお言葉として、盧舎那仏の御前に申し上げようと、仰せられます。我が国では天地の開闢以来、黄金は他国より献上することはあっても、この国にはないものと思っていたところ、国内の東方の陸奥国の国守である従五位上の百済王敬福が、管内の小田郡に黄金が出ましたと報告してきました。これは盧舎那仏がお恵み下さったと喜び、百官の役人を率いて礼拝し、三宝の御前にご報告申し上げます、との仰せでございます。

とある。これに対し、第二の宣命には、

（前略）言葉を改めて仰せられるには、伊勢大神宮をはじめとして諸々の神たちにご神田を奉って、もろもろの祝部（はふりべ）をお治めになり、また寺々に墾田（こんでん）を所有することをお許しになり、僧綱（そうごう）をはじめとして多くの僧尼を敬い、新しく造った寺で官寺とすべきものは官寺となされる。（後略）

とあり、盧舎那仏の前で、寺々が墾田を所有することを許されたのである。そのことの具体策として、天平勝宝元年七月十三日条（『続日本紀』）で、諸寺の墾田地が定められた。大安寺・薬師寺・興福寺・大倭国法華寺・諸国の国分金光明寺には寺ごとに一〇〇〇町、大倭国国分金光明寺（東大寺）は四〇〇〇町、元興寺には二〇〇〇町、弘福寺（ぐふくじ）（川原寺（かわはら））・法隆寺・四天王寺・崇福寺（すうふくじ）・新薬師寺・建興寺（けんこうじ）（豊浦寺（とゆらでら））・下野薬師寺・筑紫観世音寺には寺ごとに五〇〇町、諸国の法華寺は寺ごとに四〇〇町、その他の定額寺には寺ごとに一〇〇町とした。

この法令は、平城京諸大寺をはじめとする寺院に対し、所有できる墾田に制限を加えたものである。その一方で寺のランク付けをおこない、寺格を定めるという性格をもっていた。そのなかで、大倭国国分金光明寺は別格の四〇〇〇町、諸国国分金光明寺は平城京大安寺・薬師寺・興福寺と同格の一〇〇〇町、国分尼寺が四〇〇町に定められたのである。

天平十三年二月の詔では、国分僧寺・国分尼寺の水田が一〇町、天平十九年十一月の詔では、国分僧寺が一〇〇町、国分尼寺が五〇町施入された。さらに、この段階での寺院墾田を加えると、国分僧寺一一〇〇町、国分尼寺四五〇町という破格の扱いを受けたことになる。しかし、天平十九年十一月の詔以降に施入された墾田は、国司主導のもとに、新たに開墾して熟田化しなければならなかった。このため、国司や郡司などの熱意に左右される場合が多く、その効果は未知数の部分があった。

しかし、諸国国分寺に対する天平十九年十一月詔、献物叙位の政策、さらに百済王敬福による黄金九〇〇両の献上は、国分寺・東大寺の造営に対する勢いを一変させた。これ以後、聖武天皇の崩御までの八年間は、国分寺に関する記事はみられない。

発掘調査の成果からは、各国とも造営活動がもっとも盛んな時期と考えることができる。これまでもいわれたように、正史に記事がみられないのは、造営が順調に進んだことの証なのであろう。

聖武天皇の死

天平勝宝八歳（七五六）五月二日、国分寺建立の詔を発布した聖武天皇が五六歳で没した。同年六月には、造営がおくれていた国々に使工を派遣し、忌日までに丈六仏と、それを安置する仏殿の造営を急ぐことを命じた督促の勅が発令される。六月三日条（『続日本紀』）には、

勅して使を七道の諸国に遣して、造れる国分の丈六仏像を催検せしむ。

とあり、勅命により使工をともなった催検使を七道に分けて派遣し、諸国国分寺の造営状況に対する実態調査がおこなわれた。

　七日後の六月十日、再び詔が発せられた。

> 頃者（このごろ）使工を分ち遣して、諸国の仏像を検催せしむ。来年の忌日に必ず造り了らしむべし。その仏殿も兼ねて造り備へしめよ。如（も）し、仏の像幷せて殿、已に造り畢ふること有らば、亦塔を造りて忌日に会はしめよ。夫（そ）れ仏法は慈を先とす。此に因りて百姓を辛苦せしむべからず。国司幷せて使工ら、若し朕が意に称ふこと有らば、特に褒賞を加へむ。

とある。この調査で、どの程度の実態把握や指導ができたのかは明らかでないが、この督促令では、聖武太上天皇の一周忌斎会を諸国国分寺で実施するための、釈迦三尊像とそれを安置する金堂の整備が最優先された。ここでは、「仏の像幷せて殿、已に造り畢ふること有らば、亦塔を造りて忌日に会わしめよ」（筆者傍点）とあるので、それまで優先して進められてきた七重塔の造営を一旦停止してまで、一周忌斎会を優先させ、遅れていた国分寺の丈六仏と金堂の造営を急いだのである。また「百姓辛苦」は、国分寺造営事業にあたり、雑徭（ぞうよう）の範囲をこえて百姓を使役した実態があったようで、そうしたことへの戒めが述べられている。

また、聖武太上天皇の周忌斎会に関し、同年十二月二十日条（『続日本紀』）に、

越後・丹波・丹後・但馬・因幡・伯耆・出雲・石見・美作・備前・備中・備後・安芸・周防・長門・紀伊・阿波・讃岐・伊予・土左・筑後・肥前・肥後・豊前・豊後・日向等廿六国、国別に灌頂の幡一具、道場の幡卌九首。緋綱二条を頒ち下して、周忌の御斎の荘飾に充てしむ。用ゐ了らば、金光明寺に収め置きて永く寺物とし、事に随ひて出し用ゐしむ。

とある。北陸道・山陰道・山陽道・南海道・西海道の二六ヵ国に、周忌斎の荘厳具として幡や緋綱などを頒下している。角田文衛氏は、二六ヵ国の国分寺が未完成であったため、周忌斎会は国府寺でおこなわれ、国分寺完成後に荘厳具を僧寺に収めるよう命じたと理解した（角田文衛『国分寺と古代寺院』法蔵館　一九八五）。しかし、天平勝宝二年の紀年名をもつ木簡が出土した安芸国分寺では、この段階で主要伽藍が整備されていたことが判明し、但馬国分寺でも、天平神護三年（七六七）の木簡や、年輪年代法による天平宝字七年（七六三）伐採の井戸枠などから、天平勝宝八歳には主要伽藍が整備されていたと考えられている。頒ち下された斎会の荘厳具については、国分寺の造営と切り離して考えた方がよさそうである。しかし、聖武太上天皇の周忌斎会の実施や、国分寺の整備に対する政府の執念をよみとることができよう（佐竹昭「国分寺と国司」『国分寺の創建―思想・制度編―』吉

川弘文館　二〇一一）。

光明皇太后の死

天平宝字四年六月七日、光明皇太后が没した。六〇歳であった。その崩伝には「東大寺と天下の国分寺を創建するは、もと、太后の勧めし所なり」とあり、天平十七年五月の平城京還都以後における東大寺と国分寺の実質的推進者であった。

同年七月二十六日、皇太后の七七忌斎会が東大寺と京内のもろもろの小寺でおこなわれた。天下の諸国には、国ごとに極楽浄土を描いた阿弥陀浄土の画像を造らせ、国内の現在の僧尼の数を調べて、『称讃浄土経』を写させ、それぞれ国分金光明寺において礼拝・供養をさせている（『続日本紀』）。

同五年六月七日、皇太后の一周忌斎会が阿弥陀浄土院で執りおこなわれた。その院は、法華寺内の西隅にあって、皇太后の一周忌斎会をおこなうために造営したものであった。一方、天下の諸国に命じて、各国の国分尼寺で丈六の阿弥陀仏像一軀と脇侍菩薩像二軀を造らせた（『続日本紀』）。

上総国分尼寺と常陸国分尼寺には、阿弥陀三尊像の造像に関わる「造仏所」と考えられる建物が検出されている。上総国分尼寺では、金堂の東約四七メートルの位置に、南面を金堂基壇にそろえて、桁行（けたゆき）五間・梁間（はりま）四間の四面廂（しめんひさし）付掘立柱建物が発見された（図19―1）。平面にゆがみがあり、柱間寸法も安定しないなどの構造上の特徴もあるが、中央間を広くとるなど仏堂建物特有の構造をそなえている。国分尼寺建物群の変遷からは、金堂完成後の七六〇年代の建物であり、皇太后の周忌斎会の時期と一致する。

常陸国分尼寺では、金堂の東約五〇メートルに桁行七間・梁間四間の四面廂付掘立柱建物があ

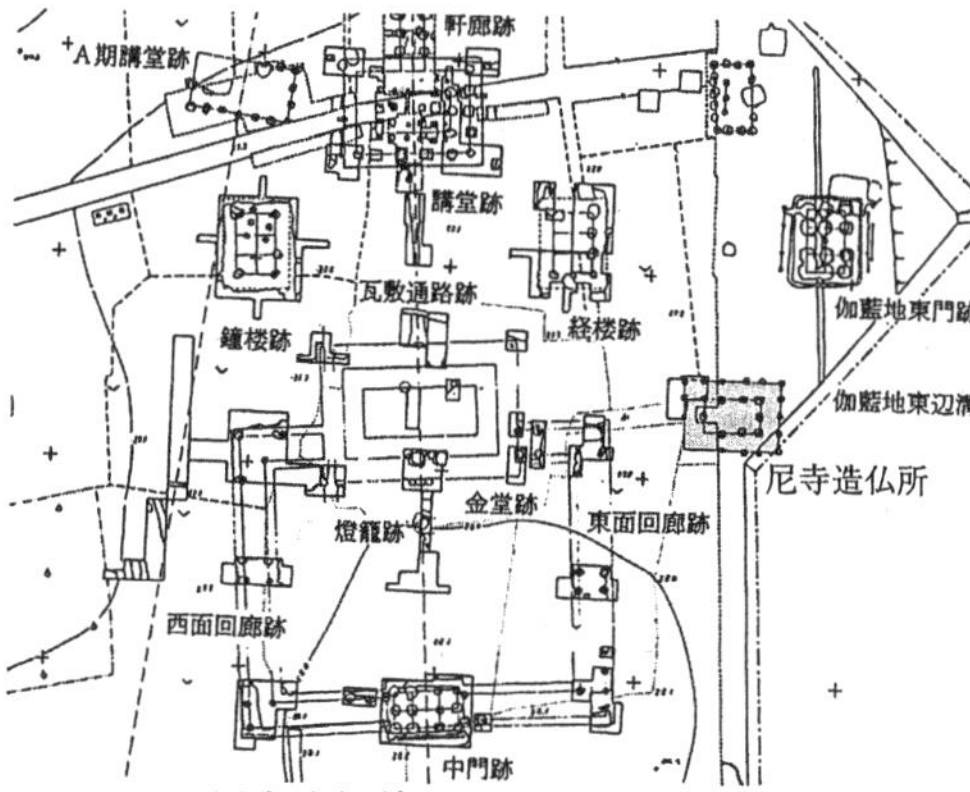

1　上総国分尼寺造仏所

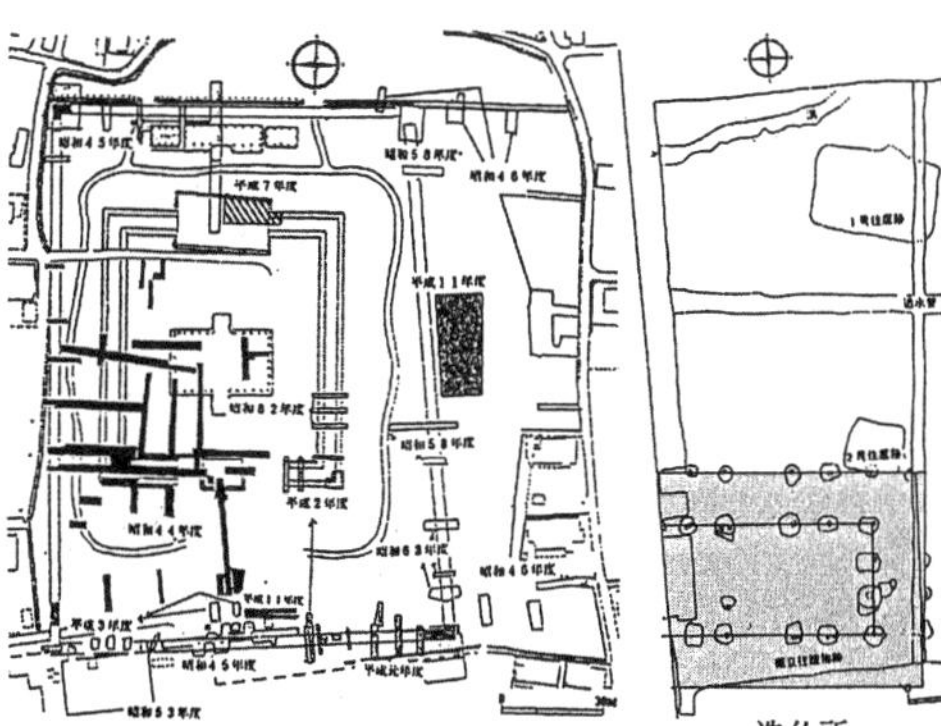

2　常陸国分尼寺造仏所

図19　上総・常陸国分尼寺造仏所

常陸国分尼寺造仏所は，平成11年度の調査区（黒塗り部分）で発見された．

る。金堂南面基壇と柱筋(はしらすじ)をそろえて建てられた中央の柱間を広くとる建物で、金堂に次ぐ重要な扱いを受けた建物であることは明らかだ。常陸国分尼寺の造仏所である可能性が高い（図19―2）。

光明皇太后の周忌斎会にさいしては、聖武太上天皇のときと異なり、諸国国分尼寺に催検使や使工を派遣するなどの措置が取られていない。しかし、天平宝字五年の周忌斎会にさいしては、諸国国分尼寺で阿弥陀三尊を造ることを命じているので、国分尼寺が催促され、皇太后の意志が継承されたと評価すべきであろう。

いまひとつ、皇太后の死と関連して大切なことは、天平宝字三年十一月九日条の「国分二寺の図を天下の諸国に頒ち下す」（『続日本紀』）の文言である。この「国分二寺の図」について、石田茂作・角田文衛氏は伽藍配置図と考えた。石田氏はのちに、出雲国分寺の発掘調査を踏まえ、地割図であるとの新解釈を示した。

また、井上薫氏は、天平宝字三年まですべての国が造営に着手しなかったわけではないが、「国分二寺の図」はそれまで造営に着手されなかった国に宛てたものとした（井上薫『奈良朝仏教史の研究』吉川弘文館　一九六五）。

「国分二寺の図」が頒下された天平宝字三年十一月は、皇太后が没する八ヵ月前のことである。法華寺阿弥陀浄土院は、天平宝字三年夏から翌四年にかけて造営された寺院で、皇太后の周忌斎会をおこなうために造られた建物である。そのように考えると、「国分二寺の図」の頒下の時期は、皇太后の最晩年の時期でもあるので、国分尼寺の造営推進との関連で解釈する必要がある。国分二寺のうち、国分僧寺における考古学的成果からは、天平勝宝年間の早い段階で多くの国分寺が造営に着手し、聖武太上天皇の周忌斎会がおこなわれる頃には、主要堂塔が完成していた国が多かったと考えられている。一方、国分尼寺については、国分僧寺よりも造営着手の時期が遅れ、比定地さえ判明しない国も多い。

日本の国分寺制度は、国分僧寺と国分尼寺の二寺制をとることを建前とし、しかも国分尼寺を併設したのは、皇太后自身の強い意志であった。現状では、ほとんどの国で国分僧寺の造営が先行したことが判明しているので、「国分二寺の図」頒下の目的は、二寺制をとることの再確認と、遅れていた国分尼寺造営の督促にあったと考えられる。

国分寺の造営

陸奥国分寺の造営

最北の国分寺

天平十九年（七四七）の詔以降、多くの国で国分寺の造営に着手した。しかし実際には、国分僧寺と国分尼寺とも造営が遅れた国もあったし、国分僧寺の造営が遅れた国もあった。さらに、研究状況も、進んだ国分寺とそうでないところがあり、実状はさまざまである。そこで、ここでは、天平十九年の詔の発布以降、比較的早期に造営に着手したことが明らかになった国をいくつか選び検討を加えておきたい。

陸奥(むつ)国分僧寺の発掘調査以前における状況は、七重塔跡が知られるのみであった。昭和三十〜三十四年の五年間に、伊藤信雄氏らの発掘調査により、諸国国分寺のなかでは、もっとも早い時期に伽藍(がらん)の実態が明らかになった国分寺の一つである（史跡陸奥国分寺発掘調査委員会編『陸奥国分寺跡発掘調査報告書』宮城県教育委員会　一九六一）。

調査の結果、南大門・中門・金堂・講堂・僧坊・鐘楼・塔・僧坊西建物・東門など多くの主要建物が明らかとなった（図20）。金堂と中門は複廊の回廊によって結ばれ、「金堂院」の形状は東西六九メートル、南北五四メートルのやや横長である。複廊をもつ国分寺は、信濃国分僧寺・国分尼寺、遠江国分僧寺、三河国分僧寺・国分尼寺、備前国分僧寺など事例は多くはない。金堂の真東に心心（中心と中心）を結んだ位置に置かれていた塔も単廊の回廊で囲繞されていた。塔院を形成する例は近江国分僧寺・山背国分僧寺・河内国分僧寺などで類例がみられる。東西三七メートル、南北四〇・五メートルの回廊で南北が一間分多い。近江・山背国分僧寺は、紫香楽宮の甲賀寺や恭仁宮の跡地を国分寺に転用したもので、いずれも聖武天皇が関係していた所である。陸奥国分僧寺の造営責任者である同国国守は、七重塔が天皇を象徴した建物であることを承知していたことを、遺構のうえから知ることができる。ちなみに、陸奥国分僧寺の塔は、承平四年（九三四）に落雷により焼失するが、そこには、「七重塔」と記されている（『日本紀略』承平四年閏五月十五日条）。近江国分僧寺・武蔵国分僧寺とともに七重塔であったことを史料のうえから証明できる数少ない例である。

寺院全体を示す寺院地の区画は、西の掘立柱列と東の築地塀までの距離が二四二メートル（二一・二町）、南北が二四〇メートル以上の規模に推定され、中軸線はその中央にある。東西の区画施設が異なるのは、時期による変遷があったからであろう。

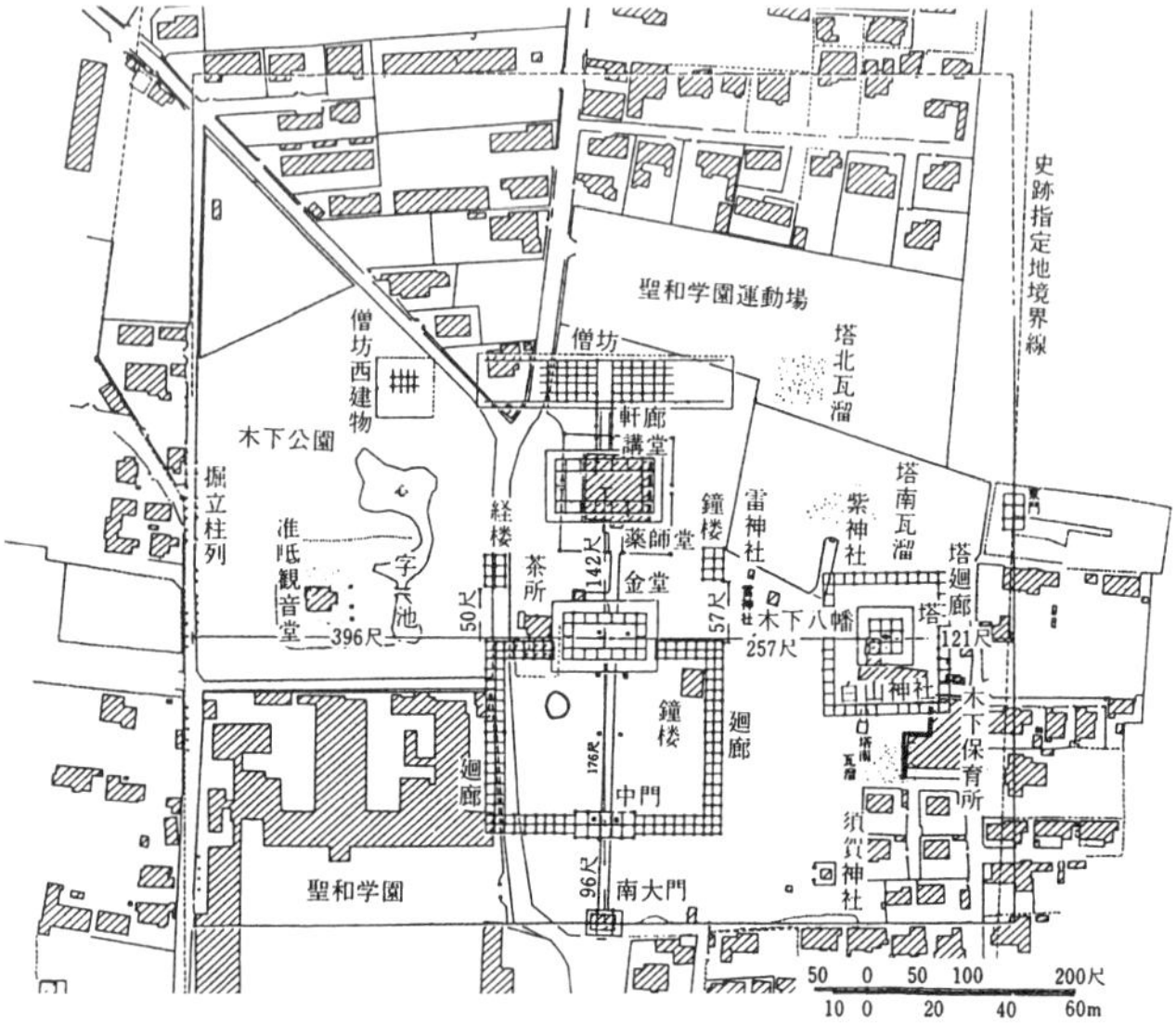

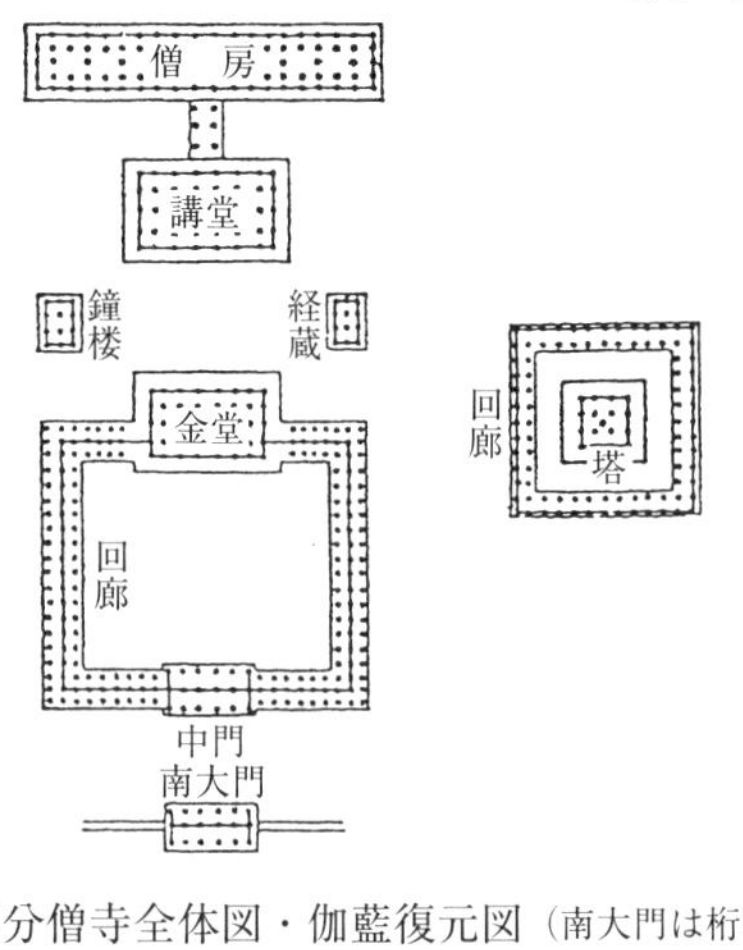

図20　陸奥国分僧寺全体図・伽藍復元図（南大門は桁行３間の八脚門）

主要伽藍の建物規模

南 大 門　桁行三間三四尺（九＋一六＋九）、梁間二間二四尺（一二＋一二）
中門建物　桁行五間六〇尺（一二尺等間）、梁間二間二四尺（一二＋一二）
金堂基壇　東西一〇五・六尺、南北六六・一尺
　建物　桁行七間八三尺（一〇＋一一・五＋一三＋一四＋一三＋一一・五＋一〇）、梁間四間四四尺（一〇＋一二＋一二＋一〇）
複廊建物　東西一八間二三二尺、南北一九間一八二尺
講堂基壇　東西一一四・四尺、南北六七・七尺
　建物　桁行七間九七尺（一一＋一五＋一五＋一五＋一五＋一五＋一一）、梁間四間四八尺（一一＋一三＋一三＋一一）
僧坊基壇　東西約二五二尺、南北約五〇尺
塔　基壇　一辺五五尺四方
　建物　一辺三三尺（一一＋一一＋一一）
回廊建物　東西一一間一一六尺（一〇・五尺等間）、南北一三間一三六・五尺（一〇・五尺等間）
鐘楼建物　桁行三間三〇尺（一〇尺等間）、梁間二間二〇尺（一〇尺等間）

経蔵建物　梁行三間三〇尺（一〇尺等間）、梁間二間二〇尺（一〇尺等間）
僧坊西建物　東西約五五尺、南北約五九尺
東門建物　桁行三間二八尺（八＋一二＋八）、梁間二間一八尺（九＋九）
築地東辺　基壇幅七尺、寄柱間隔八尺

以上の建物は、すべて礎石および根石の痕跡が確認でき、塔・金堂・講堂は凝灰岩切石の基壇化粧で飾られていた。塔基壇の凝灰岩切石は高さ四尺、幅一尺〜二尺、厚さ五寸規模の加工岩を基壇周囲に立て並べ、裾に地覆石が配されていた。いわば、簡略化した壇上積基壇ともいうべき形状である。金堂・講堂も同様の構造であった。基壇高は、塔が四尺、金堂三尺、講堂二尺と次第に低くなる。建物の重要度を高さであらわすなど、最新の寺院建築様式が各所にみられる国分寺である。

造営されたのはいつか

創建期の軒先瓦は、重弁八葉蓮華文軒丸瓦に対し、偏行唐草文と三重弧文軒平瓦の二種の組み合わせがある（図21―1）。軒平瓦の組み合わせの比率は、およそ八対二と前者が多い。さらに偏行唐草文には、右から左に展開するもの（六二一型式）と、その逆のもの（六二〇型式）とがあり、前者が圧倒的に多い。したがって、創建期軒先瓦の組み合わせは、重弁八葉蓮華文軒丸瓦と右から左に展開する偏行唐草文軒平瓦が主体となる。さらに、陸奥国分寺や多賀城の大規模な造営・

修造時に、これまで伝統的に使用されてきた桶巻作り平瓦が一斉に一枚作りに転換した瓦製作上の大きな変革期でもあった。

陸奥国内で、国分寺創建期の軒先瓦と同じ組み合わせをもつ遺跡に、黄金山産金遺跡（涌谷町）があり、重弁六葉蓮華文軒丸瓦と偏行唐草文軒平瓦各一種が出土する（図21―2）。軒丸瓦は、蓮弁数が六葉であることを除くと、中房が円板状をなし、蓮子構成が一＋四で、形状が楔形に近い楕円状であること、さらに連弁と間弁が酷似するなどの諸要素が、国分寺や多賀城第二期の軒丸瓦と多くの点で共通する。軒平瓦も小振りではあるが、六二一型式ときわめて酷似した構成要素をもつ。そのほか、「天平□」というヘラ書きされた瓦製宝珠と丸瓦が出土している（図21）。

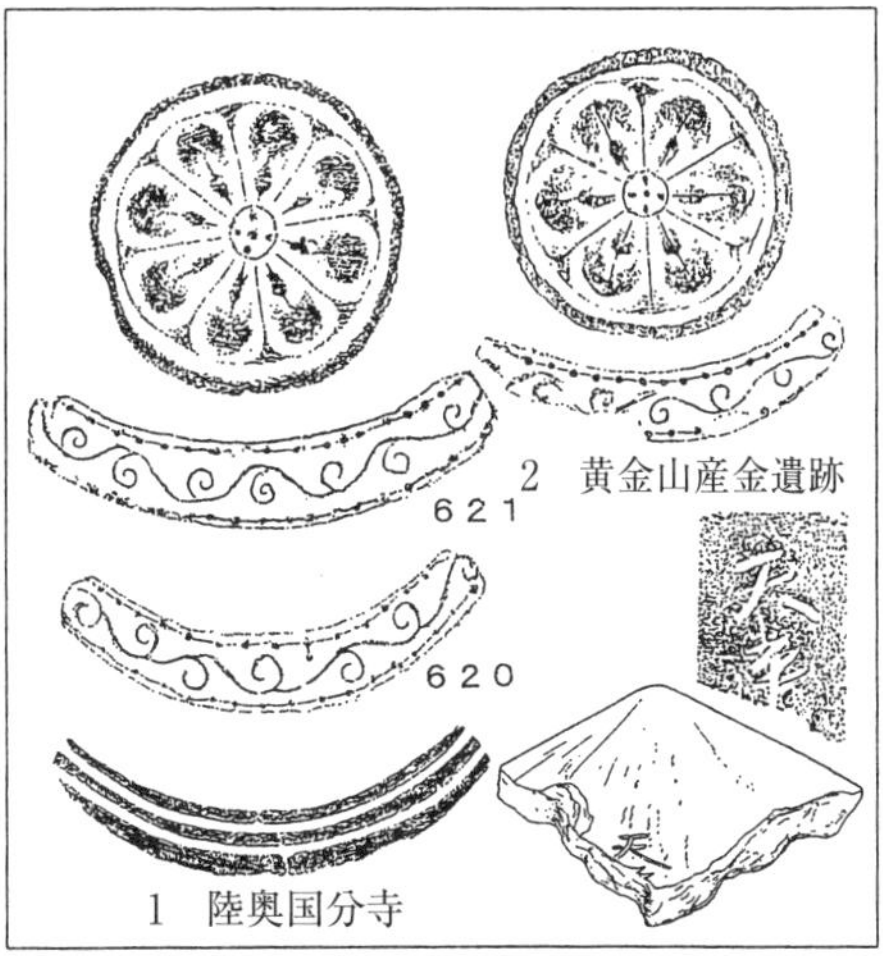

図21　陸奥国分寺・黄金山産金遺跡出土瓦

黄金産金遺跡

一九五七年、伊藤信雄氏によって調査された黄金山産金遺跡は、斜面部を削平して造り出した狭い平場上に、基壇土の一部と礎石根固め石が確認された。この建物は、仏堂跡に復元されている。直下の小川からは、今日でも砂金が収集され、日本最初の金の産出を記念して建てられた仏堂と考えられている。

『続日本紀』天平二十一年（七四九）二月二十二日条は、東大寺大仏に鍍金する黄金の不足が憂慮されていたとき、陸奥国守百済王敬福により、部内小田郡から産出した黄金九〇〇両が献じられたことを伝える。同年四月一日、聖武天皇は東大寺に行幸し、居並ぶ百官の前で年号を「天平感宝」と改めた。その翌月、その年の田租を全国規模で免除したのをはじめ、陸奥国や小田郡の庸調を永く免じ、さらに、黄金を献じた百済王敬福は、一挙に従五位上から従三位へ破格の叙位を受けたのである。

黄金献上以後の、そうした素早い対応を考えると、黄金山産金遺跡から出土した瓦製宝珠の「天平□」のヘラ書き文字は、天平宝字や天平神護の年代まで降ることは考え難く、小仏堂の造営にさほど長い年月を必要としたとも思われない。記念すべき仏堂は、東大寺大仏の開眼供養がおこなわれ、敬福が常陸守として転じた天平勝宝四年（七五二）五月以前に、敬福が自らの手で完成させたと考えるのが妥当であろう。

前述したように、黄金山産金遺跡の所用瓦は、国分寺創建期・多賀城第Ⅱ期の瓦郡と文様意匠が類似するばかりではなく、丸瓦・平瓦を含めた瓦群全体の技術体系が同一の要素をそなえていた。その場合、陸奥国の瓦製作全般に対する大きな変革が、小仏堂の造営に対しておこなわれたとは考えにくく、すでに計画的・組織的に進行していた国分寺や多賀城の造営・修復時の技術体系が導入されたと考えるべきであろう。百済王敬福は、天平十八年九月に陸奥守として補任し、翌天平十九年十一月には、国分寺造営督促の詔が発布される。国分寺・多賀城Ⅱ期・黄金山産金遺跡の瓦群にほとんど時期差が認められないなどの見解を重視すると、陸奥国府系瓦の造瓦体制は、天平十九年の詔が直接の契機となって再編成がおこなわれ、国分寺の造営を第一として、多賀城Ⅱ期の修復がほぼ同時進行に近い形で進行したと考えられる。したがって、陸奥国分寺の創建は、天平十九年詔の発布以後で、黄金山産金遺跡が完成する以前の数年の間と考えなければならない。

武蔵国分寺の造営

伽藍の規模と構造

武蔵(むさし)国分寺の本格的造営が開始されるのは、Ⅰb期の段階である。

この時期の寺院地は、Ⅰa期寺院地の西区画溝(にしくかくみぞ)を埋め戻し、中軸線を西に約二〇〇メートル平行移動して計画された（図16―1）。寺院地の規模は東辺四二八メートル（四町）、西辺三六五メートル（三・三町）、北辺三八四メートル（三・六町）の面積一四・六町となり、Ⅰa期寺院地の約六割に縮小される。そのさい、Ⅰa期の塔をⅠb期の寺院地内に、Ⅰa期の寺院地をb期の寺領地として取り込む形で計画された。

Ⅰb期の伽藍中軸線は、寺院地の南辺をほぼ三等分した西約一町の位置にある。伽藍地内には金堂(こんどう)・講堂が南北に置かれ、その中間の東西に鐘楼(しょうろう)・経蔵(きょうぞう)、さらにその東西に南北棟の僧坊(そうぼう)が二棟配されていた。中門(ちゅうもん)に取りつく掘立柱塀の伽藍地区施設は、東西約一五六メートル、南北約一三二メートルである。後に、同規模で築地塀に改築されるが回廊をもたない。

主要伽藍の建物規模

南　門　控え柱をもつ棟門、桁行（けたゆき）四・五メートル（一五尺）、坪地業瓦葺

中　門　坪地業、礎石建ち八脚門。桁行三間九・四メートル（二・九＋三・六＋二・九）、梁行（はりゆき）二門六・二メートル（三・一＋三・一）

塔1基壇　基壇辺長一八メートル（六〇尺）。初層平面三三尺（一〇・七＋一一・六＋一〇・七）

塔2基壇　基壇長一七・七メートル（五九尺）、建物は建立せず

金堂基壇　東西四五・四メートル（一五三尺）、南北二六・二メートル（八八尺）

建物　桁行七間一二二尺（一三＋一八＋二〇＋二〇＋二〇＋一八＋一三）、梁間（はりま）四間五六尺（一三＋一五＋一五＋一三）

講堂基壇　東西三四・四メートル（一一六尺）、南北二二・六メートル（七六尺）

建物　桁行五間八二尺（一三＋一八＋二〇＋一八＋一三）、梁間四間五六尺（一三＋一五＋一五＋一三）、後に東西に拡張され金堂と同規模で建て替えられる

鐘楼建物　桁行三間三二尺（一〇＋一二＋一〇）、梁間二間二〇尺（一〇＋一〇）、坪地業

東僧坊建物　桁行一五間一四八尺、梁間四間三〇尺、坪地業、西の対称位置に西僧坊、尼寺尼坊と同規模

北方建物　桁行五間九五尺、梁間四間六〇尺、瓦葺建物

武蔵国分僧寺伽藍で目を引くことの一つは、金堂が諸国国分寺の中でも最大で、平城京大安寺や西大寺の金堂に匹敵する規模をもつ点である（図22—1）。また、南北棟の僧坊（一五間×四間）を東西に二棟配置することも国分寺では例をみない。

伽藍にみる特質

その一方で、金堂前面の儀式空間を形成する回廊が存在しなことも、国分寺伽藍としては異例のことである。伽藍地は、東西一五六メートル、南北一三三メートルの掘立柱塀（後に築地塀（ついじべい）に改築）で、講堂・僧坊を取り込んで区画され、中門に接続する（図22—2）。すなわち、この区画施設は、回廊と伽藍地の区画施設を併用した形をとる。さらに寺院地に開く南門は平易な棟門である（図22—3）。諸国国分寺では、南からの交通を持たない場合でも、五間三戸門か八脚門を通例とする。諸国国分寺伽藍の一般的構造からすると、武蔵国分僧寺の回廊や南門の構造は、異例ともいうべきである（図23）。

武蔵国分僧寺における伽藍の特徴を以上のように分析すると、その原因は、国分寺の造営過程における組織の編成にあったと考えられる。武蔵国分僧寺の造営が本格化するのは、

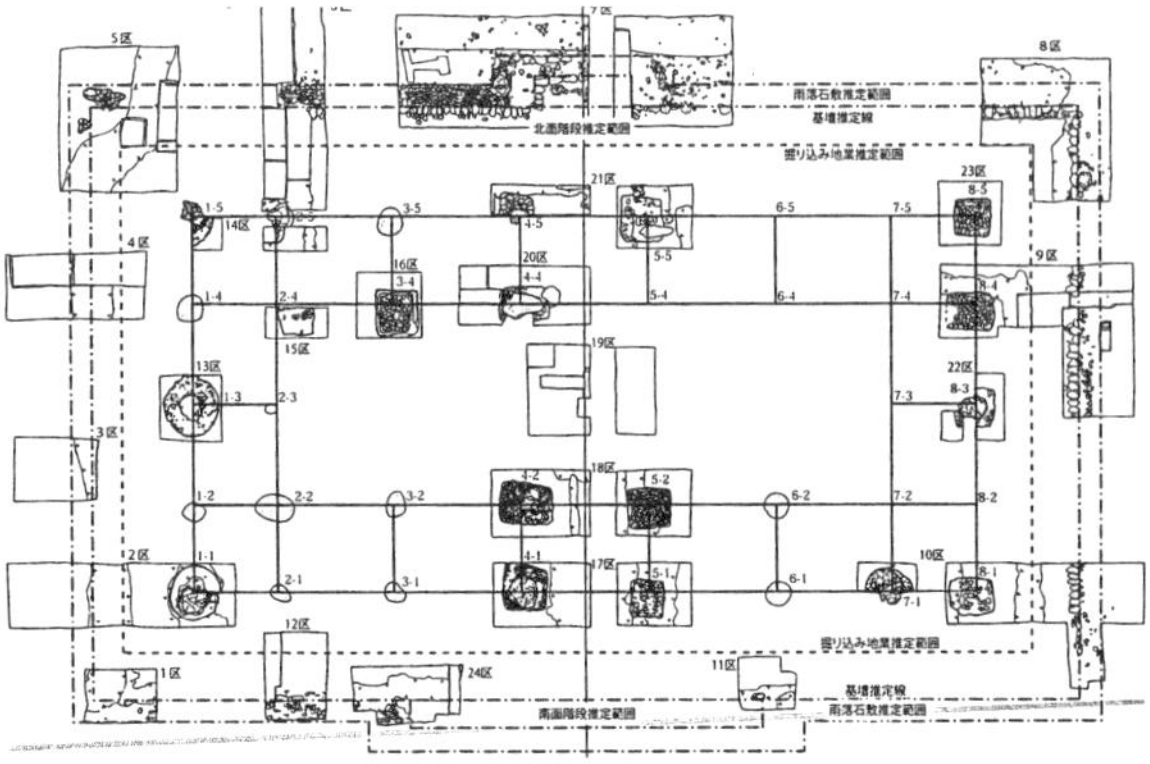

1　金堂

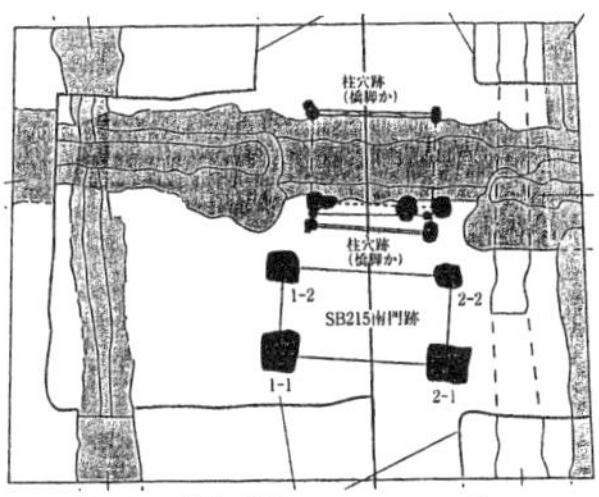

3　南門（棟門）

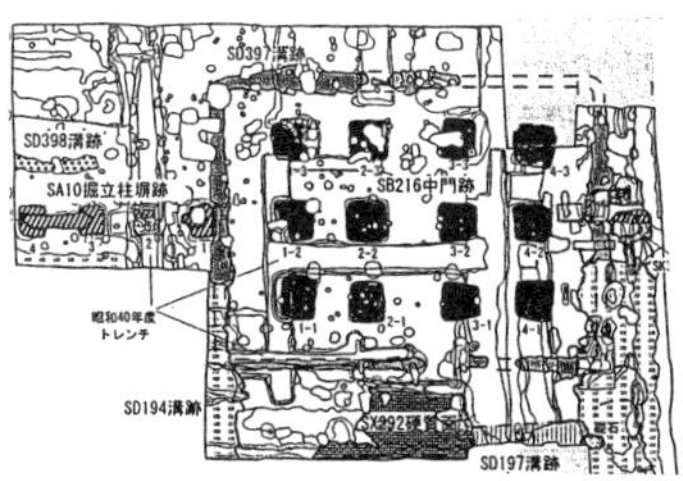

2　中門（八脚門）

図22　武蔵国分僧寺金堂と中門・南門

（有吉重蔵・中道誠「武蔵国分寺」『国分寺の創建—組織・技術編—』吉川弘文館 2013）

Ｉb期の段階である。この時期に、武蔵国二〇郡の全郡の協力体制ができあがる。その時期は、天平十九年の国分寺造営督促の詔が発令された段階と考えられている。政府がとったその内容は、現職郡司に対し三年を限度として、塔・金堂・僧坊を完成することを条件に、末代まで郡司に任用するというのである。二〇郡の全郡体制は、そうした条件を前提として成立した。

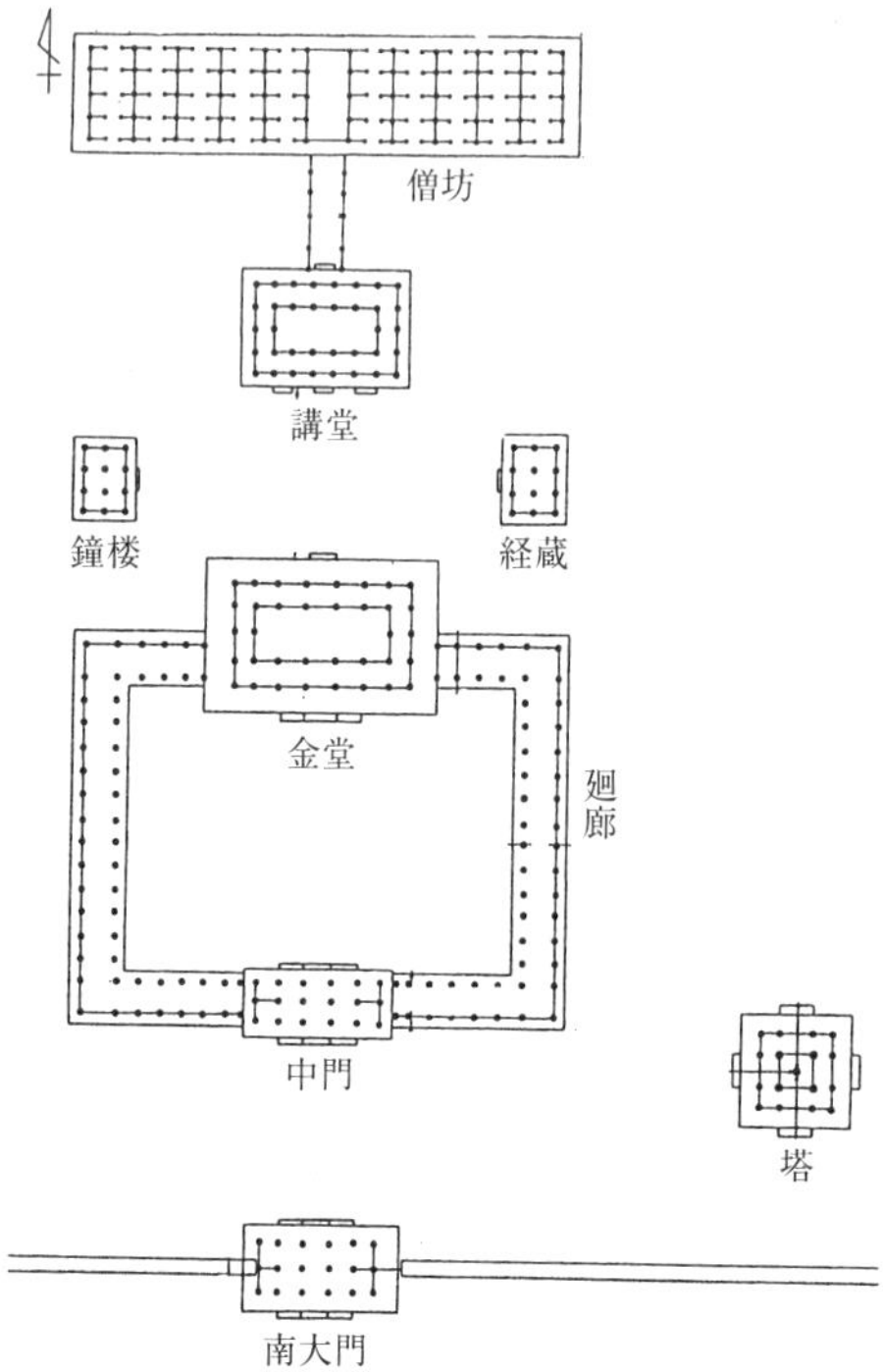

図23　下野国分僧寺中心伽藍
（山口耕一「下野国分寺」『国分寺の創建―思想・制度編―』吉川弘文館 2011）

問題は、国内二〇郡の全郡体制が、国分寺造営過程のどの段階まで維持されたのかという点である。その造営体制が維持できたのは、天平十九年詔で規定された、塔・金堂・僧坊の完成までだったのではなかろうか。伽藍中枢部にみられる講堂・回廊以下の建物群との構造上の著しい格差は、国内全郡による造営体制の維持と密接に関わっていた可能性が高い。

もともと武蔵国は、多摩川流域と荒川流域の文化圏を包括して建国された国である。この二つの地域は、安閑（あんかん）天皇期における武蔵国造（むさしのくにのみやつこ）の反乱でもみられるように、もともと歴史的背景が異なる地域であった。そうした歴史的特質は、この地域においてその後も長く続いたのである。

国家的事業である国分寺の造営にあたり、各郡の郡名を押印して、各郡の規模に応じた数量を、均等に負担する方式を採用した。そうした方法をとった背景には、二〇郡全部がまとまりにくい武蔵国の歴史性が存在したからであろう。すなわち、武蔵国の歴史的特質が、国家的事業を推進するさいの組織の編成に反映したと考えられる。

上総国分寺の造営

B期伽藍の特徴

A期の寺院地をそのまま踏襲し、B期の寺院地としている。素掘溝を囲らすのみの開放的な施設であるが、当初の段階は掘立柱塀で区画された形跡がある。この時期に寺領地の中央部に東西一九二メートル、南北二一八メートルの掘立柱塀による伽藍地が設定され、すべて礎石上に立つ建物に改作される。伽藍地内は、南に南大門（五×二間）を配し、その北に中門（三×二間）と金堂に接続する単廊の回廊があり、回廊内の東に塔を置く「塔金堂院」を形成する。その北に講堂、さらには僧坊が想定され、「講堂僧坊等院」によって構成されていたようだ。塔は回廊内に東塔のみが建てられた、大官大寺式伽藍配置である。

B期の寺院運営施設は、伽藍地北方で確認された（図24）。この地区での最初の造作は、

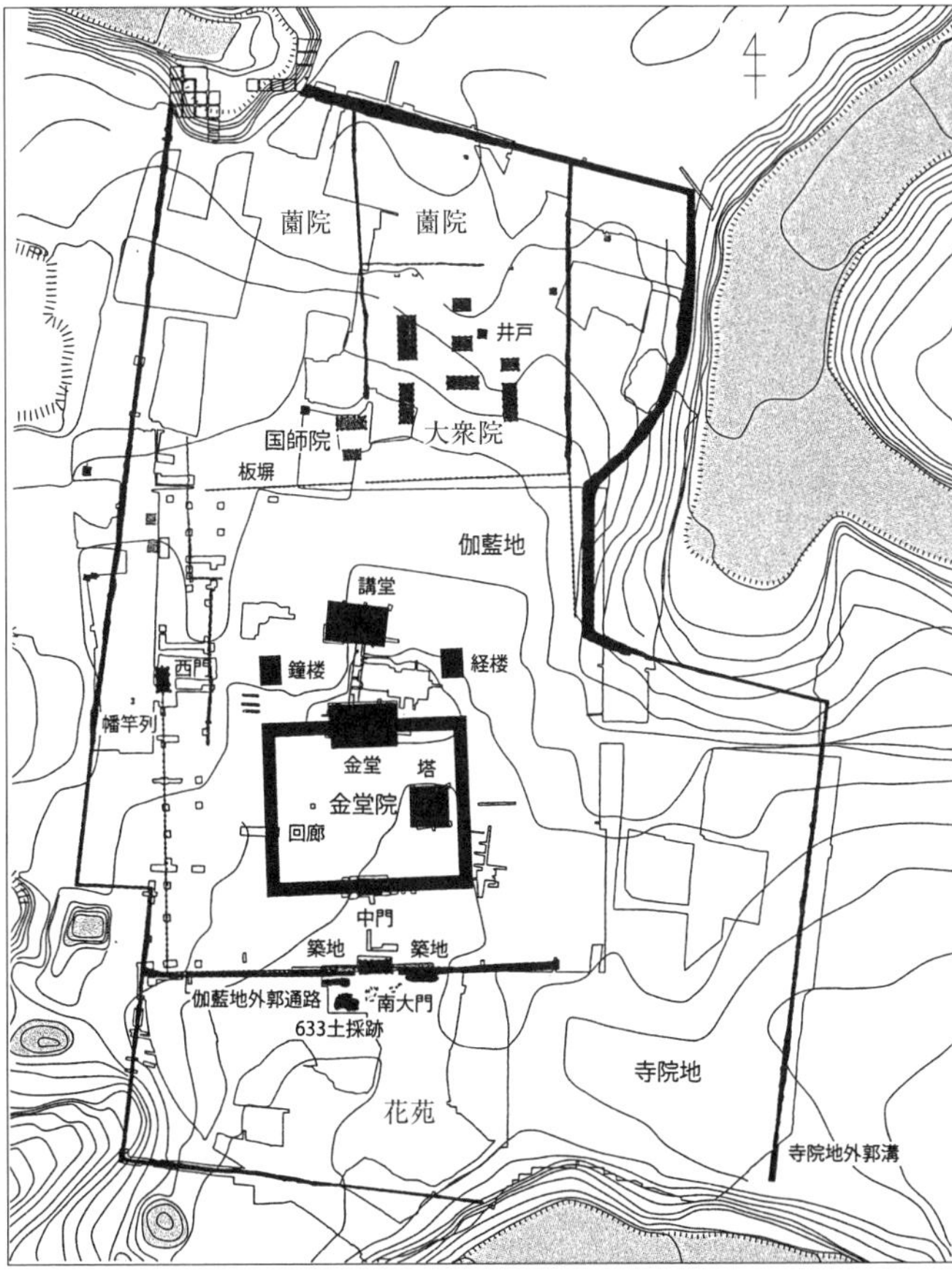

図24　上総国分僧寺全体図（B期）
（『発掘いちはらの遺跡』市原市教育委員会 2010）

寺院地の南東に置かれたA期の造寺所である三棟の建物が北に移築されたことに始まる。さらに、五×三間に、三×三間などの格式の高い片廂建物が新築され、B期の造寺所が開設された（図31）。次に伽藍中軸線の東に接し、素掘りの南北溝（二二〇四溝）が設定される（図37）。この溝は伽藍地北方の土地利用を東西に二分する境界施設である。その南に四×二間の東西棟掘立柱建物が設置される。この建物は、のちに国師院・講師院に発展する最初期の施設で、国分寺造営中の国師の居所である可能性が高い。この段階に中心伽藍の造営は本格的に進行し、その北の、のちに大衆院が置かれる周辺の下層には、竪穴建物が多数建てられていた。伽藍の造営にたずさわった人夫や工人の飯場的性格の建物であろう。やがてこの建物群がすべて撤去され、跡地には規則的に掘立柱建物を配置した大衆院が整備される。同時に造寺所の建物も一部を残して撤去され、国師院の建物が完成する。国師が国分寺に常駐する段階を迎えたのである（図34）。これらについては、後に詳述する。

一方、運営施設北方には、遺構がほとんど存在しない地区が広がり、「油菜所」の墨書土器の出土などから、総菜や薬草などを栽培する広義の薗院と考えられる（図24）。上総国分僧寺は南大門の南に交通路がなく、実質的正面が西側にあることから、寺院地南地区を花苑院と想定した。寺院地の東には、国分僧寺と密接に関連した遺物を多数出土する荒久遺跡が広がり、寺奴婢や鍛冶・瓦工人などの居住地が広がっていた。上総国分僧寺は一四町を超える寺院地をもつが、寺に関連した施設や人々の居住地はさらに広がっていた。

国分僧寺およびその関連施設から出土する墨書土器に、「四院」「中院」「東院」「講院」「西館」「油菜所」「薗」などがある（図39）。「東院」は大衆院の通称であり、「講院」は、延暦十四年（七九五）に国師が講師に改称されたのちの居所である。国師院・講師院については、「東院」に対し「西館」と称されていたようだ。国分僧寺大衆院・国師院・講師院の実態については後述する（図34）。

大衆院北方の竪穴建物から出土した八世紀中頃の土師器杯（はじきつき）に書かれた「油菜所」の墨書土器は、文字通り菜種油の栽培場所である。広義には、総菜や果樹・薬草などを栽培した「薗院」を意味する。「東院」「講読」「薗」の墨書土器をそのように理解すると、「中院」は中心伽藍地を意味し、「四院」は、「中院」「東院」「講師院」「薗院」などの寺院地全体の独立した恒久的機関を総称した呼び名であろう。寺院地の南を飾った花苑院は薗院に含まれ、そのほか臨時的施設として造寺所・造瓦所などの施設が置かれた。

主要伽藍の建物規模

南　門　桁行（けたゆき）五間五四尺（一〇＋一一＋一二＋一一＋一〇）、梁間（はりま）二間二〇尺（一〇＋一〇）

中　門　桁行三間三二尺（一〇＋一二＋一〇）、梁間二間二〇尺（一〇＋一〇）

塔基壇　辺長一七・八メートル（六〇尺）、平面辺長三六尺（一二＋一二＋一二）
金堂基壇　桁行三〇・五メートル（一〇二・七尺）、梁行一八・五メートル以上
講堂基壇　桁行二七・五メートル（九二・六尺）、梁行一七・九メートル（六〇尺）
回廊基壇　東西九六・〇メートル（三二三・二尺）、南北七八・〇メートル（二六二・六）、基壇幅六・〇メートル（二〇尺）
伽藍地　東西一九二・〇メートル（六四六・六尺）、南北二一七・五メートル（七三二・三尺＝二町）

A期の上総国分僧寺は、国分尼寺とともに造営途中で突然瓦葺の本格的国分寺に改作される。A期に造営された造寺所、造仏所、僧坊などの諸施設の中で、造寺所の建物がB期に引き継がれたほかは、金堂・僧坊の完成と共にそれぞれの建物が取り壊された。

B期伽藍の軒先瓦

B期を代表する軒先瓦（のきさきがわら）は、国分僧寺・国分尼寺ともに同笵（どうはん）の単弁二十四葉蓮華文軒丸瓦と、均整唐草文軒平瓦の組み合わせである（図25）。平城京六二二五型式と六六九一A型式の流れをくむことで知られている。特に、軒平瓦六六九一A型式の瓦笵（がはん）の素型（そけい）は、藤原不比等（ふじわらふひと）邸で使用された六六六七型式の代替として誕生した。七三〇年代末には法隆寺東院の造営に、天平十二年（七四〇）以降は恭仁京（くにきょう）の造営に、さらに天平十七年に聖武天皇が平城京に還都した直後の、第二次大極殿院の造営に本格的に使用された。その期間は

三〇年間にもおよび、しかも主流の瓦笵として歩み続けたのである。

上総国分寺の軒平瓦は平城京六六九一A型式や、近江(おうみ)国分寺の軒平瓦などとの型式学的研究が進み、文様の変遷や形態などから、天平末年から天平勝宝年間の早い段階に正統な流れをくむ手慣れた工人によって製作されたと考えられている。瓦窯(かわらがま)も有畔式平窯という平城宮・京の造営で使用された最新式の瓦焼成専用窯が導入され、瓦製作の全般にわたり、中央の官営工房系統の技術が移入された。

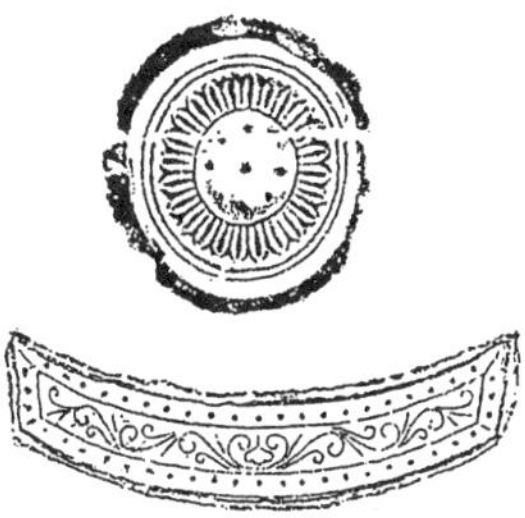
図25　上総国分僧寺創建軒先瓦

上総国分寺を造営した人物

そうしたことの背後には、中央官司につらなる瓦工集団を派遣しえる部署に、直接、あるいは間接的に働きかけのできる人物の存在を想定せざるをえない。その人物を想定するとしたら、石川朝臣名人(なひと)をおいて他にいない。名人は、天平勝宝元年（七四九）八月、上総国守として補任され、同六年四月に民部大輔(みんぶたいふ)に転じるまでの約六年間、上総国守として在任した。名人の出自である石川朝臣氏は蘇我倉麻呂(そがのくらまろ)とその子である蓮氏(れんし)系氏族で、八〜九世紀において造宮省(ぞうぐうしょう)・造寺司(ぞうじし)・木工寮(もくりょう)・修理職(すりしき)などの多くの官人を輩出した、いわば工官氏族とでもいうべき氏族である（今泉隆雄「八世紀造営官寺司考」『文化財論叢』奈良国立文化財研究所　一九八三）。石川朝臣年足（としたり）は、天平十九年十一月に、国分寺造営の催検使（さいけんし）となっている。

名人自身も、すでに天平十五年には造弘福寺判官（ぞうぐふくじほうがん）中務大丞（ちゅうむだいじょう）としての経歴をもち、天平宝字四年（七六〇）には、造宮卿（ぞうぐうきょう）に任じられた。上総国司在任中の名人が、中央官人につらなる部所に直接影響力をもたなかったとしても、石川朝臣一族をなかだちとして、十分働きかけのできる氏族的な関係をもっていた。

名人が上総国守として補任された天平勝宝元年には、すでにA期上総国分寺は造営途中であった。A期上総国分寺からB期伽藍への大規模な改作が、国分寺としてそぐわしくない実状に起因するとしたら、瓦葺建物による本格的国分寺造営への移行が、天平勝宝年間の早い段階に国守石川朝臣名人の主導によってなされた可能性はきわめて高い。すでに、天平十九年十一月には国分寺造営督促の詔が発布され、協力郡司への優遇措置が取られていたことからすると、名人は、在地郡司層に対し主導権を発揮しやすい、きわめて恵まれた状況にあったといえよう。

したがって、上総国分寺は、国守石川朝臣名人の主導のもとに中央官司的色彩の強い国分寺として、天平勝宝年間の早い段階には造営に着手されたと想定できる。名人の上総国守への異動の目的が、国分寺造営の推進にあった可能性も視野に入れる必要がある。

近江・山背国分寺の造営

近江国分寺をめぐる論争

滋賀県信楽町の四周を山で囲まれた中央部に、「内裏野」と呼ばれる小丘陵がある。この地は、大正十五年（一九二六）に「紫香楽宮趾」として史跡に指定され、昭和五年（一九三〇）には肥後和男氏らを中心とした滋賀県保勝会による詳細な調査が実施された。その結果、残された多数の礎石群の分析から宮殿遺構とみられてきた本遺跡が、東大寺式伽藍配置をもつ寺院遺構であることが明らかになった（肥後和男『紫香楽宮阯の研究』滋賀県保勝会　一九三一）。

以後、この遺跡の性格をめぐり、紫香楽宮を近江国分僧寺に改めたとする意見、紫香楽宮内に営まれた甲賀寺の遺構とする見解、紫香楽宮と異なる地に営まれた甲賀寺の遺構とみる説など、さまざまな見解が出土されてきた。ところが、昭和五十八年に始まる宮町遺

図26　近江国分寺（甲賀寺）と宮町遺跡（紫香楽宮）位置図（畑中英二・大道和人「近江国分寺」『国分寺の創建―思想・制度編―』吉川弘文館 2011）

跡の第二八次調査において、長大なコの字型配置をもつ大型建物群が検出され、宮町遺跡が紫香楽宮であることが確定した。宮町遺跡は、本寺院遺跡の北約二キロにあたり、紫香楽宮を北に、寺を南に配した構成である（図26）。

問題は、この寺の性格をどのように考えるかである。近年『正倉院文書』を詳細に検討した栄原永遠男氏は、全律令国家的寺院として造営が進められてきた甲賀寺が、のちに近江国守を造営責任者とする近江国分寺になったと考えた（栄原永遠男「正倉院文書からみた甲賀寺」『律令国家史論集』塙書房　二〇一〇）。筆者も栄原説を妥当と考えるので、盧舎那仏の建設を進めた甲賀寺の地が近江国分僧寺の前身寺院であることを前提に、論を進めたい。

近江国分僧寺は、南に張り出した東西約二〇〇メートル、南北約二〇〇メートルの丘陵上に造営された東大寺式伽藍配置である（図27）。西の金堂院と東の塔院を独立させ、その心心を東西に合わせ、両建物を同等に配置する型式をとる。類例として陸奥国分僧寺があげられる。金堂北には講堂を置き、その北は軒廊で連結した三面僧坊と小子坊によって構成されるが、諸国国分寺において三面僧坊は、唯一の例である。僧坊東に食堂、北の閼伽池は井戸とされているので、その周辺に寺院の管理・運営施設である大衆院が置かれた可能性が高い。国分寺建立の詔の思想を十分理解して造営された国分寺の典型例である。

主要伽藍配置の建物規模

中門　桁行三間三五尺（一〇＋一五＋一〇）、梁間二間二〇尺（一〇＋一〇）

金堂　桁行七間七九尺（九・五＋一一＋一二＋一四＋一二＋一一＋九・五）、梁間四間四一尺（九・五＋一一＋一一＋九・五）

回廊　外側を礎石建、内側を掘立柱とする単廊の回廊。金堂に取りつく軒廊も同様の

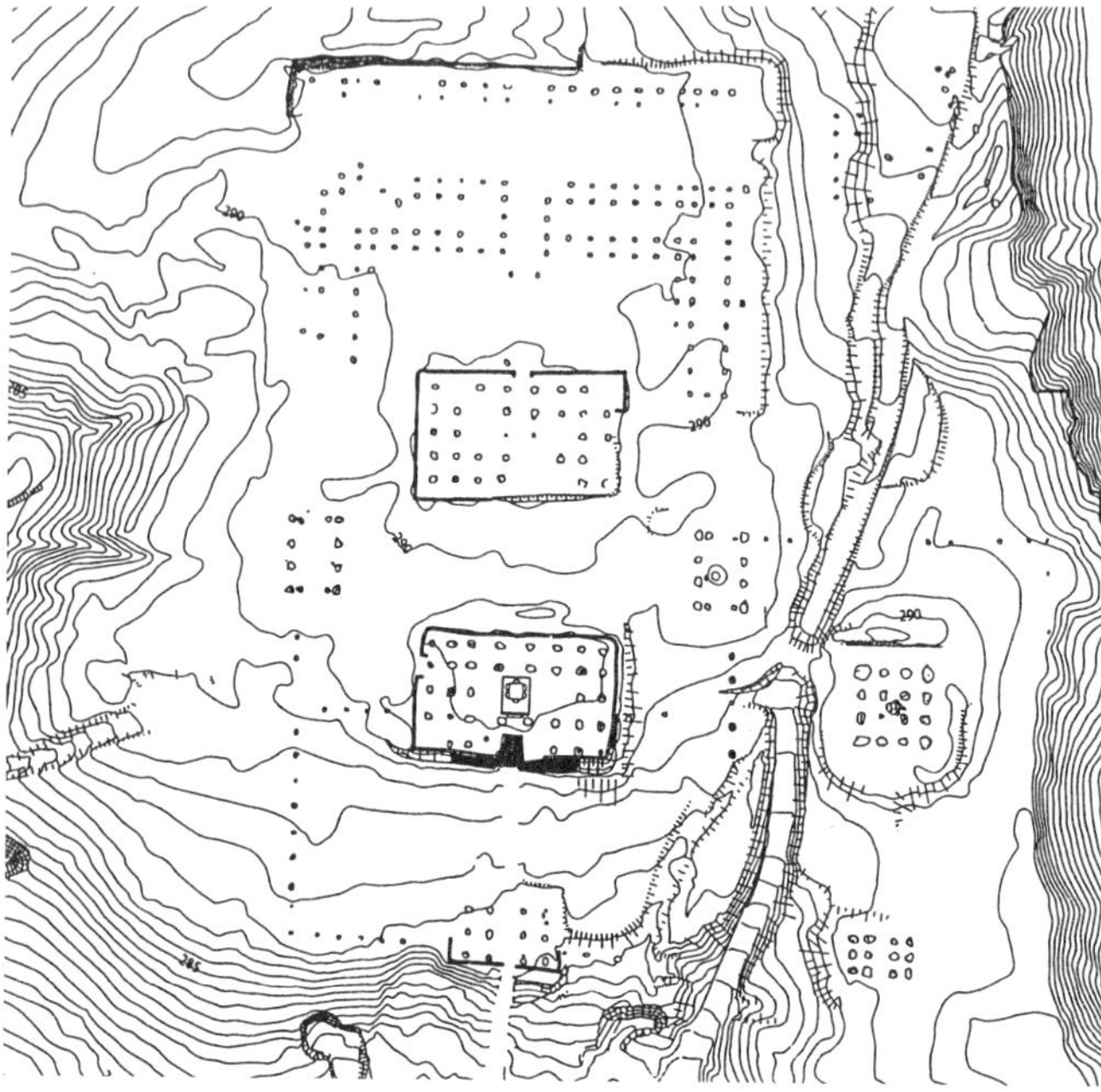

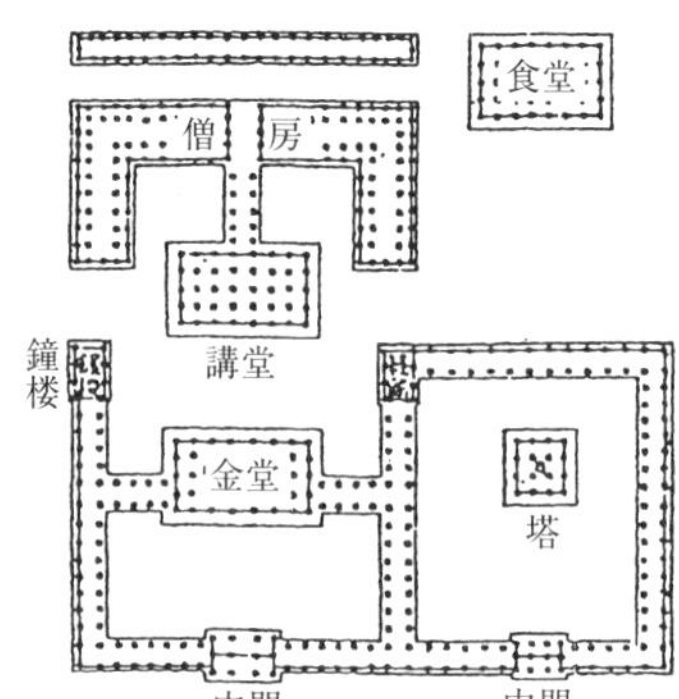

図27　近江国分僧寺全体図・復元図

構造。回廊・軒廊とも回廊幅一二尺、梁間一〇尺等間

講堂　桁行七間七七・五尺（一〇＋一〇＋一二・五＋一二・五＋一二・五＋一〇＋一〇）、梁間四間四〇尺（一〇＋一〇＋一〇＋一〇）。内陣中央に須弥壇（しゅみだん）の礎石

鐘楼・経楼　両建物とも桁行三間三〇尺（一〇＋一〇＋一〇）、梁間三間一二尺（四・五＋一二＋四・五）

僧坊　講堂と軒廊で結ばれた三面僧坊と、その北の小子坊とからなる。馬道を中心に東西僧坊が同規模で造営された。東西一〇間八九尺、南北一〇間八七尺、梁間四間三〇尺

小子坊　馬道を中心に、桁行東一〇間八九尺、西一〇間八九尺、梁間一間六尺

食堂　桁行七間七〇尺、梁間四間三六尺

塔院　二重基壇、下成基壇の辺長一八・三メートル（六一尺）、上成基壇の辺長一六・二メートル（五四尺）

中門　桁行三間三五尺（一〇＋一五＋一〇）、梁間二間二〇尺（一〇＋一〇）

回廊　外側が礎石列で、金堂院の区画と同様に内側が掘立柱の柱掘方による単廊

近江国分僧寺では、ほぼ全面にわたり火災の痕跡が確認される。延暦四年（七八五）に近江国分寺が火災で焼けたことが、『日本紀略』弘仁十一年（八二〇）十一月二十一日条に

みえる。その後近江国は、定額寺である国昌寺を国分金光明寺に代替することを願い出て許されている。

近江国分寺の創建

甲賀寺は、天平十五年（七四三）に寺地を開き、翌十六年十一月には、盧舎那仏の体骨柱（骨組み）ができあがり、天皇臨席のもと大規模な法要が営まれた。しかし、天平十七年五月には平城京に還都し、同年八月には平城京の東の郊外において盧舎那仏の造顕が開始される。この段階で甲賀寺の盧舎那仏は、廃止されることになった。

しかし、『正倉院文書』の記載からは、天平十七年十月二十一日付「造甲可寺所解」（『大日本古文書』二―四七六）の組織がみえ、天平十九年正月の段階には、甲賀寺造仏所は存在していた。この『正倉院文書』にみえる舎人正と春宮舎人という二人の春宮坊関係者が、それぞれ造甲可寺所・甲可寺造仏所の文書発行の責任者となっている。このことに着目した栄原氏は、春宮坊が造甲可寺所・甲可寺造仏所を管轄下に置いていた可能性を指摘する（栄原永遠男前掲論文）。

思うに、天平十六年十一月に盧舎那仏像の体骨柱が建てられた時点には、相当量の鋳造用の銅が、造甲可寺所に搬入されていたのではなかろうか。そうした準備もないままに、体骨柱を建てること自体が不自然である。春宮坊が関係した時点での皇太子は、いうまで

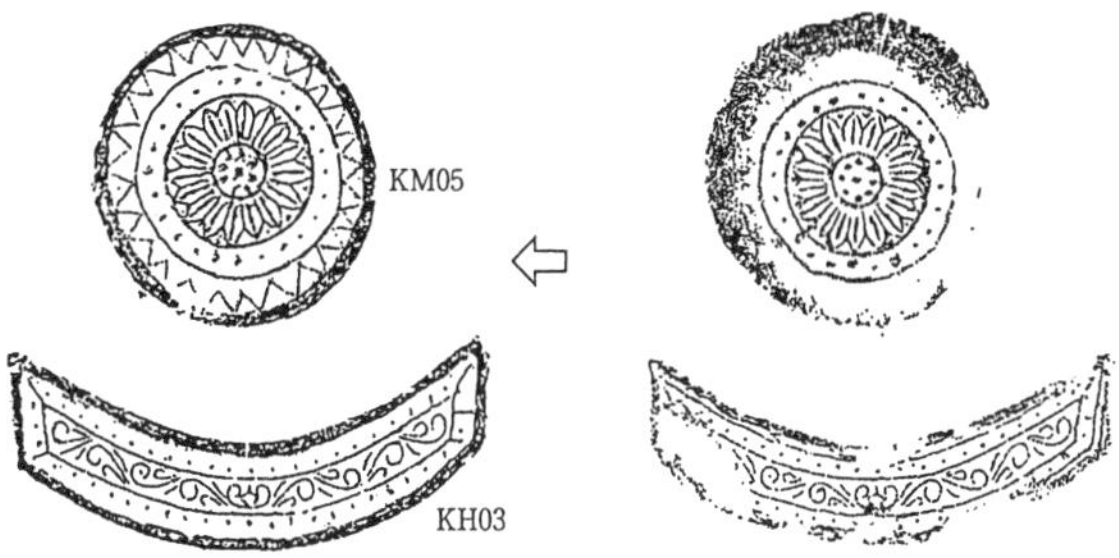

2　山背国分寺　　　1　近江国分寺

図28　近江・山背国分僧寺創建軒先瓦

もなく阿倍内親王である。彼女は、紫香楽宮における甲賀寺の造営中止後、その造営組織を自己の管轄下に置いたのであろう。天平十九年一月頃までには、春宮坊が関与して三尊仏の造像が進み、実際には甲賀寺造仏所から大倭金光明寺に運ばれたようである。このことは、甲賀寺の存在意義が実質的になくなったことを意味することになろう。また、栄原氏は『正倉院文書』「種々収納銭注文」の分析から、甲賀寺の名称は天平十九年一月十九日よりも後の、同年五月二十七日の時点まで存続したことを確認する。一方、下限については、天平勝宝三年（七五一）十二月十八日付の『正倉院文書』「東大寺奴婢見来帳」をあげる（『大日本古文書』三―五三五）。この史料のうち、「捉得於甲賀宮国分寺大工家」は、国分寺大工家から逃げだした奴忍氏が捕えられた記事である。すでに国分寺の造営が実質的に進行していたことを意味することになるから、近江国分僧寺は、天平十九年五月から天平勝宝三年十二月十八日の間に造営が開始されたと指摘する。

近江国分僧寺の創建瓦は、単弁一七葉蓮華文軒丸瓦と均整唐草文軒平瓦の組み合わせである。いずれも平城京Ⅱ―2期の軒先瓦を模倣したものである（図28）。このうち、六六九一A型式を模倣した軒平瓦は、すでに述べたように、製作技法や型式学的研究から、天平末年から天平勝宝三年までの早い段階に位置づけられよう。史料から導きだされた年代と考古学的年代とが一致した。この軒平瓦は、平城京の瓦当文様を模倣した瓦なので、国家的寺院である甲賀寺の瓦ではありえないのである。

近江国分僧寺は、国府所在地から二〇キロも離れた甲賀寺の地に建立された。国府と国分寺を一体化して造営する一般例からすると異例である。聖武天皇が盧舎那仏を造営するにあたり、理想の地と定めた甲賀寺の地を無視することはできなかったのであろう。その背後に、その間の事情を知り尽くした藤原仲麻呂が存在した可能性が高い。

山背国分寺の伽藍と規模

山背国分僧寺は、天平十八年九月に、恭仁宮大極殿が同国国分寺として施入されたことに始まる（図29）。したがって、山背国分僧寺の研究は、恭仁宮研究とともに進められてきた。しかし、諸国国分寺で既成の施設を利用した国分寺は、この例を除き、現段階では、一部前身施設を利用した大倭国法華寺と、福寿寺・金鍾寺を転用した大倭国金光明寺を除いては見当たらない。盧舎那仏の造顕との関連で跡地を利用した近江国分寺とともに、聖武天皇や光明皇后が関係した土地であることから転用された可能性が強い。

金堂は、東西九間、南北四間の建物で、調査の結果、恭仁宮大極殿がそのまま金堂として利用されたことが判明した。桁行は四四・七メートル（一四九尺）、身舎(もや)部分の桁行七間部分が五・一メートル（一七尺）等間で、両脇間が四・五メートル（一五尺）である。梁間は、中央二間が五・四メートル（一八尺）、両脇間が四・五メートル（一五尺）の建物である（図30）。

金堂基壇は東西五三・一メートル（一七七尺）、南北二八・二メートル（九四尺）であった。基壇化粧は瓦積(かわらづみ)基壇で、中央には幅一間分の階段が設けられていたのみである。特別、格の高い大極殿は、凝灰岩切石(ぎょうかいがんきりいし)で化粧された壇上積(だんじょうづみ)基壇とし、階段も南北面にそれぞれ三基ずつ設置されるのが原則であった。なぜ、このような状況が生じたかの理由については、恭仁宮が造営工事の途中で中止されたことと無関係ではあるまい（中谷雅治・磯野浩光「山背」『新

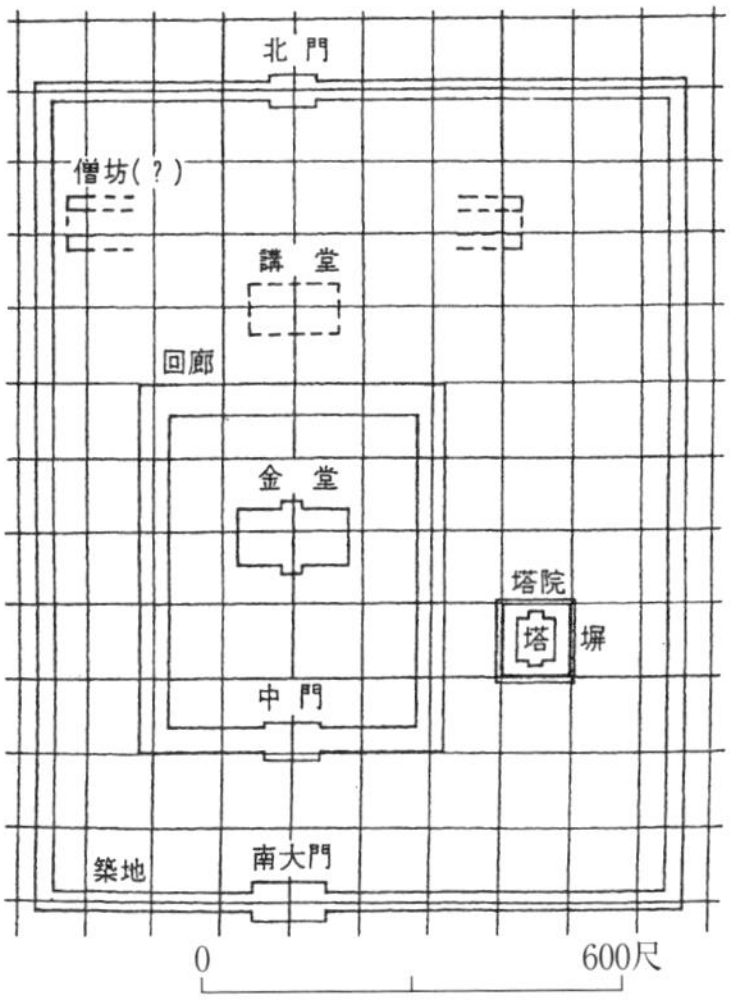

図29　山背国分僧寺全体図

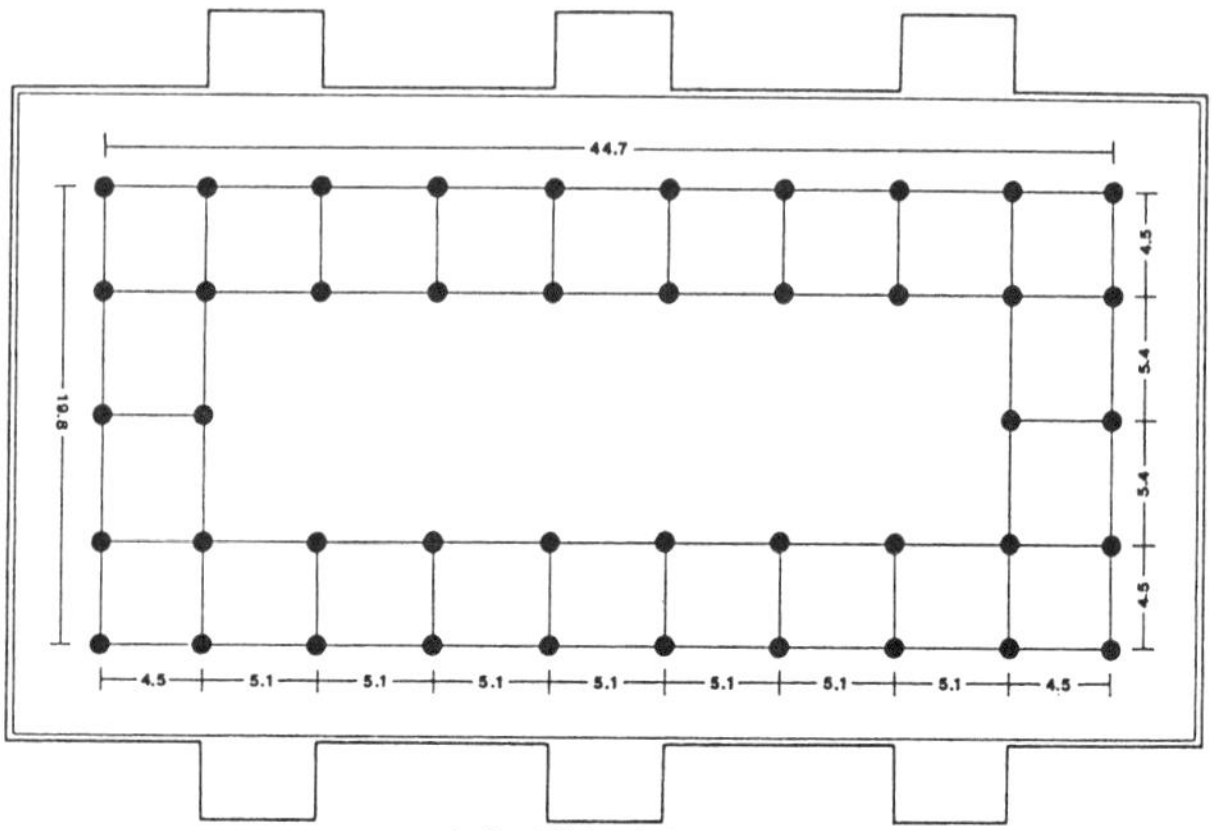

金堂（恭仁宮大極殿）

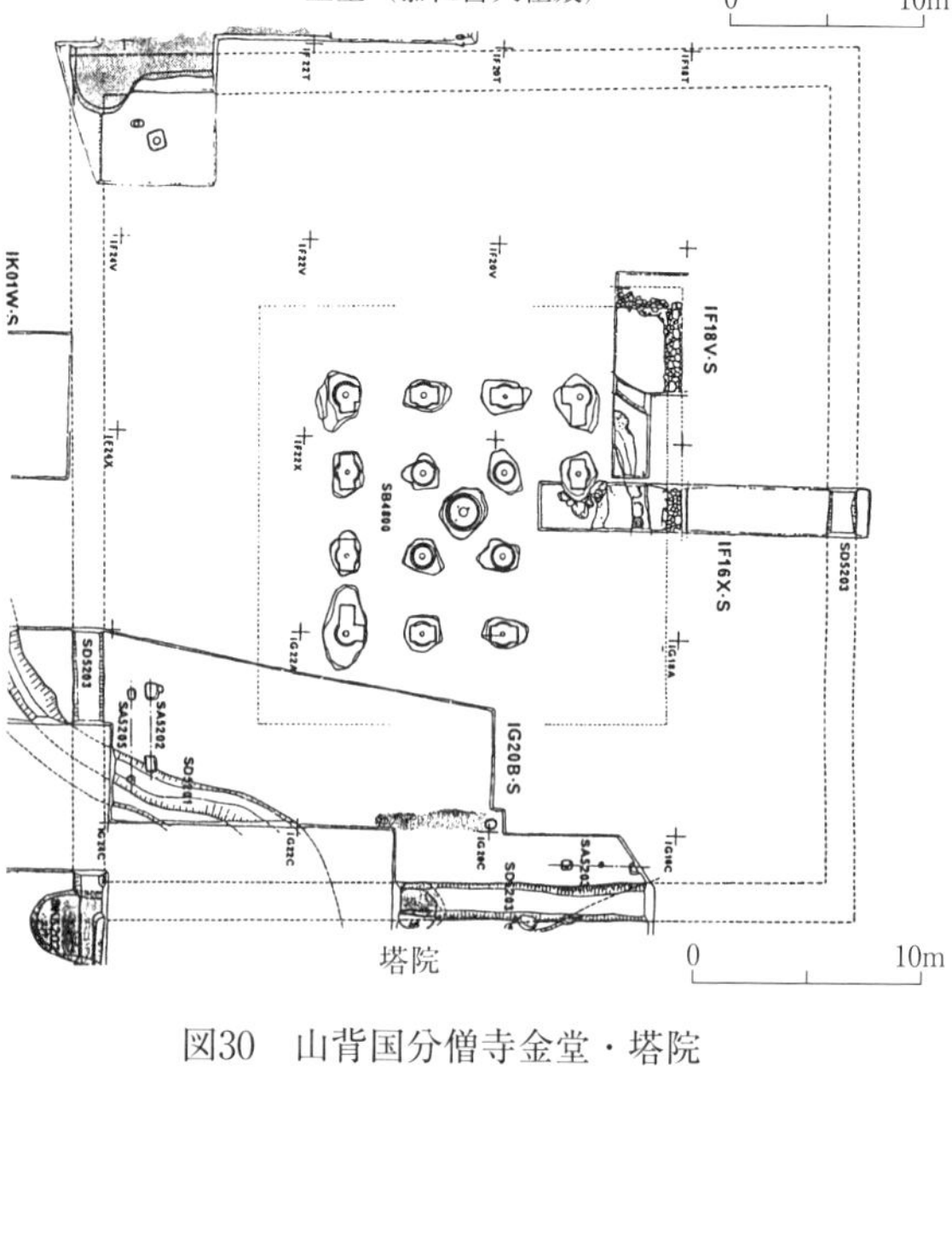

塔院

図30　山背国分僧寺金堂・塔院

修国分寺の研究』吉川弘文館　一九九二)。

恭仁宮大極殿および歩廊(ほろう)(回廊)については、天平十五年十二月二十六日条(『続日本紀』)に、

初めて平城の大極殿幷せて歩廊を壊(こぼ)ちて恭仁宮に遷し造ること四年にして、茲(ここ)にその功(わざ)纔(わず)かに畢(おわ)りぬ。用度の費さるること勝(あ)げて計(かぞ)ふべからず。是に至りて更に紫香楽宮を造る。仍(より)て恭仁宮の造作を停(とど)む。

(平城京の大極殿および歩廊を壊し、恭仁宮で四年をかけて移築し、その工事がようやく終わった。しかし、それに要した経費は計算できないほど多額であった。そのうえ、さらに紫香楽宮を造るのであるから、恭仁宮の造営は停止することにした。)

というのである。調査の結果、大極殿の建物は完成したものの、基壇回りの化粧および階段の設置は未着手の状態であることが判明した。基壇回りは、山背国分寺に転用してからの造作であり、瓦積基壇で整備されていた。

塔院は、金堂と回廊が恭仁宮での建物の再利用であるのと異なり、国分寺に施入されてからの新築である。塔については、金堂基壇の東南東約一二〇メートルに設置された。花崗岩(かこうがん)製の柱座(はしらざ)造出(つくりだ)しのみごとな礎石は、全国六十余の国分寺の中でも秀逸である。初層平面は、九・八メートル三二尺(二〇・二五+一一・五+一〇・二五)である。

塔基壇辺長は一七メートル（五七尺）、基壇化粧は瓦積基壇で金堂と同様である。基壇裾には、幅〇・六メートル（二尺）の石敷の犬走り（雨落）が設置され、丁寧な仕事がなされていた。

塔周辺には、心礎の中心から一五メートル（五〇尺）の位置で、幅一・五メートルの溝が検出された。さらに溝の内側には柱掘方が認められ、掘立柱塀が塔を囲んでいたことが確認されている。辺長三〇メートル（一〇〇尺）の溝と掘立柱塀が塔院を形成していたことになる。塔礎石の製作技術、周囲の犬走り、さらに塔院の形成など、塔の荘厳（しょうごん）を重視して造営されたことが顕著にわかる国分寺である。

寺院地を区画する施設は、基底部幅がほぼ三メートル（一〇尺）の築地塀である。その規模は、南北三三〇メートル（一一〇〇尺、三町）、東西二七三メートル（九一〇尺、二・五町）である。金堂の心を通る中軸線は中心より西にある。寺院地の設定が、東に設置した塔院とのバランスを重視した結果であることを考えると、この区画は、国分寺造営の一環の造作であったことが理解できる。

その他、講堂・僧坊・鐘楼・経楼・中門などの主要施設については未確認である。講堂のような主要施設に関しても、数次にわたる調査にもかかわらず確認されていない。山背国分寺のような転用国分寺の造営が、どのような計画で進んだのかは、興味の持たれるところである。

山背国分僧寺には、恭仁宮に新調された瓦とそれ以前の瓦、さらに国分寺造営時に新調された瓦と修復にともなう瓦の四種がある。これらのうち、平城京から運ばれた古い瓦は、大極殿以外の回廊や新たに建設された国分寺の塔および築地（ついじ）などに使用された。一方、大極殿域にはこれらの瓦の出土はなく、新調された瓦のみが使用されたようだ。大極殿本体は平城宮から運ばれた古い建物であるが、瓦のみは真新しい製品が使用されていた（中谷雅治・磯野浩光前掲論文）。

一方、国分寺造営にさいし、新しく焼成された軒丸瓦は、単弁一七葉蓮華文と均整唐草文（図28—2）で、前者が出土軒丸瓦の約三〇％、後者が軒平瓦の四〇％を占める。この組み合わせの瓦は、大極殿に使用するために新たに焼成された瓦の模倣にみえるが、近江国分寺創建瓦と同笵（どうはん）であることが判明している。しかも、瓦笵に生じた傷が山背国分寺のみにみられることから、瓦笵が近江国分寺から山背国分寺に移動したことが明らかになった。さらに、軒先瓦の製作技法や胎土（たいど）（原料の土）の相違から、瓦笵が移動したのみで工人をともなっていなかったことが判明している（京都府教育庁指導部文化財保護課編『恭仁宮跡発掘調査報告　瓦編』京都府教育委員会　一九八四）。

国分寺転用の年代

近江国分僧寺の造営年代は、史料の分析からは、天平十九年五月から天平勝宝三年十二月の間、考古学的検討からも天平末年から天平勝宝年代の早い段階の年代が与えられていろう。

る。山背国分寺についても、天平勝宝年代の早い段階に造営が開始されたことは確実であ

山背国分僧寺は、天平十八年九月に恭仁宮大極殿の施入により国分寺に転じた。天平十八年は、諸国国分寺の塔に安置する『金光明最勝王経』の書写がほぼ完成した年である。また、平城京での盧舎那仏の造顕が順調に進み、原型の塑像の完成を祝う燃灯供養が盛大におこなわれ、大和法華寺の寺名が誕生した年でもあった。このように国分寺、盧舎那仏の造営が推進される中での恭仁宮大極殿の山背国分僧寺の施入は、国分寺造営の促進を意図した政策であったことは間違いなかろう。

加えて、国分寺から国分寺への主要瓦笵の移動は諸国国分寺でも珍しく、背後に造営促進のための政策が働いたのは間違いあるまい。近江国分僧寺と山背国分僧寺の二つの国分寺は、いずれも、天皇が関係した施設を利用したことで共通する。その背後に光明皇后とともに国分寺造営を推進した藤原仲麻呂が存在したのであろう。

国分寺の付属施設

国分寺造寺所

寺院を造営するさいは、木工・建築・窯業・金属・絵画・工芸など、さまざまな分野での専門集団を必要とした。官立寺院では、それら木工所・造仏所・造瓦所・鋳所などの専門部所が、「所」とよばれる単位に組織され、造寺機関を構成していた。造東大寺司のような巨大な組織では、長官・次官・判官・主典の四等制がとられ、その下に事務官僚として史生と舎人などがおかれた。造営部門では、いわば本部と現地で資材を調達する出先機関とが設置された。本部は、専門分野ごとに、「所」の組織が必要とされる単位で編成された。出先は、主として木材・石材などの調達や瓦・金属生産に関わる分野なので、それが設置されたところの地名を付して、甲賀山作所、田上山作所のように呼ばれた。

国分寺の場合は、「造寺司」が従四位下相当職なので、国司より上位に格付けされるので、「造寺所」と呼ばれたのであろう。「造寺所」の下部に、機能によって細分化された「所」が置かれ、造寺機関を構成したことになる。例えば、但馬国分寺出土木簡に風鐸鋳造の燃料として荒炭を請求した文書があり、その中に「鋳所」と記された施設がみえる。実際、大衆院内に大型の鋳造跡が発見され、木簡の内容と遺構とが対比できた。また、上総国分僧寺の瓦窯跡である南河原坂遺跡（千葉市）から、「造瓦所」と書かれた墨書土器が出土している。造瓦所の出先機関である。下野国分僧寺から出土した「石所」の墨書土器も、礎石や基壇化粧に必要な石材の調達や加工に関与した施設であった。同国分寺で使用された主要な石材は凝灰岩なので、搬入された石材の多くは国分寺の造営現場で加工されたのであろう。

上総国分尼寺や下総国分僧寺から、「造寺」の墨書土器が出土する。これは、寺を造るという行為ではなく「造寺所」という機関の略称であろう。近年の国分寺研究によると、国分寺の造営は、国ごとに独自に進行したことが明らかになった事例が多い。組織の編成方法も地域の歴史や伝統に依存する場合が多かったと思われるので、国ごとに究明を進める必要がある。「造寺」の墨書土器もそうであるが、造寺所の組織が、国分寺完成以後も恒常的に存続したのか、あるいは、臨時的に設置されたのかを見極める必要がある。但馬国分僧寺では国分寺完成以後、三綱が関与し大衆院の機構を動員する方法がとられていたようだ。

B期上総国分寺造寺所

前述したようにA期国分僧寺がB期国分僧寺に改作されたさい、三棟からなるA期造寺所は（図11・15）、B期伽藍地の北に移築される（図31）。そのさい、B期伽藍の方位に合わせ、A期三〇四〇建物が三一七〇建物に、三一四一建物が七〇二建物に、三〇四二建物が三一三二建物に移される（図15）。さらに新たに三一二七建物（六×三間）、三一一一建物（西廂付五×三間）、三一一二建物（西廂付三×三間）の三棟が新築される。国分寺が本格的造営に移行したさい、組織が拡充されたことが遺構のうえからも確認できる。七〇三建物と三一七〇建物は西側柱筋を、三一七〇・三一三二・三一二七の三棟の建物は、南妻柱筋を揃えて計画的に建てられた。さらに、三一一一・三一一二建物も東西の側柱筋を揃えて建てられているので、一連の機能を果たした建物群であることが理解できる（図31）。国府直属の機関である国分寺造寺所が、どの程度の組織であったのかはわからないが、上総国分寺では、長官・次官クラスが格上の三一一一・三一一二の西廂付建物で執務をとったのであろう。

いまひとつ、注目すべき建物に、造寺所とほぼ同時期に建てられた東西棟の三一一七建物（四×二間）がある（図31）。この地区は、やがて国師院・講師院に発展する場所なので、

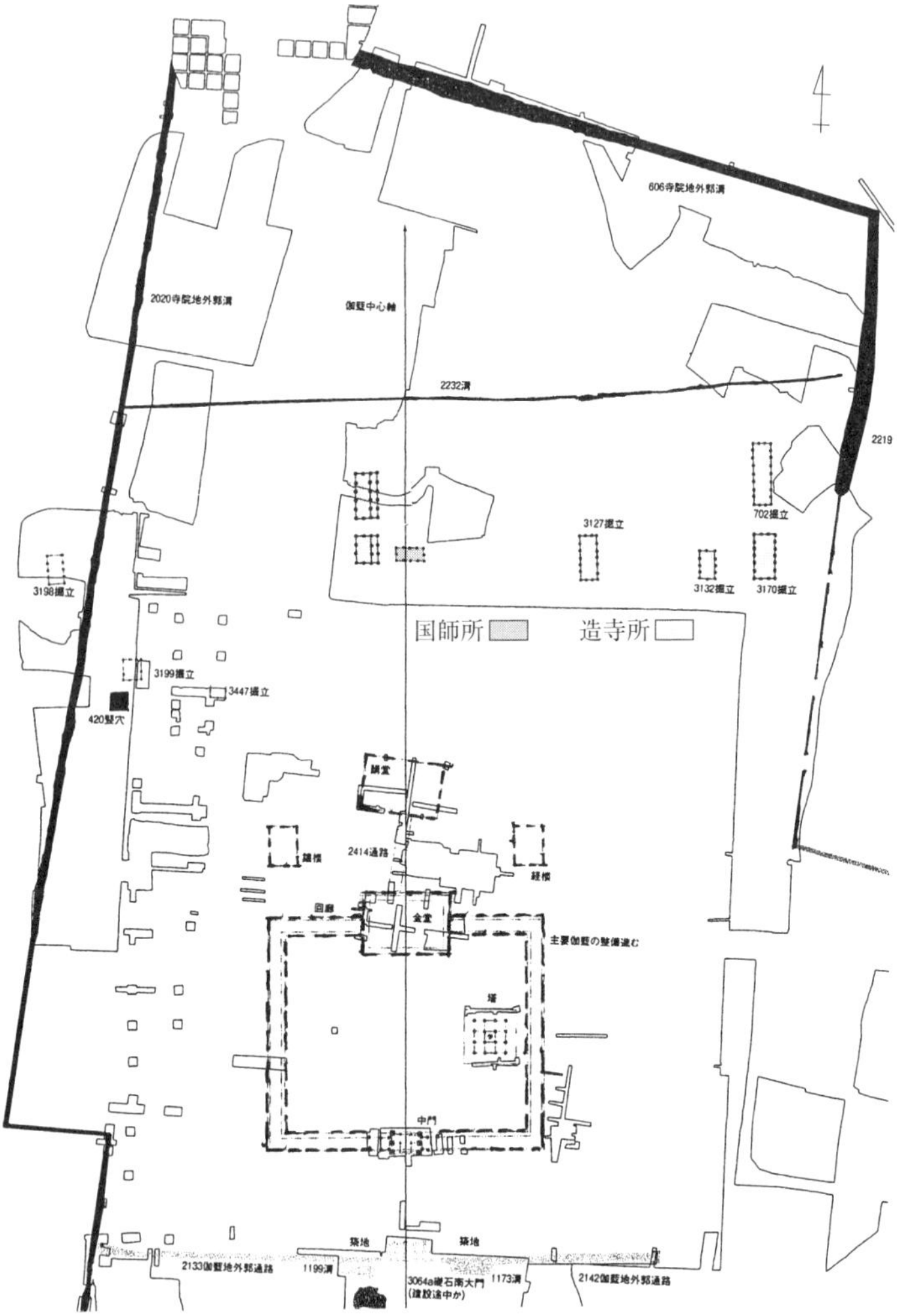

図31　上総国分僧寺造寺所と国師所（B期）

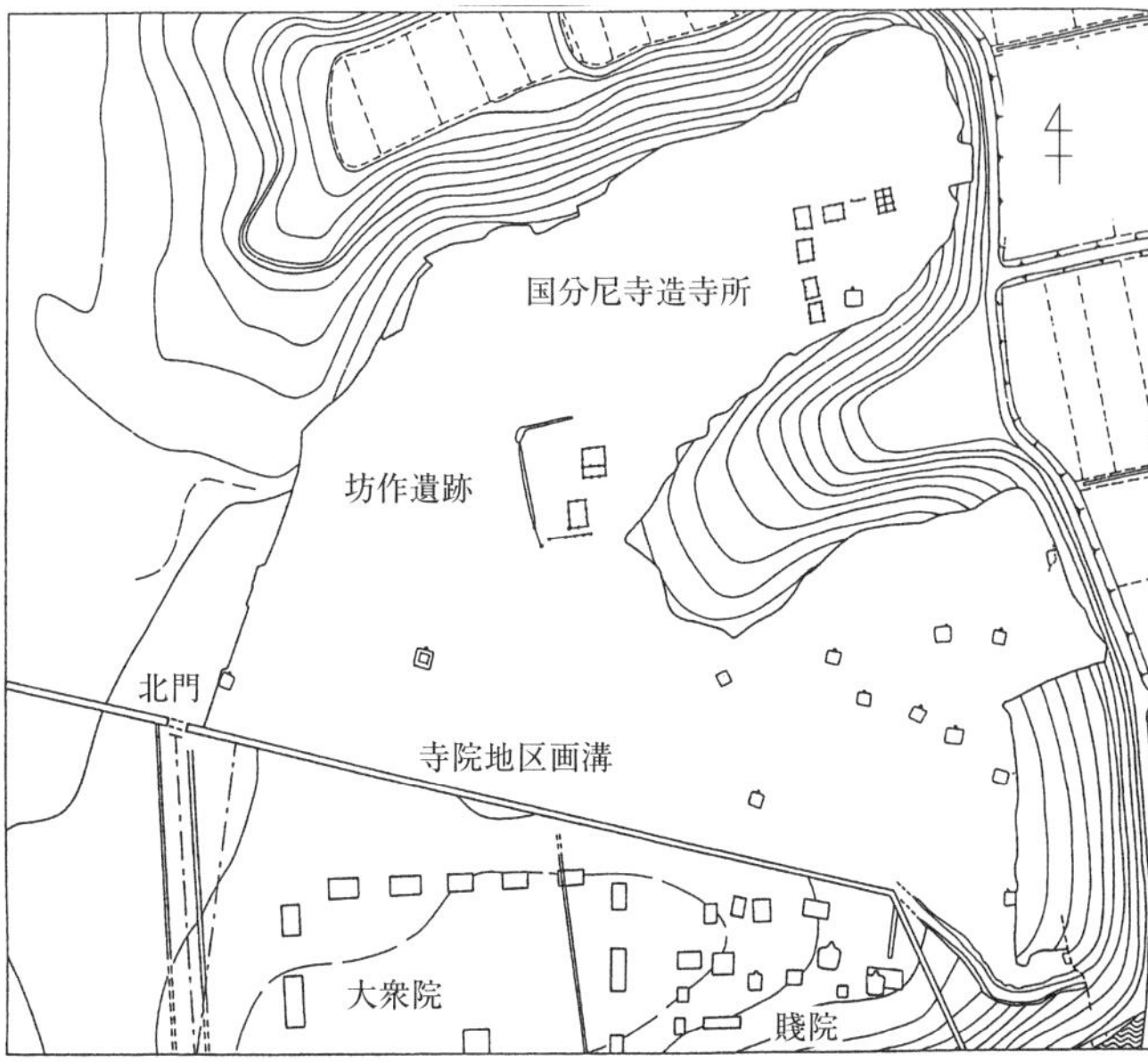

1　国分尼寺と坊作遺跡

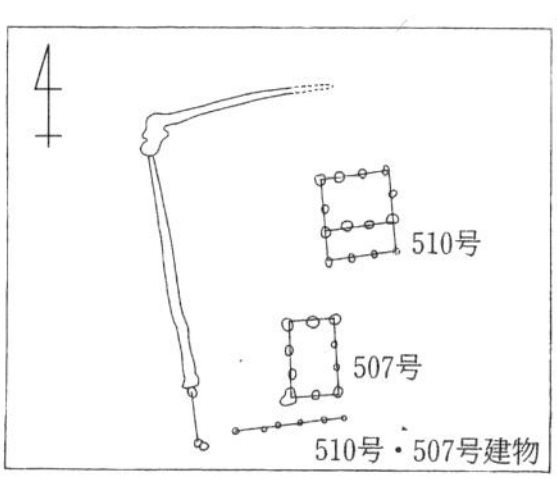

2　国分尼寺造寺所

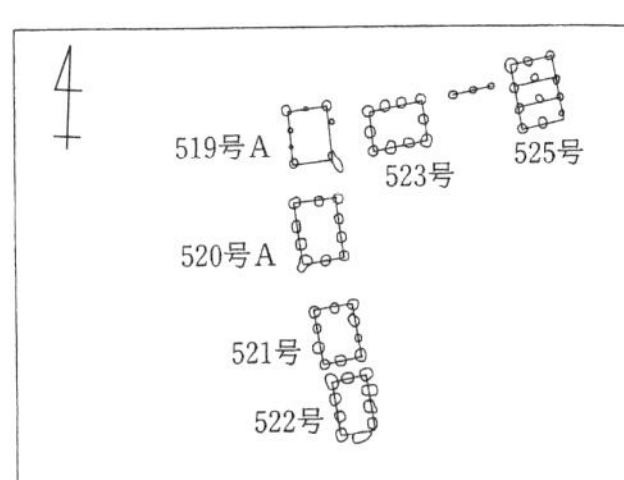

3　国分尼寺造寺所

図32　上総国分尼寺造寺所（B期）
（『坊作遺跡』市原市教育委員会 2002）

この建物も、そうした機能と関連していたことが想定できる。その場合、国師が常駐する以前の段階で、しかも、国分寺が造営途中であることを勘案すると、国師の居所であった可能性が高い。国分寺の造営途中の国司の居住地は国府内にあり、国師が造営指導にあたったときの居所が三一一七建物であった可能性が高い。造寺所の廂付きの主要建物が国師の居所と近接して建てられたのは、国師が国分寺造営に関与したことと密接に関連していたからであろう。

一方、上総国分尼寺の北に接した坊作（ぼうさく）遺跡がある。「法花寺」「造寺」「海上厨」などの墨書土器を多数出土し、国分尼寺の造営や運営に関わる造寺所・修理所などの施設が置かれたと考えられている（図32）。もっとも充実した八世紀後半の時期には、三×二間建物や総柱建物をL字型に配し、鍛冶工房跡二棟以上、竪穴（たてあな）建物二〇棟以上が存在した。金属製品は鑿（のみ）・槍鉋（やりかんな）・斧などの鉄製工具類の出土が目立ち、造寺・営繕に関係する遺物として注目される。坊作遺跡は、国分僧寺内に設置された造寺所の国分尼寺の出先機関として存在した。

国師院・講師院

大宝二年（七〇二）、僧尼令の発令とともに地方の仏教を指導・監督する国師が任命され、各国に派遣される。当初は国府に常駐したが、国分寺建立以後は、居所と執務の場として国分寺があてられたと考えられてきた。しかし、実際には、それを具体的に証明する手立てがなかったが、安芸国分僧寺の発掘調査において、国師院と講師院の建物が発見された。

(1)安芸国分僧寺　国師院は僧坊の北東約二〇メートルの地点で発見された。桁行七間×梁間二間の身舎の南北に桁行五間の廂をもつ大型の掘立柱建物である(図33—2)。中央列には部屋を分ける間仕切と床を支える束柱が存在することから、全体を三部屋に仕切った住宅建築と考えられている。その後、この建物は柱を切断し、規模を同じくしたまま礎石立建物に改築された。建て替えの時期は、根石として利用された瓦片や須恵器の年代などから、八世紀後半でも早い段階と考えられている。

この大型建物の周囲からは、北・東・西側の三方向で板塀と考えられる掘立柱列が検出され、独立した空間である院を形成していた。さらに大型建物の周辺からは「国司院」(図33—2)、近接した井戸跡からも「国院」の墨書土器が出土し、この建物が国分寺の創建当初から国師院として建てられたことが判明した。

また、国師院の北東約四五メートルの地点で、桁行五間、梁間二間と一間の掘立柱建物二棟が、双堂建物風に南北に並んで検出されている(図33—3)。また、同じ位置で桁行四間、梁間一間の掘立柱建物が重複して検出された。最低でも一回の建て替えが想定される。この建物の周囲からも東西棟の掘立柱建物三棟と目隠塀などが確認され、一体として機能を果

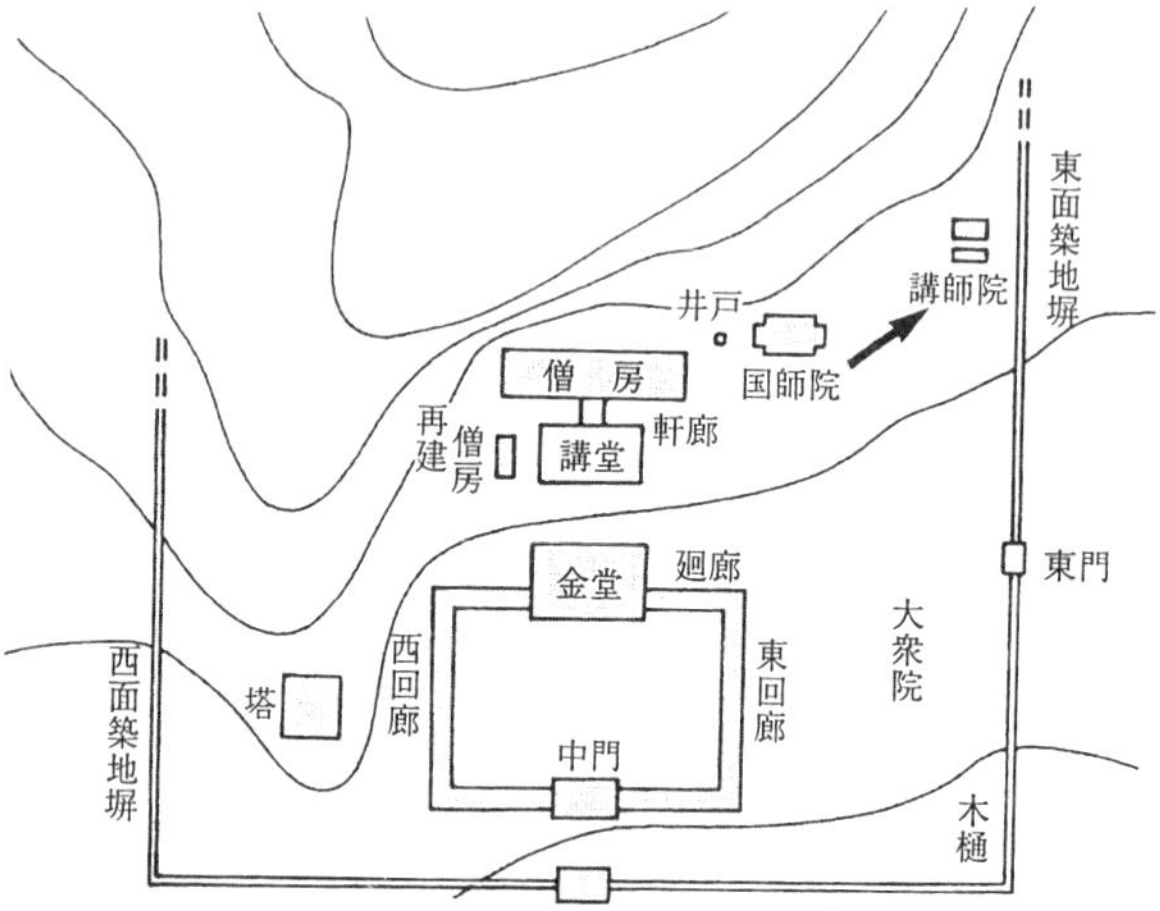

1　安芸国分僧寺
（妹尾周三2006）

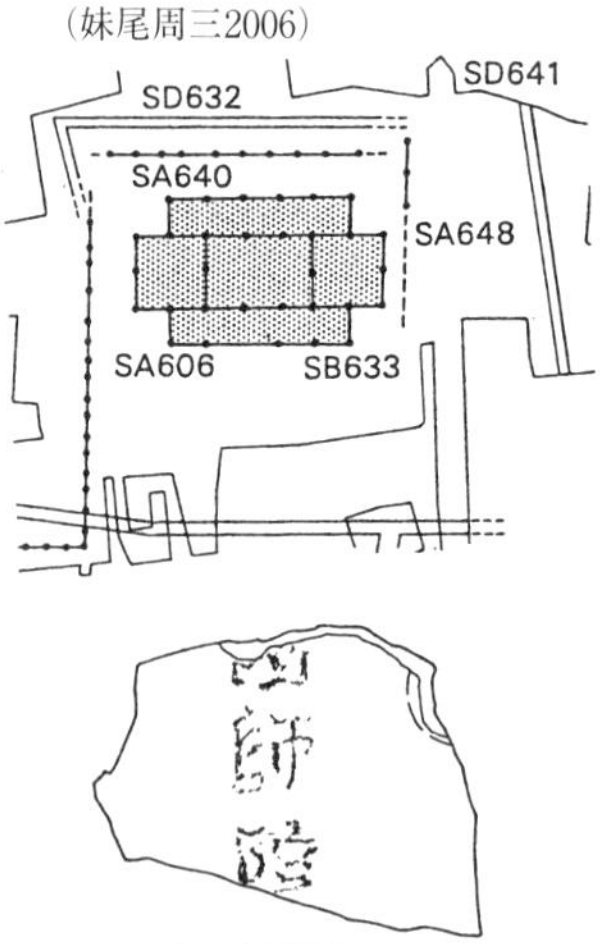

2　国師院

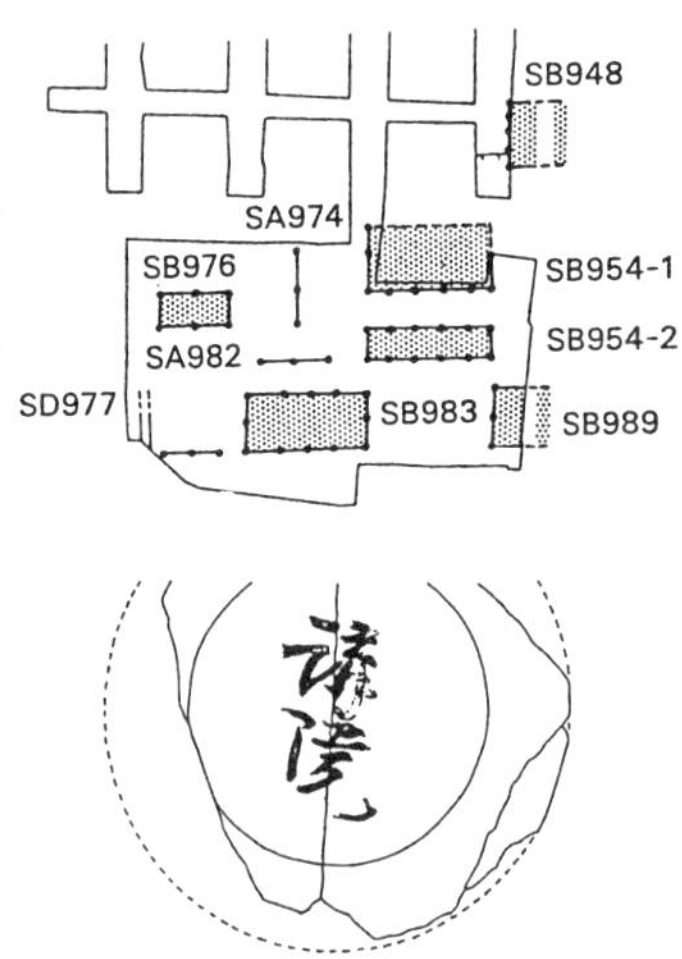

3　講師院

図33　安芸国分僧寺と国師院・講師院

たしていたようだ。付近からは、「講院」の墨書土器が出土し、これら建物群全体で講師院を形成していたと考えられる。

延暦十四年（七九五）に国師が講師に改称されるが、安芸国分僧寺では、九世紀中頃までは国師院の建物が講師院として利用され、その後、講師院がさらに北東の地点に移築される。その時期を天長五年（八二八）に始まる諸国講読師制度の成立（柴田博子「諸国講読師制成立の前後―ひとつの覚書として―」『奈良古代史論集』二集　一九九一）と関連した移転と理解されている。

（2）上総国分僧寺　同寺の国師院・講師院はB期で最初に建てられた造寺所の主要建物の東に接して建てられ、およそ六期の変遷が認められている（図34）。もっとも古い建物は、桁行四間（九・八四メートル）、梁間二間（四・四メートル）の東西棟で、国分寺造営中の国師の居所と考えられている。国司の通常の執務の場は、これまでどおり国府内に置かれたのであろう。同位置での建て替えは認められない。二期は、桁行五間（一三・六メートル）、梁間二間（三・四メートル）の建物が南北に並んで建てられた。安芸国分僧寺の講師院とよく似た構造である。三期は、二期の大型建物をそのままの位置で建て替え、前面の建物のみをさらに南に移動し、桁行三間（七・九二メートル）、梁間一間（四・四四メートル）の規模で建て替えられる。さらに、大型建物の西妻柱筋（にしつまばしらすじ）の南に三間の目隠し塀が付設される。このことで内庭が形成され、居

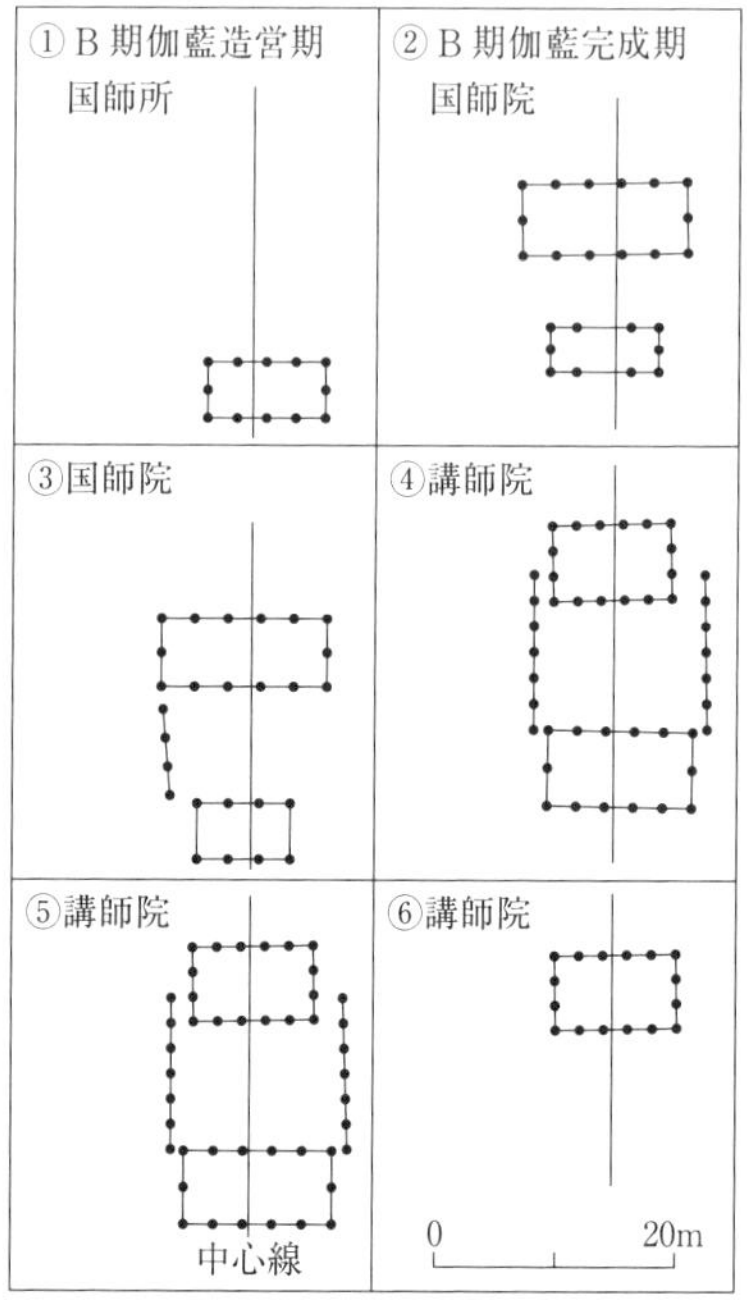

図34　上総国分僧寺国師院・講師院の変遷

住空間が整備されたことがわかる。二期の段階で国分寺が完成したことにより、同寺に常駐し、各種法会の実施や衆僧の指導・育成にあたったのであろう。

四期は、主殿の桁行五間（九・六四メートル）、梁間三間（五・六メートル）、前殿の桁行五間（一二・二四メートル）、梁間二間（五・六メートル）の建物に建て替えられている。さらに、主殿と前殿との間の東西に七間の目隠し塀が設置され、内庭が整備される。二・三期の国師院と比べ主殿の床面積が縮小するのに対し、前殿の面積が倍増する。講師院の構成や実務に関する内容に変化が生じたことを物語る。五期は四期からの構成や実務に大きな変化がなかったのであろう。すべて同じ位置で建て替えられていた。しかし、六期における主殿は、同じ位置で建て替えられるが、前殿と左右の目隠し塀が撤去される。建物構造に大きな変化がみられ、講師制度が変質したことを示唆する。その後、主殿がさらに規模を縮少したとも考えられるが、確実ではない。終末時期については、なお検討課題である。

以上のように上総国分僧寺における国師院・講師院は、一貫して同じ場所に設置されていた。寺内での位置は、第一に、伽藍地の北に開いた棟門と近接し、主要堂塔に近い場所であると同時に、大衆院とは独立するが、密接な関係が維持できるように配置されていた。国分寺の経営・維持、国内諸寺院や衆僧の管理・監督にあたった国師・講師の立場が設置された位置に明確に反映されていたのである。その他、相模（さがみ）国分僧寺、伊勢（いせ）国分僧寺からも、類似する遺構が検出されている。今後検討すべき課題であろう。

発掘された大衆院

平城京の大寺院では、多くの衆僧を抱え、寺院内における運営施設の占める割合は、決して少なくなかった。大安寺ではその主要部分が「禅院食堂幷太衆院」にあたり、一坊半の面積を占めたという。食堂と回廊、禅院八口、大衆院六口の建物と、それぞれの院に付属する倉で構成されていた。上原真人氏は、この一坊半の中に、さらに温室院（おんじついん）と政所院（まんどころいん）を含めるべきという（上原真人『古代寺院の資産と経営―寺院資財帳の考古学―』すいれん舎　二〇一四）。

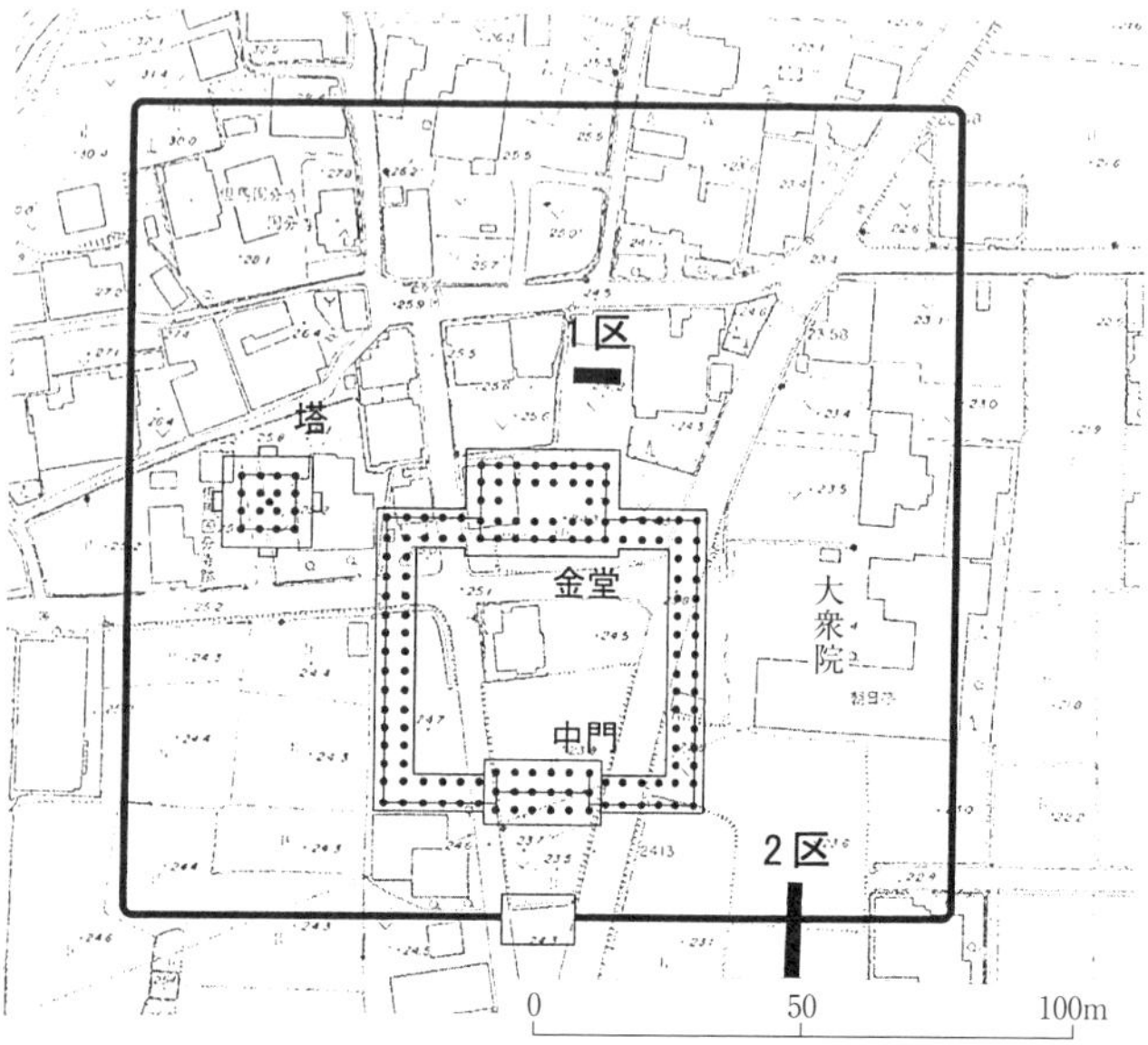

図35　但馬国分僧寺全体図

廻廊東に大衆院が置かれた.

国分寺では安芸国分僧寺の伽藍中枢部の東側に建物群が展開し、その一帯から「大衆」「政」「炊」「飯□」「稲」「倉」などの施設を記した墨書土器が出土した。妹尾周三氏は、大衆院の政屋、炊屋（厨屋）、飯屋（食堂）、稲倉、倉に比定できると指摘する（妹尾周三「安芸国分寺の伽藍配置と変遷」『考古学ジャーナル』五四五号　二〇〇六）（図33―1）。また、前述したように、但馬国分僧寺の東回廊の東から出土した木簡からは、「三綱炊屋」「鋳所」「院内」「醬殿」「官坐」「西倉」「北倉」「封

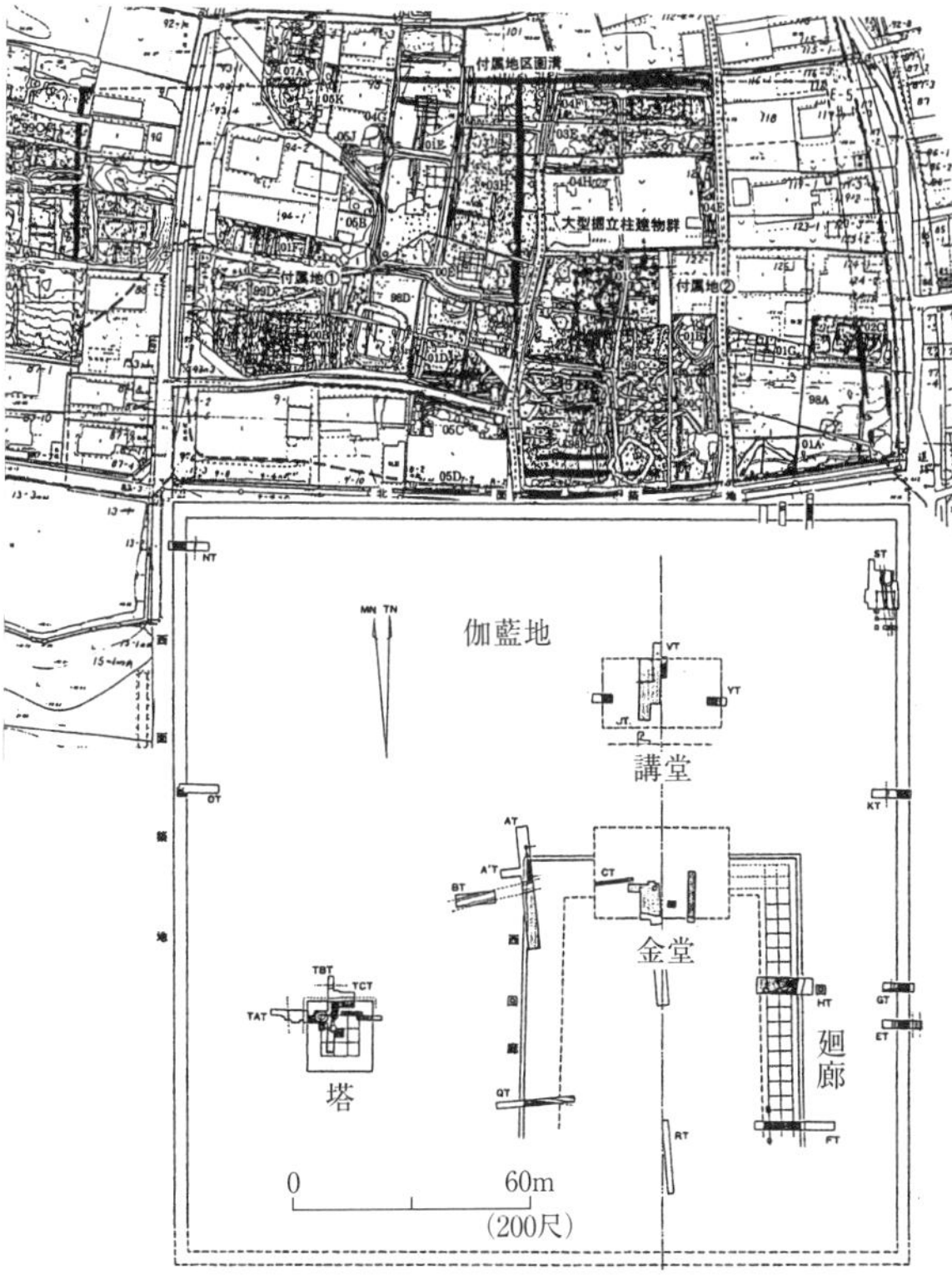

図36　三河国分僧寺全体図

伽藍地の北に運営施設が配された.（前田清彦「三河国分寺」『国分寺の創建—思想・制度編—』吉川弘文館 2011）

御倉」などの施設名と大衆院内での諸活動が明らかとなった（図35）。さらに三河国分僧寺の北方には、南北約九〇メートル、東西二一〇メートルの溝で区画された地区が広がり、その内側に大型掘立柱を含む建物群が存在する。大衆院を含む運営施設が置かれていたとみて間違いなかろう（図36）。

上総国分僧寺大衆院

上総国分僧寺では、伽藍の北方で大衆院のほぼ全貌が確認された（図37）。創建期から衰退期まで、一貫して同じ位置に置かれたので、重複や規模の変遷がみられる。ここでは創建期の大衆院について解説をしておきたい。

基本的には、東西の二棟の南北棟と、中央三棟の東西棟によって構成される。それぞれの建物が四〜五回変遷するが、同規模で建て替えられる建物と、拡大・縮小がみられる建物とがある。

三一七六南北棟建物は、桁行七間一九・五六メートル（六六尺）、梁間四間一一・二一メートル（三二尺）の東廂建物に復元できる。身舎部は基壇建物で廂部のみが掘立柱構造である。伽藍地外では南大門を除き、唯一の基壇建物で、特別の性格をもつことを意味する。ここでは「食堂」と想定した。食堂が大衆院に置かれる例として観心寺大衆院があげられる（『観心寺資財帳』）。また、神護寺では政所院に食堂が設置されていた（『神護寺資財帳』）。しかし観心寺には政所院がなく、神護寺には大衆院がみられないので、両院の機能がどちらかで一

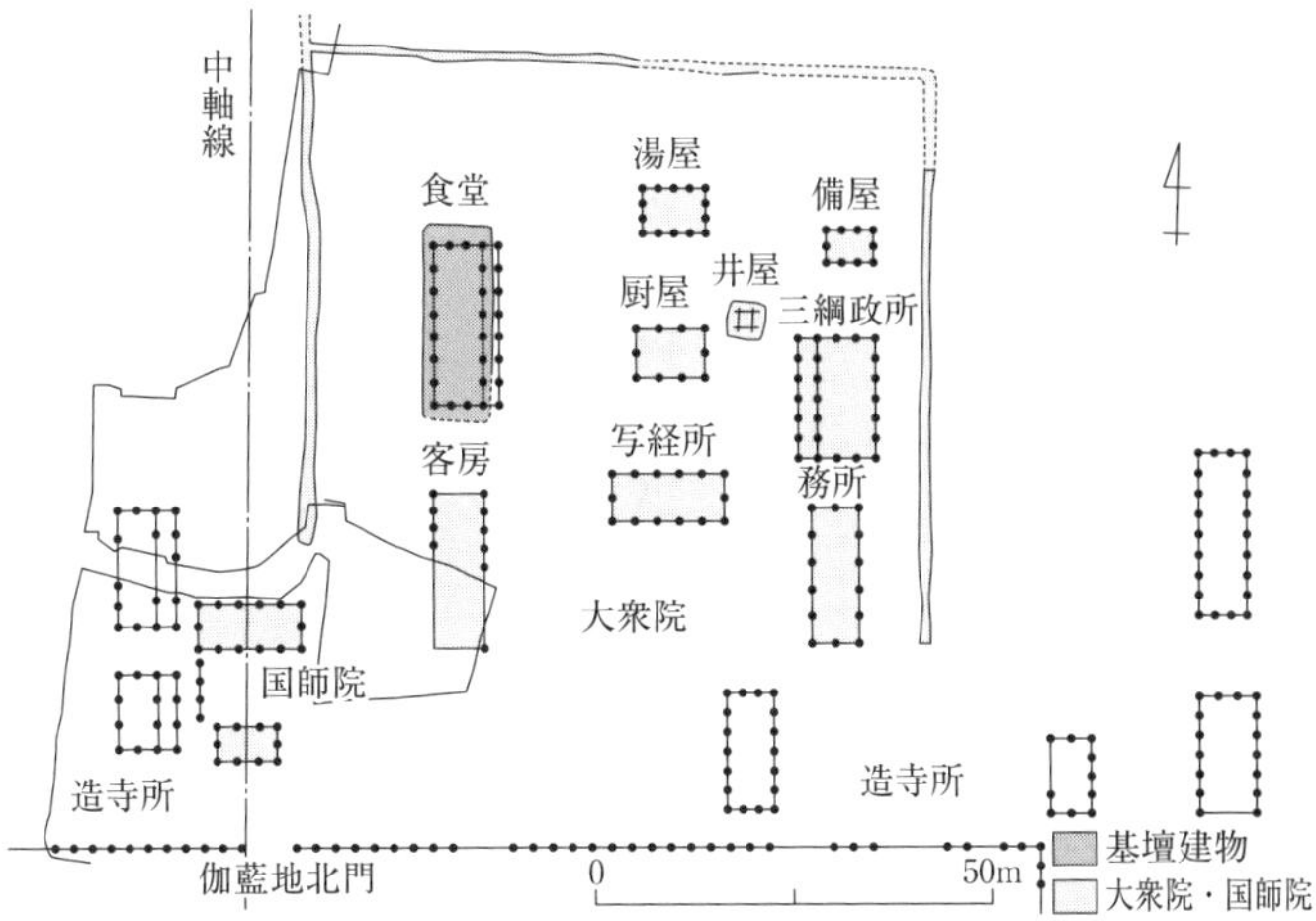

図37　上総国分僧寺国師院・大衆院・造寺所（B期）
国師院・大衆院が完成すると，造寺所建物は一部を除き解体される．

体的に果たせられていたのであろう（石毛彩子「平城京内寺院における雑舎群」『古代』一一〇号　早稲田大学考古学会　二〇〇二）。

僧侶集団が仏教的規範にしたがい、日に一度とる正式な食事を斎食（さいじき）といった。食堂は何よりも斎食のために存在したのである。さらに布薩（ふさつ）といって、月に二度、僧侶全員が食堂に集まり、戒律を持することを誓う儀礼があった。この斎食と布薩が遵守された古代寺院の食堂は、寺院内の僧侶集団を維持するうえで欠くことのできない儀礼空間であったのである（吉川真司「古代寺院の食堂」『律令国家史論集』塙書房　二〇一〇）。そのため、「堂」と称され、格式の高い基壇建物で

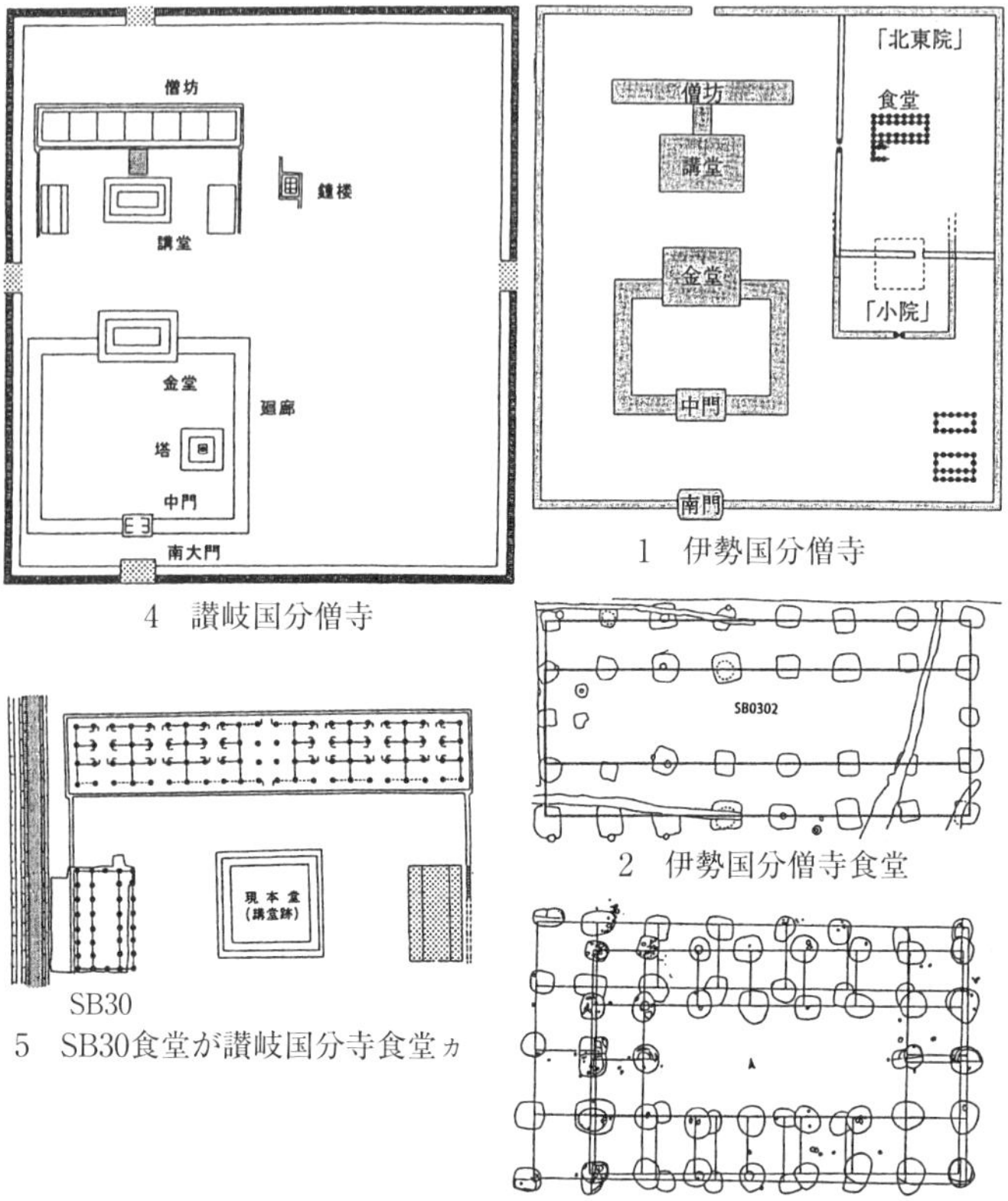

1　伊勢国分僧寺

2　伊勢国分僧寺食堂

3　豊後国分僧寺食堂

4　讃岐国分僧寺

5　SB30食堂が讃岐国分寺食堂ヵ

図38　伊勢・讃岐国分僧寺と食堂

あった。

国分寺食堂の例として、近江国分僧寺（図27）と伊勢国分僧寺をあげることができる（図38―1・2）。前者は僧坊の東に置かれた礎石建物である。後者は桁行七間七〇尺、梁間四間三二尺の南北二面廂建物であるが、削平（さくへい）が著しく掘立柱建物か坪地業（つぼちぎょう）建物かの区別ができない。豊後国分僧寺食堂は四面廂建物である（図38―3）。いずれも、僧坊に近接した大衆院に置かれたと考えられる点で共通する。

これらの例からすると、国分僧寺の定員は二〇名なので、片面廂・両面廂・四面廂などがあり、構造は異なるが、桁行七間、梁間四間が標準規模であったと見られる。これまで、讃岐国分僧寺僧坊の中央間三間分の柱間装置が異なる理由から、食堂と考えられてきた（国分寺町教育委員会編『特別史跡　讃岐国分寺跡』国分寺町教育委員会　一九八六）。しかし、二〇名を収容する面積の観点からは、再検討の必要がある。むしろ、僧坊南東の七間×四間の南北棟建物（ＳＢ三〇）の方が、食堂としての可能性が高いように思われる（図38―4・5）。

大衆院東の南北棟に三一六二建物がある。桁行六間、梁間四間の西廂建物である（図37）。身舎の梁間が三間でもっとも奥行が広く、格式の高い建物である。この建物を国分僧寺出土の墨書土器から「綱所」すなわち上座（じょうざ）・寺主（じしゅ）・都維那（ついな）の三綱務所（さんごうむしょ）（政所）に想

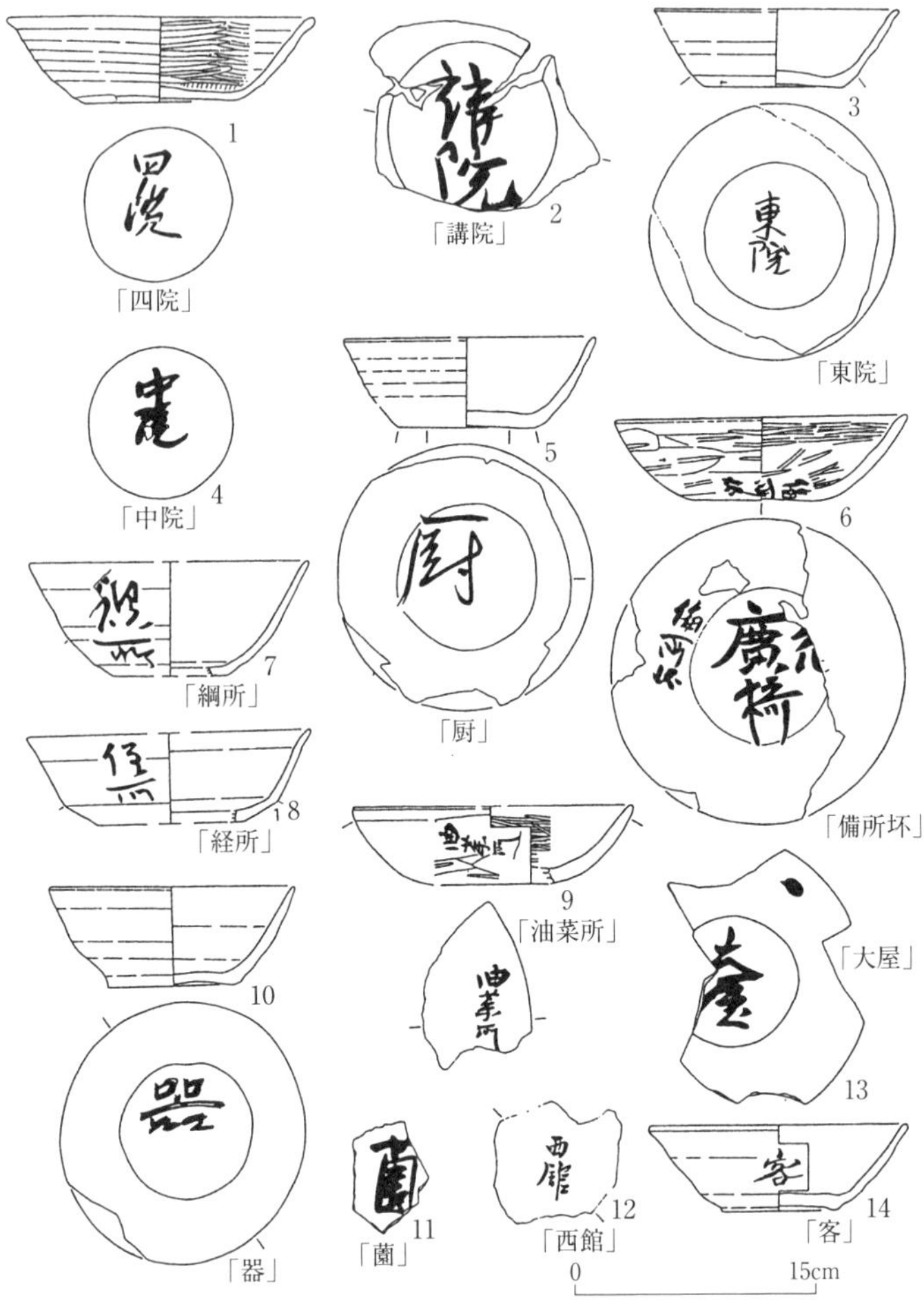

図39　上総国分僧寺関係墨書土器
(『上総国分僧寺Ⅰ』市原市教育委員会 2009)

定した（図39―7）。その南に桁行五間、梁間二間の南北棟建物がある。西側の柱筋を揃えて計画的に建てられ、三一六二建物と機能的に一体化した建物と想定される。三綱務所に次ぐ格式を持つ務所と想定される。

三綱務所の北に桁行三間、梁間二間の七一六一建物がある。三綱務所とは東側柱を揃えて建てられ、柱穴も小さいので格式の高くない建物と想定される。国分僧寺から出土した「備所坏」の墨書土器がある（図39―6）。備所の名称は、『筑前観世音寺資財帳』の大衆院のなかにみえるので、この建物が該当する可能性があろう。

三綱務所の北西に隣接した井屋（いや）がある。地山を七メートル掘り下げた辺長六尺の、官立寺院にふさわしい井屋である（図37）。その西隣に桁行三間、梁間二間の三一六五建物がある井屋と密接に関連した性格をもつ建物である。その後、井屋が崩壊したのちも、桁行六間、梁間三間の建物に拡大し、長期に存続する。食堂とも近接することから、機能的に一体化した建物を想定すると、炊事関係の厨屋（くりや）（炊屋（かしきや））である可能性が高い（図39―5）。「厨」の北に桁行四間、梁間三間の東西棟がある（図37）。この建物も、ほぼ同じ規模で四～五回建て替えられ、長期に機能が存続した建物である。井屋と近接して建てられたことを重視すると、温室（おんじつ）（湯屋（ゆや））である可能性が高い。鎌倉時代以降の例であるが、東大寺の湯屋には釜のような形の鉄製の湯槽が、法隆寺には板を組んだ木製の湯屋があった。いずれも別釜で沸かした湯を運ぶか、木桶で送りこむ取湯式である。寺院に湯屋が置かれるのは、仏教が身を清めるための沐浴（もくよく）を重視するためであるが、病院としての役割もあったようだ。

国分僧寺からは、「経所」の墨書土器が出土している。写経所の略であろう。造東大寺司に置かれた東大寺写経所では、一〇〇〇名以上の関係者が働いたようであるが、古代の資財帳からは、写経所の施設はうかがいしれない。しかし、大衆院内で写経所を想定するとしたら、その中心にある三一二二建物をおいてほかにない（図37）。桁行五間、梁間二間の東西棟で、三一二三・三一三〇建物と柱筋を通して計画的に建てられた。讃岐国分寺僧坊の中央方三間室は、写経所の可能性もあろう。

写経所には、経師・校正・装潢（そうこう）などの専門職が必要である。国分寺は新造寺院であり、二〇人の僧侶を止住（しじゅう）させるので、経典の整備は急務であった。天平九年の詔では、『大般若経』六〇〇巻の写経が命じられた。伊豆国や出雲国では、国府内で写経をおこなっている様子を史料で知ることができる。そうした国府での経験者や郡家（ぐうけ）の能筆者などが国分寺の写経生として選別されたのであろうか。

いま一つ、国分僧寺出土の「客」の墨書土器がある（図39—14）。施設名をあらわしたとしたら、客房の略であろう。古代寺院において、資財帳から知られる客房を置く例は、法隆寺・安祥寺・広隆寺・神護寺など、比較的中規模の寺院に多い。いずれも、大衆院か政所院に設置することが通例のようだ。資財帳からは、両院が併設された例はみられないので、国分寺の客房は、大衆院に置かれたといってよい。

上総国分僧寺大衆院でその建物を想定するとしたら、三一三〇建物であろう（図37）。時期による規模の変遷はあるが、最小でも二〇名の衆僧を収容する食堂の身舎の規模に近い。僧侶の移動は、想像以上に多かったことを知ることができる。僧侶の活動を考えるうえで、重要な視点であろう。

大衆院の範囲は、その後拡大されることになるが、創建当初、西を二二〇四溝、北を二二二九溝、東を二二二三溝で区画し、南に開いたコの字状をなす。南北七九メートル、東西七一メートルの約五六〇〇平方メートルの面積をもつ。伽藍中軸線の東を通る溝は、北の寺院地区画に接し、南は国師院（講師院）の北で止まる。この二二〇四溝が伽藍地北方の利用形態を二分する役割を果たす。したがって、B期の伽藍計画では、寺院地全体の中で、大衆院や国師院を設置する場所はあらかじめ計画されていたことになる。寺院地内で、大衆院と国師院との関係を考えるうえで、重要な点であろう。

国分寺と七重塔

天皇の権威を象徴

国分寺の七重塔は、国分寺建立の詔で造営が命じられたものである。この塔には、聖武天皇勅願の紫紙金字『金光明最勝王経』一〇巻が納められた。同経には、四天王による国土の擁護と除災の験力（げんりき）が説かれ、七重塔の建物とともに天皇の権威を示すものである。

日本の飛鳥・奈良時代の寺院で、七重塔以上の規模をもつ塔は、

百済大寺（くだらのおおでら）（吉備池廃寺）　九重塔（回廊内）
天武朝大官大寺　九重塔カ（百済大寺と同規模カ）
文武朝大官大寺　九重塔（塔二基を計画カ、回廊内）
大安寺　七重塔（塔二基、回廊外で塔院を形成）

東大寺　　　　　　七重塔（塔二基、回廊外で塔院を形成）

である。いずれも天皇が直接経営する寺院であると同時に、天皇権威を象徴する建物でもあった。

田村圓澄氏は、文献史の立場から七重塔について考察し、国分寺建立の目的の「第一は七重塔の建立で、第二は僧寺・尼寺の建立」にあるとし、「七重塔は、国分僧寺の伽藍の一部ではなく、むしろ、両寺を統率する形で創建された」と評価する（田村圓澄『日本仏教史』二　法蔵館　一九八三）。また本郷真紹氏は、「七重塔自体が天皇の権威を象徴するものに他ならず、この点にこそ国分寺建立の最大の意義が存在した」と指摘する（本郷真紹『律令国家仏教の研究』法蔵館　二〇〇四）。

七重塔の建立は守られたのか

しかし、塔の礎石が良好な形で残された国分寺や、発掘調査の結果から、塔の初層平面や基壇規模は知りえても、それが確実に七重塔の跡であったのか否かについては、明らかにできない。

そこで、文献史料から七重塔であることが確認できる例をあげると、

近江国分僧寺（『日本紀略』弘仁十一年〈八二〇〉十一月庚申条）

武蔵国分僧寺（『続日本後記』承和十二年〈八四五〉三月己巳条）

陸奥国分僧寺（『日本紀略』承平四年〈九三四〉閏正月十五日条）

の三国分寺の塔に限られる。これらの塔の規模を遺構のうえから検証すると、陸奥国分僧寺・武蔵国分僧寺の塔初層平面が一辺三三尺四方、近江国分僧寺が一〇尺等間の三〇尺四方である。これまでの発掘調査で確認された国分寺塔の初層平面は、いずれも方三間で、三〇尺を超える例が七七％を占める（箱崎和久「国分寺と在地寺院の塔」『季刊考古学』一二九号　雄山閣　二〇一四）。これら三国分寺の七重塔を基準にすると、初層平面が三〇尺を超える規模の塔は、七重塔と考えてよさそうだ。

一方、初層平面が三〇尺を下回る国分寺として、安芸国分僧寺が二九尺、若狭国分僧寺・因幡国分僧寺が二七尺、信濃国分僧寺・周防国分僧寺が二六尺、伯耆国分僧寺・淡路国分僧寺が二四尺、丹後国分僧寺が二二・五尺、薩摩国分僧寺が一七尺など、一定数が存在する。国の等級からみると、中・下国に多い傾向にあるが、郡司クラスの地方豪族が建立した在地寺院の塔と比較すると、明らかに規模は大きい。薩摩国分寺についても、軸部の規模を小型にし、比較的背丈の高い塔を考えると、七重塔に復元することも可能とする建築史の見解もある（沢村仁『国指定史跡　薩摩国分寺跡環境整備報告書』川内市教育委員会一九八五）。初層平面が三〇尺を超える規模の塔を七重塔と考え、さらに在地寺院との比較から、辺長がやや小規模の塔もこれに含めると、大多数の国が、詔の主旨に沿って七重塔を建立したことになる。国分寺建立の詔の中で、最も重要な七重塔の造営が貫徹されたのか否かは、国分寺制度のみならず、日本の律令国家を考えるうえでも重要である。次に、実際に国分寺造営を担当した在地社会が、建立の詔の思想をどのように受け止め、いかに計画を実施したのかを、伽藍上の造営順序や建物の配置形式などの考古学的資料をもとに検証する。

先行した七重塔

古代寺院における堂塔の造営順序について宮本長二郎氏は、文献史料からわかる寺として飛鳥寺・大和山田寺を、発掘調査成果の例として法隆寺若草伽藍・文武朝大官大寺・常陸茨城廃寺、屋根瓦の型式差から大和檜前寺・紀伊佐野廃寺・備前賞田廃寺・備後宮の前廃寺などをあげる。それらの寺は、いずれも金堂が塔よりも早く造営されたことを指摘し、七・八世紀を通じて、仏菩薩の住まいとなる金堂がほかの建物に先行して建てられたと指摘する（宮本長二郎「古代寺院の伽藍配置」『全集　日本の古寺』一四巻　集英社　一九八四）。そのほか、藤原京薬師寺・同小山廃寺・下野薬師寺なども、金堂の造営が優先する例としてあげられる。日本の古代寺院では、塔の造営より金堂を優先させることが原則であったといえよう。

しかし、近年における諸国国分寺調査では、武蔵国分僧寺・下総国分僧寺・相模国分僧寺・美濃国分僧寺・三河国分僧寺などのいくつかの国分寺では、塔の造営が金堂に先行して建てられたことが判明した。七重塔の造営が最優先されたことが塔と金堂の造営順序から明らかになったのである（須田勉「国分寺造営勅の評価」『古代探叢Ⅳ』早稲田大学出版部一九九五）。そうした例をいくつかあげておく。

（1）武蔵国分僧寺　創建初期の段階で二時期の造営画期が認められている（図16）。最初のＩａ期は面積二六・五町にもおよぶ広大な寺院地の策定と、南辺を二等分した中軸線上に、七重塔のみの造営に着手した時期である。Ｉａ期の造瓦に関与した郡は武蔵国内で五郡ある。Ｉａ期の寺院地の西溝を埋め立て、中軸線を西に約二〇〇（メートル）移動し、尼寺を含めて本格的伽藍の造営に移行した時期がＩｂ期である。このとき国内二〇郡の文字瓦がそろうことになる。Ｉａ期に造営された七重塔のみが先行し、それがＩｂ期の段階に踏襲されたことが明らかになった。

（2）下総国分寺　昭和四十一年の発掘調査でいずれも掘込（ほりこみ）基壇からなる、塔・金堂・講堂が検出され、法隆寺式伽藍配置であることが明らかになった。しかし、塔基壇の座標北に対する振れは二度三〇分西、金堂が四度二五分東、講堂が三度一六分東と、金堂・講堂の傾きはほぼ共通するが、塔のみが大きく西に傾いていた。金堂とは七度近い差が認められたのである（図40）。

平成元年度から始まる寺院地北西部の発掘調査で、創建期やその後の営繕（えいぜん）・厨（くりや）関係の施設が確認され、重複関係から、少なくとも三時期の変遷があることが判明した。そのうち、創建期の中にa・b二時期の建物群が存在し、それぞれの建物の方位は、Ⅰa期の時期が塔基壇に、Ⅰb期が金堂・講堂基壇の振れと一致する造営計画があることが判明した。また、寺院地北西区画溝の調査で、陸橋から改造された木造橋と北門が検出され、Ⅰa期の中軸線が、塔と北門を結ぶ中心にあることが確認された。このことから、まず、塔を中心とする計画が先行し、その後、金堂と講堂などの建物群を造営したことが確実視されるようになった（山路直充「下総国分寺」『聖武天皇と国分寺—在地から見た関東国分寺の造営—』雄山閣出版　一九九八）。

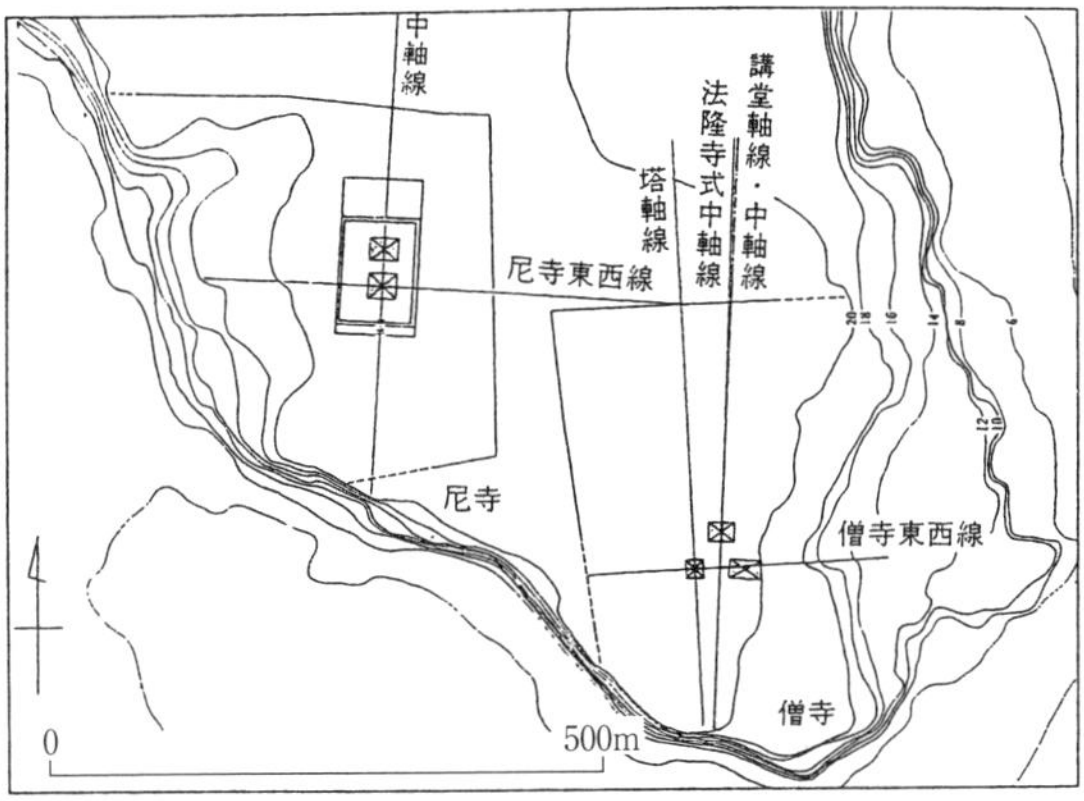

図40　下総国分僧寺・国分尼寺全体図

（3）相模国分僧寺　東西の築地塀が講堂に接する法隆寺式伽藍配置で、中門の東西に接続する南面のみが単廊構造となる。創建当初の塔は、凝灰岩切石による最上級の壇上積（だんじょうづみ）基壇であるが、のちに玉石積（たまいしづみ）に改修された（図41）。塔の平面規模は、基壇上に残る一〇個の礎石から、

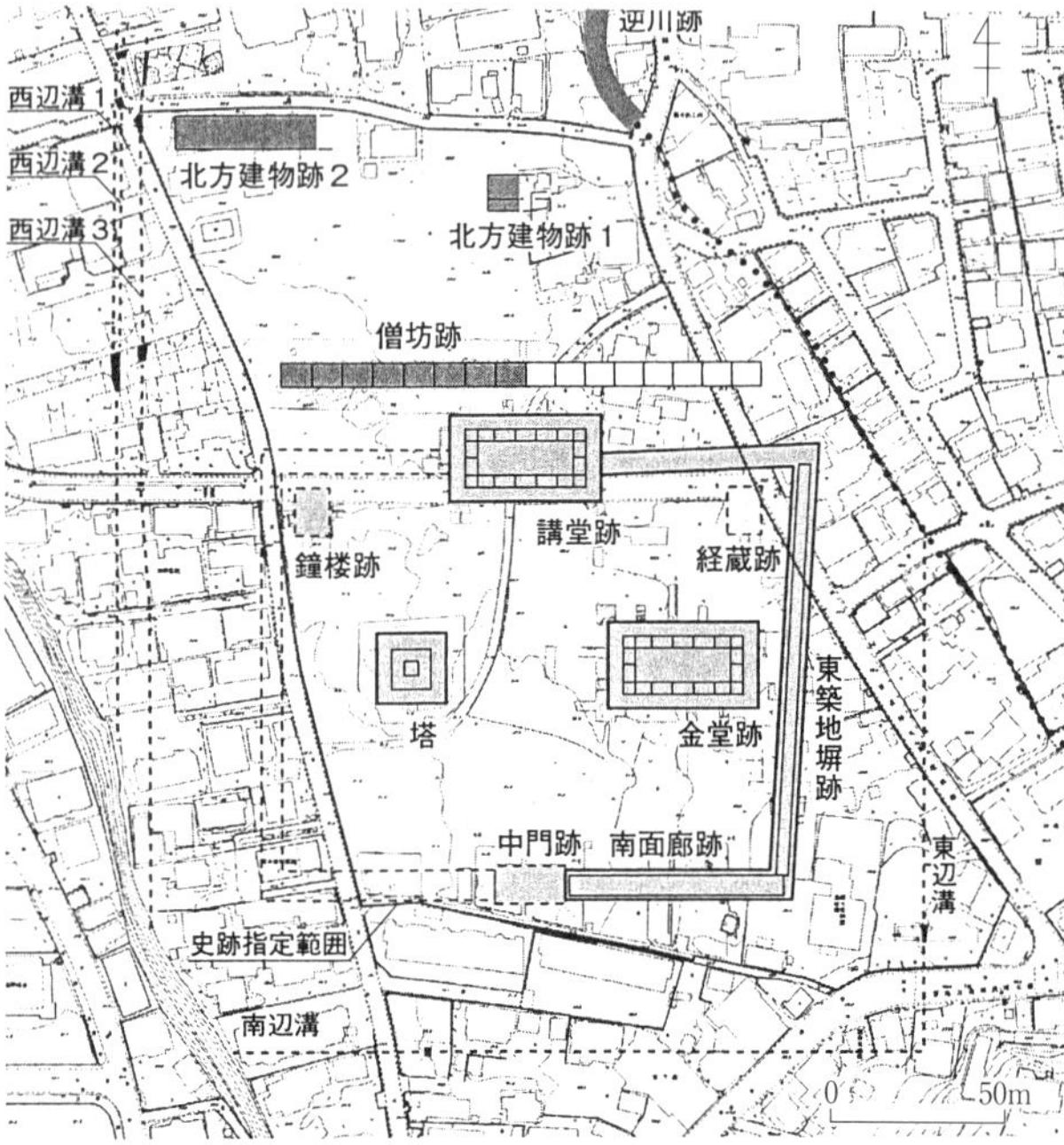

1　相模国分僧寺

3　創建軒瓦

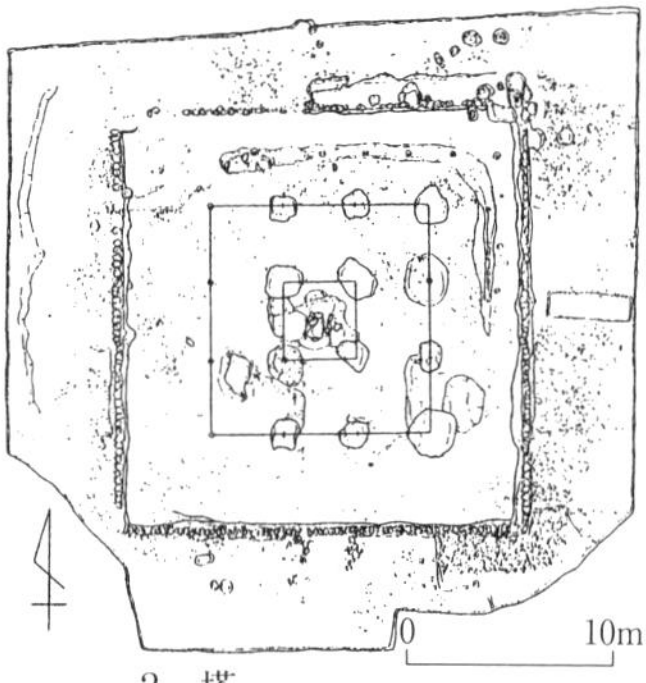

2　塔

図41　相模国分僧寺・塔・創建軒瓦

初層辺長が一二尺等間の三六尺で、基壇辺長が六八尺の全国最大級の塔基壇である。

塔跡およびその周辺部の調査では、基壇全体が焼土で覆われていたことから、最終段階は、火災によって倒壊したと考えられている。金堂・講堂は、桁行七間（一一六尺）、梁間四間（五六尺）、同規模の四面廂建物である。両建物とも掘込地業による基壇築成で、基壇積土内に礫層を含むなどの共通した工法が用いられている。基壇外装は、人頭大からさらに大きな河原石を傾斜した基壇上に、古墳の葺石（ふきいし）状に並べた、いわば葺石状基壇とでもいうべき珍しい外装構造をもつ基壇が構築された。金堂・講堂については、建物平面から構造にいたるまで共通した工法が用いられ、両建物が同一計画のもとで施工されたことは間違いなさそうだ。基壇周辺からは、軒先を飾る文様瓦はまったく出土せず、また、建物の規模と比較し、丸瓦・平瓦の出土量もきわめて少なく、破片も小さい。そうした状況から判断すると、金堂・講堂は瓦葺建物ではなく、大棟のみを瓦葺きにした甍棟（いらかむね）のような屋根構造であった可能性が高いだろう。また、金堂基壇内からは、瓦片や凝灰岩片が出土する。凝灰岩は創建期の塔基壇外装のみに使用された石材なので、金堂は七重塔の建立以後に造営されたことは確実である。

以上のように、相模国分僧寺の主要堂塔の特徴は、塔基壇のみが壇上積基壇で化粧され、さらに、基壇回りに砂利敷きによる整地層が施されるのに対し、金堂・講堂は、壇上積基

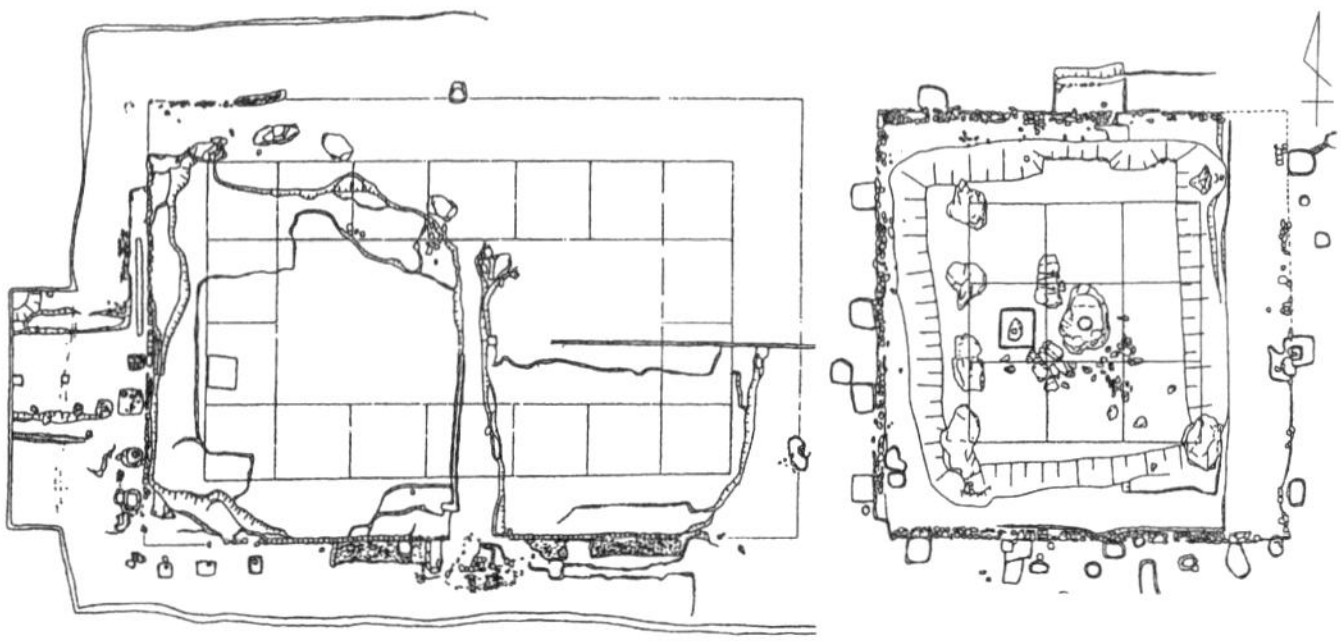

1　金堂・下層遺構　　　2　塔

図42　美濃国分僧寺金堂・塔

壇より格式の低い葺石状基壇で化粧され、周囲には整地層もみられない。また、七重塔が総瓦葺建物であるのに対し、金堂講堂の屋根は、甍棟の可能性が高いなど、構造上の格差は顕著である。天皇を象徴する七重塔を金堂より先行させ、しかも、塔の外観のみを視覚的に際立たせて表現するなど「国分寺建立の詔」の思想を十分理解し、それを建物構造や配置に直接反映した、典型的国分寺の事例として評価することができよう。

(4)美濃国分寺　回廊内に塔を置く、大官大寺式伽藍配置である。塔の基壇上には、出枘式(でほぞしき)の心礎と四天柱礎・側柱礎を合わせて七個の礎石がのこされている。初層辺長の柱間寸法は、一二尺等間の三六尺、基壇平面六五尺の全国最大級の七重塔である(図42)。基壇外装は塼積(せんつみ)基壇で、基壇積土内から線(せん)鋸歯文縁(きょしもんえん)複弁八葉蓮華文軒丸瓦と三重弧文軒平瓦が出土した。また、金堂・鐘楼基壇の下層、さらに西回廊・中門付近からも先行する大型の掘立柱建物が発見されていた。このことから、美濃国分僧寺は白鳳期における在地豪族の氏寺を、国分寺として転用し、造営が進められていたと考えられてきた（八賀晋「国分寺建立における諸様相」『日本古代の社会と経済』下巻　吉川弘文館　一九七八）。

しかし、塔基壇および周辺から出土する軒丸瓦五五点中、白鳳期とされる瓦はわずかに四点であり、塔の屋根は、創建当初から国分寺統一意匠の瓦を主体に葺かれていた可能性が高い。また、金堂基壇下層からは掘立柱建物が検出され、柱掘方内に残された柱根の基部に、塔の基壇外装に使用された塼（金堂や塔の床に敷く方形の焼物）と同じものが礎板として用いられていた。柱掘方内に残る檜材の柱根は径七〇チセンあり、仮設の金堂であった可能性が高い。

以上のことから、美濃国分僧寺は、当初から国分寺として建立されたことがわかる。しかも、造営の初期段階は、塔のみが塼積基壇による本瓦建物で先行して造営された。金堂以下の建物については、すべて掘立柱建物によって構成された段階にあった景観が復元できる。その後、塔以外の建物も本格的な瓦葺建物に改築されるという二つの造営段階があったと理解できよう。

（5）三河国分寺　伽藍の規模・構造については、金堂が七×四間の瓦葺礎石建物で、北の講堂は東西三〇・六メートルの基壇が確認されたので、これも七×四間規模であったと想定される。塔は西回廊中央部の西に設置された。基壇規模は、辺長一六・八メートル四方、高さ一・〇～一・五メートルで、初層の柱間寸法は、一〇尺等間の三〇尺である。伽藍地は、基底部幅約三・〇メートルの築地塀が一八〇メートル（六〇〇尺）四方に廻る。その北に溝で区画した運営施設と想定される国分寺北遺構があり、それを含めて寺院地全体を構成する（図36）。

創建期の出土瓦には線鋸歯文縁単弁八葉蓮華文の軒丸瓦と均整唐草文軒平瓦の組み合わせがある。軒丸瓦の製作技法は、基本的に横置き型一本作りで製作され、平城京で用いられた瓦と同様に、積上げ技法から折り曲げ技法へと変化したことが確認されている。この創建期軒先瓦の組み合わせは、文様・技法ともに越中国分寺創建軒瓦との共通性が多く、同一の瓦工人が越中国分寺から三河国分寺に移動し、瓦製作にあたった可能性がきわめて高い、と前田清彦氏は指摘する（前田清彦「三河国分寺系軒丸瓦をめぐって―成形台一本造り軒丸瓦の変遷とその系譜―」『三河考古』八号　一九九五）。さらに、創建期軒瓦の瓦笵のキズを詳細に検討した前田氏は、笵キズのない瓦が塔から集中して出土することを明らかにし、三河国分寺伽藍の造営が塔→金堂の順におこなわれたことを確認した。遺構のうえからは不明であるが、出土同笵瓦の製作順序の検討から七重塔の造営が先行したことを明らかにした意義は大きい。

七重塔が金堂より先行する国分寺には武蔵国分僧寺・下総国分僧寺・相模国分僧寺・美濃国分僧寺などがあるが、そうした国分寺は、七重塔を重視した国分寺建立の詔の思想を十分理解し、その主旨に沿って造営が開始された国分寺である。

伽藍の構成上・構造上の位置

しかし、伽藍の構成上、あるいは塔の構造上からいっても、塔を最も重要視したことが認識できる国分寺もあるので、以下、そのことについて検討する。

(1)回廊外に塔を置く場合　金堂の前面に儀式空間を持ち、回廊外に塔を置く東大寺式伽藍配置の国分寺は、諸国国分寺全体の六〇％を超す数が知られている。それらの中で、塔の四周を回廊や塀で囲み、大安寺や東大寺と同様に塔院を形成する国分寺がある。

①陸奥国分僧寺　金堂と塔の東西の心心を結び、西の金堂院と東の塔院を並置させた配置形式をとる（図20）。心礎は枘穴式で、初層辺長は一一尺等間の三三尺である。承和四年（八三七）、落雷により七重塔が焼失したことが記録に残され、文献から七重塔であることがわかる数少ない国分寺である。塔をとりまく単廊の回廊は、東西一二間（一〇五尺）、南北一三間（一一五・五尺）で、心礎を中心とすると南に一間分多い。これは、藤原不比等の一周忌斎会がおこなわれたのと同年の、養老五年（七二一）に完成した興福寺北円堂の回廊と同様である。陸奥国分僧寺の場合、塔心礎を基点に東西に中心線をのばすと、

いずれも柱にあたるので、門の位置を南に想定している。東西に並置された金堂院と塔院の回廊がいずれも南に開くので、金堂院と対等の位置で孤立した塔院を形成することになる。

②近江国分僧寺　塔と金堂の東西の心心を合わせて設置し、さらに両建物をそれぞれ回廊で囲み、塔院と金堂院を並置させ、陸奥国分寺と共通した配置形式をとる（図27）。塔初層平面の柱寸法は、一〇尺等間の辺長三〇尺四方、基壇は二重基壇で下成基壇が一八・二メートルである。塔院中門と金堂院中門とは、南面の東西を合わせて並置される。両者とも八脚門であるが、中門の規模は金堂院が大きいのに対し、礎石の規模は塔院が大きい。また、塔院と金堂院の回廊をほぼ同規模で計画するなど、塔院に特別の意義を持たせた構成が採られている。

③山背国分僧寺　天平十八年（七四六）九月に恭仁京大極殿が同国分寺に施入される（『続日本紀』）。同大極殿と回廊は、平城京の第一次大極殿とその回廊を移築したもので、山背国分寺に施入後は、大極殿が金堂として利用された。塔は恭仁京を国分寺として施入後に、金堂の東約一二〇メートルの位置に新たに造営したもので、柱座をもつ一五個の礎石が原位置のまま残されている（図30）。初層辺長の規模は三三尺四方、各柱間寸法は一〇・七五＋一一・五〇＋一〇・七五に復元される。基壇規模は辺長一七メートル（五七尺）四方で、外装

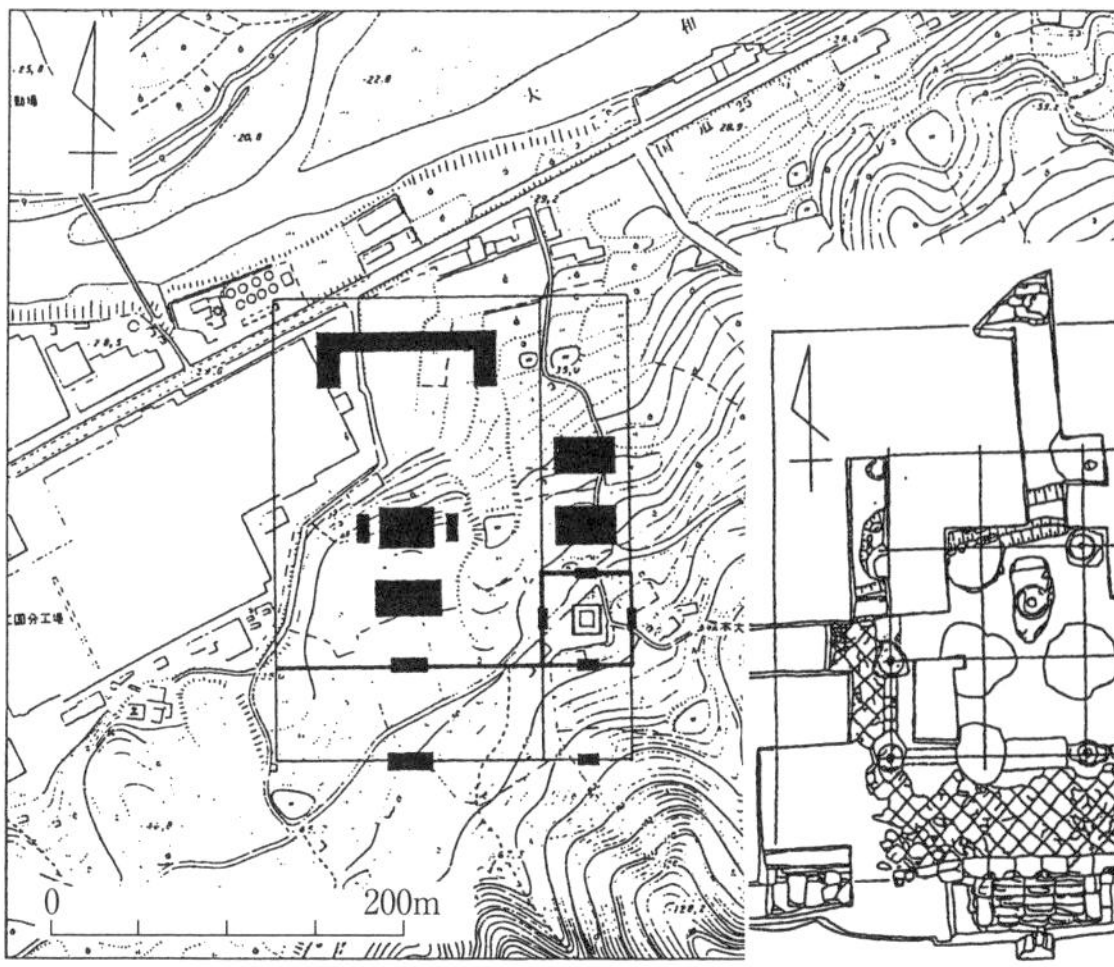

図43　河内国分僧寺・塔跡全体図

が瓦積基壇である。塔基壇の四周に、幅一・五メートルの素掘溝とその内側に掘立柱塀を廻らせる。回廊ではないが、陸奥国分僧寺・近江国分僧寺と同様に塔院を形成する。塔心礎を中心にした各辺までの距離が一五メートル（五〇尺）の完成値となり、辺長一〇〇尺の方形の塔院である。

④河内国分僧寺　大和川右岸に復元された国分寺の比高差は約五〇メートル。南面するが交通上の実質的正面は甲斐国分寺と同様に北にある。塔は、金堂より高い位置にあり、塔院を形成するように復元されている（水野正好「河内国分寺」『仏教芸術』一〇三号　毎日新聞社　一九七五年）。壇上積基壇の上に柱座をもつ礎石と、凝灰岩切石を四半敷きにした、見事

な塔跡が確認され（図43）、その四周に区画施設が想定されている。南面した丘陵上の高い位置に塔を配置したのは、北の大和川の流域の低地から仰ぎみたときの塔の景観を意識してのことであろう。

以上、院を形成する国分寺塔について検討したが、この伽藍配置は、金堂前面の儀式空間を確保すること以外に、七重塔そのものに特別な性格が付与されたことにほかならない。

そのほか、塔院を形成するわけではないが、塔と金堂の心心を合わせ東西に並置した例として、但馬国分僧寺と近年新たに判明した上野国分僧寺がある。陸奥国分僧寺・近江国分僧寺の塔・金堂の位置を東西逆にした配置であるが、古代寺院では国分寺のみにみられる伽藍配置である。これらの例も七重塔を重視した配置である。

（2）回廊内に塔を置く場合　この伽藍配置をもつ国分寺には文武朝大官大寺、法隆寺式、法起寺（ほっきじ）式などがある。文武朝大官大寺は藤原京四大寺の筆頭寺院で、回廊内に九重塔が建立された。まさに、天皇の寺として造営されたが、建設途中で火災に遭遇し焼失したことが発掘調査で確認された。したがって、国分寺造営時には存在しない寺である。にもかかわらず、この伽藍配置を採用した国分寺は東海道の上総国分僧寺・甲斐国分僧寺、東山道の美濃国分僧寺、南海道の讃岐国分僧寺・伊予国分僧寺、西海道の筑前国分僧寺・筑後国分僧寺など管見の範囲で一〇例が知られ、一定の評価が必要な伽藍配置である。この配置形式を持つ美濃国分僧寺は、塔を金堂より優先させて造営したことが判明している。回廊内に塔を持ち、回廊が講堂に接続する紀伊国分僧寺もこれらの例に含めるべきであろう。

法隆寺・法起寺伽藍配置については、飛鳥・白鳳期の地方寺院に多いことから、これまで、氏寺型や私寺型などと評価されてきた（上原真人「仏教」『岩波講座　日本考古学』4　岩波書店　一九八六）。しかし、法隆寺式伽藍配置については、吉備池廃寺（百済大寺）の発掘調査により、天皇が最初に営む寺院の造営にさいし、新たに創出されたことが明らかになった。国分寺では、前者が相模国分僧寺と下総国分僧寺、後者が備後国分僧寺・丹波国分僧寺などがあるが、類例は多いとは言えない。しかし、塔を東に金堂を西に、それぞれの心心を合わせて並置する陸奥国分僧寺や近江国分僧寺、逆に塔を西に金堂を東に置く丹波国分僧寺などの伽藍配置は、塔と金堂を並置することから、法隆寺式や法起寺式に読み替えることも可能である。法隆寺式の相模国分僧寺と下総国分僧寺では、いずれも塔の造営が先行し、相模国分僧寺では、それのみならず基壇化粧や屋根の構造にいたるまで、他の建物と格差を設けるなど、視覚的効果が演出されている。もともと法隆寺・法起寺式伽藍の特徴は、塔と金堂を対等に配した点にある。諸国国分寺の中で、この伽藍配置が一定量存在することは、古式の伽藍の復活と考えるよりも、塔を重視する思想を優先した結果生じた配置型式と想定できるので、回廊内に塔を置く文武朝大官大寺式の採用と同様のこととして理解すべきであろう。

(3)文献から見た堂塔の造営順序　先述したように、日本の古代寺院では、塔よりも金堂の造営を優先させることが原則であった。

しかし、これまで述べてきたように、いくつかの国分寺では塔の造営が金堂に優先したことが、発掘調査や瓦の分析などから明らかにされている。これらの国分寺は、古代寺院造営の原則から逸脱していたことになる。

そうした考古学上の知見を、国分寺造営関係の文献史料から検討しておきたい。

(a)天平九年三月三日条「国毎に釈迦仏像一体、挟侍菩薩二軀を造り、兼ねて大般若経一部を写さしめよ」(『続日本紀』以下に同じ)

(b)天平十二年六月十九日条「天下の諸国をして、国毎に法華経十部を写し、幷せて七重塔を建てしむ」

(c)天平十三年三月二十四日条「天下の諸国をして各七重塔一区を敬い造らしめ、幷せて金光明最勝王経・妙法蓮華経一部を写さしむべし。朕また別に擬りて、金字の金光明最勝王経を写し、塔毎に各一部を置かしめむ」

(d)天平十九年十一月七日条「国別に金光明寺・法花寺を造らしめき。その金光明寺には、各七重塔一区を造り、幷せて金字金光明経一部を写して塔の裏に安置かしむ。

（中略）来る三年より以前を限りて、塔・金堂・僧坊を造り、悉く皆了へしめよ」

（e）天平勝宝八歳六月十日条「諸国の仏像を検催せしむ。来年の忌日に必ず造らしむべし。仏殿も兼ねて造り備へしめよ。如し、仏の像幷せて殿、已に造り畢ふること有らば、亦塔を造りて忌日に会わしめよ」

（f）天平神護二年八月十八日官符「造営が終了した諸国国分寺の塔・金堂などで、すでに朽損・傾落が進んでいる建物は、造寺料稲をもって修理するように」（『類聚三代格』）

史料（a）は、釈迦三尊像の造像を命じたもので、当然、本尊を安置する金堂の造営も含むことになる。史料（b）は、史料（a）の後に作成された詔原案の一部である。史料（a）を受けて（b）が成立したと考えられるので、天平九年三月詔（七三七）と天平十二年六月の文言の段階は、古代寺院で一般的な金堂→塔の造営順序になる。ただし、この段階で建物の造営に着手した形跡はみられない。

史料（c）は、これまで述べてきたように、国分寺造営に関する詔の中で、最も根幹をなすものである。ここでは、聖武天皇勅願の金字『金光明最勝王経』の書写とそれを七重塔に安置することが命じられた。この段階で、聖武天皇＋七重塔＋金字『金光明最勝王経』が強く結びつき、七重塔の造営が最優先に位置づけられる。史料（c）を発布した最大の要因は、すでに述べたように、天平十二年九月に勃発した藤原広嗣の乱にある。この乱を背景に史料（c）が急ぎ整備され、史料（a）・（b）の金堂→塔の段階から、塔→金堂に造営順序が逆転する。

史料（d）は、国分寺造営の督促に関する詔である。ここでは、国分寺造営の根幹が、国分僧寺と国分尼寺の二寺制と七重塔の造営にあることを簡潔に述べた後で、新たに、現職郡司に対し、協力の年限とその範囲を示した。範囲とは、「塔・金堂・講堂」の造営である。史料（d）の段階でも塔→金堂の造営順序は明らかだ。

史料（e）は、聖武太上天皇の周忌斎会を諸国国分寺で施行するための造営を督促した詔である。そのさい、検催使と技術者が七道に分かちて派遣された。本尊や金堂の造営が遅れている国分寺は、それまで先行していた塔の造営を一旦停止し、周忌斎会を執行するときに必要となる本尊とそれを安置する金堂を優先させることが求められた。また、忌日以前にそれらの造作が終了した場合は、「亦塔を造りて忌日に会わしめよ」（筆者傍点）とあるので、再び七重塔の造営に専念し、これも忌日に間に合わせることが命じられたのである。史料（e）の文章は、塔の造営が先行していることを前提にしていることが読み取れる。

史料（f）は、道鏡政権による国分寺の優遇政策に関する太政官符である。この第四条に「塔金堂等」とあり、この段階でも、塔→金堂の順になっている。史料（e）では、天平十三年に国分寺造営の詔が発布されてから一五年、史料（f）の時代には、すでに二五年が経過していた。にもかかわらず、国分寺の七重塔を象徴とする思想は一貫して続いた。七重塔の造営は、王権擁護の思想と密接に結びついていたのである。

時代は降るが、承和二年（八三五）に武蔵国分寺七重塔が落雷のために焼失した。その一〇年後、前（さきの）男衾（おぶすま）郡大領（たいりょう）壬生吉志（みぶのきし）福正（ふくしょう）が再建を願い出て許されたことが正史にみえる（『続日本後紀』承和十二年三月己巳条）。実際に再建されたことは、考古学的調査により確認されている。律令体制が崩壊しつつある九世紀中頃、国家に忠誠を誓う地方豪族を高く評価した律令政府が、正史に記述し後世に残したのであろう。七重塔が天皇を象徴とする建物であるということは、一〇〇年後も息づいていたのである。今日、国分寺遺跡の建物跡の中で、七重塔の遺構が比較的良好な形で残されている国が多い現実は、以上のことと無関係ではあるまい。

称徳天皇と国分寺

称徳天皇と道鏡

国分寺政策の進展

天平宝字八年（七六四）、藤原仲麻呂（恵美押勝(えみのおしかつ)）が孝謙(こうけん)上皇方と戦って近江(おうみ)に敗死すると、道鏡(どうきょう)が称徳(しょうとく)上皇と結んで権力をふるう時代を迎える。道鏡は中央政界に強固な権力基盤をもたなかったため、在地豪族を好んで重用した。特に、西大寺(さいだいじ)や国分寺造営などの大事業にさいしては、知識(ちしき)と称し、在地豪族が蓄積した膨大な量の献物(けんもつ)を期待した。政府は、最高で外従五位下を叙位することでこれに応えた。しかし、正史に記録されない下位の叙位は、さらに多かったことが予想される。

また、国分寺に関しては、これまで、国分寺の造営や経営権は国司にあったが、国分寺に対する国司の怠慢を理由に、実権を国師(こくし)や寺家(じけ)に移そうとする政策がみられる。また僧尼の食生活に関しても、醤・酢・雑菜などを増すなどの優遇政策がとられるなど、道鏡政権による寺院や僧尼に対する保護政策は細部にわたった。ここでは、そうした政策を具体的に取り上げ、それが実施された実態について考古学的な検証をおこなう。

天平宝字八年太政官符

天平宝字八年九月、道鏡が大臣禅師に就任し、翌十月、淳仁天皇を廃し、孝謙上皇が重祚する。その翌月に四条からなる太政官符が出された（天平宝字八年十一月十一日太政官符〈『類聚三代格』〉）。国分寺や僧尼の優遇に対する新政権の素早い対応といえよう。

第一条　国分寺の造寺料稲などが、国司によってほかの目的に使用されることを禁止する。毎年朝集使に対して奏聞すること。

第二条　国分寺の封戸や寺田などからの収入を、造寺や僧尼の供養に充てることをしていない。非法に用いたり、使用した場合でも、真心がこもっていない。むなしく倉庫の中で朽ち果てさせている。今後は、そのようなことがないようにせよ。

第三条　国分寺の封戸や佃稲・地子などの管理権を国司から寺家に移納し、その支出に国司の関与を認めるが、国師の処分を聞いてからおこなうこと。

第四条　三法に施す供養物は、必ず内教（仏教）の保護にあて、封戸・寺田ならびに財物を非法に用いた国郡司は、即解任し、法により処罰せよ。

この官符は、国分寺の造寺料稲や僧尼の供養料を非法に用いたり、空しく朽損（きゅうそん）させた国郡司をいましめ、国分寺の造営や経営権を国師に回収しようとする意図がよくあらわれている。道鏡政権による寺院や僧尼に対する保護の姿勢を最初に示した官符である。

天平神護二年太政官符

つぎに、天平神護元年（七六五）には、寺院以外の墾田開発を禁止し、寺院に対する優遇措置がとられる。称徳天皇により西大寺が創建され、西大寺や国分寺に対する知識による献物が再び盛んになる。政府は叙位をもって応えた。そうした中で、再び、国分寺の寺家や僧尼に対する優遇措置を定めた太政官符が天平神護二年八月十八日に出される（『類聚三代格』）。

第一条　国分二寺の奴婢は、寺別に奴三人・婢三人とし、満六〇歳に達した場合は放免し良民とする。死亡した場合は、元の数に補塡すること。特に、能力のある奴婢については、六〇歳を待たずして良にしたがい放免すること。その費用は、寺家の封物（ほうぶつ）を用いよ。誤って悪い奴婢を購入した場合は、本主に返還すること、留め置くか返還するかの期間を三年以内とする。

第二条　国分二寺の寺田の佃収監査を厳重におこなうこと。しかし、寺田の耕営にさいしては、これまでの郡司の関与を排除し、新たに三綱（さんごう）をあたらせること。劣悪な寺田を乗田（じょうでん）・没官田（もっかんでん）などの良田と交換し、永く三法のために役立たせるようにせよ。

第三条　国分尼寺の尼僧の数を天平十三年詔のときに定めた一〇人と今回新たに一〇人を加え、二〇人とすること。先度の尼と後度の尼に対する布施や供養に差をつけてはいけない。ただ、先度の尼の中で、一人死亡者が出た場合、先の詔にあるように、もとの定員を確保すること、国司・国師ともよく調査し、官に申請すること。報符が届いてから実施すること。ただし、後度の尼一〇人については、補塡の必要はない。

第四条　完成から経過した塔・金堂などで、朽損・傾落した建物は、造寺料稲を用いて修理を加えること。

神護景雲元年勅

諸国国分寺の塔および金堂で、すでに朽損した建物は、天平神護二年に所司に対し、造寺料稲をもって修理することを命じている。しかるに、諸国司が緩怠しておこなわないのは、尊像をけがし朝命をあなどるものであり、壊れた箇所の修理を怠ってはならないことを神護景雲元年十月十二日勅（『類聚三代格』）で命じた。そして、国分寺の僧尼は、米塩以外に優遇されていないのは理にあわないとし、醬・酢・雑菜を優遇供養し、その費用は寺田稲を用いることを命じている。

この勅の前半部分は、天平神護二年八月官符の第四条をくりかえし述べたものである。

官符は一年前に出されたものであるが、修理の実態が進んでいたのか否かの評価はつけにくい。政府としては、未完成の国分寺の造営推進と、造営が終了した国分寺のメンテナンスに力を入れることを強調した。また、国分寺僧尼の食生活に関する供養が取り上げられたのは、僧尼の待遇改善を目指したものである。道鏡政権の国分寺僧尼に対するきめ細やかな優遇政策がみてとれる。

次に、これまで述べた二つの太政官符と勅の内容が実行された例が、考古学的に確認できる国分寺があるので、以下検討する。

上総国分尼寺

尼坊の拡張

上総(かずさ)国分僧寺・国分尼寺には、すべて掘立柱建物で構成される。仮設的国分寺の段階（A期）と、瓦葺建物による本格的国分寺の段階（B期）の二時期の造営段階があることが確認されている（宮本敬一「上総国分尼寺の伽藍と付属諸院(1)～(4)」『月刊歴史教育』通巻三〇～三三号　東京法令出版　一九八一）。そのうち、国分尼寺の尼坊は、A期の掘立柱建物による仮説的建物の段階から、B期の本格的尼坊に移行し、全体として五回にわたる建て替えが確認されている（図44—1）。

BⅠ期は、大坊(だいぼう)のみからなる下層の掘込(ほりこみ)基段の礎石建物で、その規模から三間三房の構造をもつ南北廂付の切妻造(きりつまづく)り建物に復元される。天平十三年（七四一）の国分寺建立の詔にもとづく定員の尼僧一〇人を収容する尼坊に相当する建物である。

2　西大寺系軒平瓦

3 「海」(海上郡)

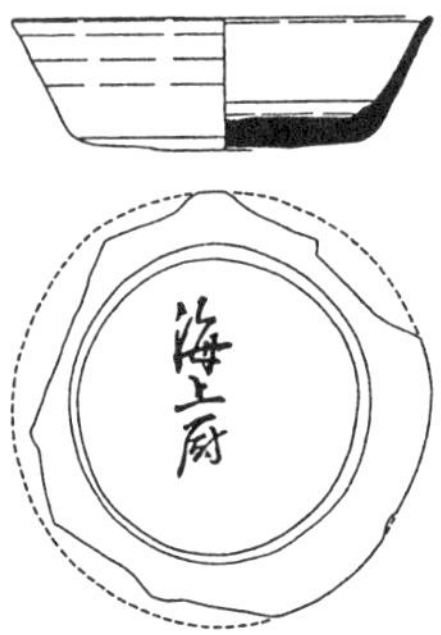

4 「海上厨」

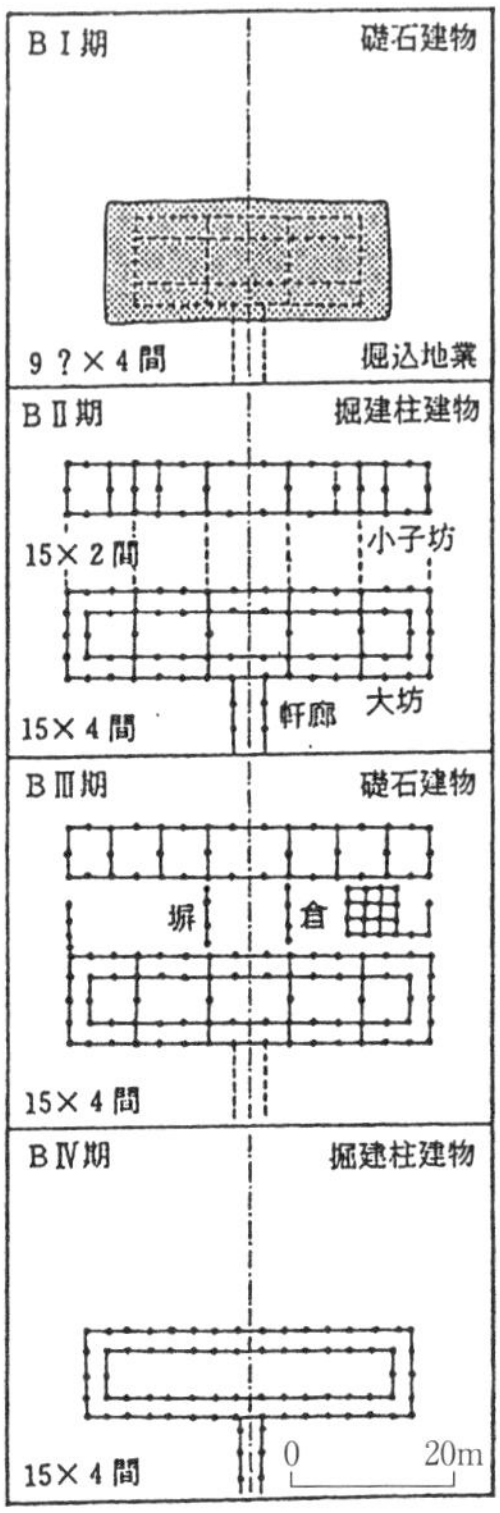

1　尼坊変遷図

図44　上総国分尼寺坊変遷図と出土遺物

2 BⅡ期尼坊出土，3 祇園原瓦窯出土，4 坊作遺跡出土．(宮本敬一「上総国分寺の成立—尼寺の造営過程を中心に—」『東海道の国分寺』栃木県教育委員会 1994)

B期Ⅱ期になると、BⅠ期尼坊建物を取り壊し、三間房が五房からなる四面廂付建物に改築し、さらにその背後に小子坊（しょうしぼう）を加え、面積にして二・五倍以上の規模に拡張される。BⅠ期の尼坊を取り壊してまで大幅に拡張された理由は、天平神護二年（七六六）太政官符の第三条で、国分尼寺の尼僧の定員を二〇人に倍増した事実に対応したものと考えられている。

BⅢ期は、BⅡ期大坊・小子坊と同規模で建て替えられ、BⅣ期になると小子坊が消滅し、大坊の規模が縮少する。先の太政官符によれば、「後度立尼」一〇人は一時的な増員であり、死欠が生じても補充はしない規定になっていた。最終的にはもとの一〇名の定員に戻ったことになる。

墨書土器と文字瓦

国分尼寺からは、七六〇年代以降の須恵器杯に書かれた「海上（うなかみ）厨」（海上郡厨）の墨書土器（図44—4）、平瓦に「海」（海上郡）を型押しした文字瓦（図44—3）、丸瓦に「倉椅（くらはし）郷長谷部稲□」（海上郡倉椅郷）とヘラ書きした文字瓦などが出土する。いずれも国分寺が所在する市原郡の隣郡である海上郡および部内の郷名を示した墨書土器や文字瓦である。国分僧寺からは、これらの文字瓦は出土しないので、国分尼寺の造営に対し、海上郡が特別な関係をもったことを証とする資料である。

さらに、国分尼寺BⅡ期の尼坊からは、大和西大寺系の均整唐草文軒平瓦を忠実に模倣し、それを右から左に流れる偏行唐草文に改変した、特異な軒平瓦が出土する（図44―2）。天平神護年間以降にはじまるBⅡ期の尼坊の改作にさいし、導入されたものと考えられる。

天平神護元年正月、『続日本紀』は、上総国海上郡出身の檜前舎人直（ひのくまのとねりのあたい）建麻呂（たけるまろ）という人物が史上に登場し、正六位から従五位下に昇叙されたことを伝える。叙位の理由は、前年の藤原仲麻呂追討に対する一連の論功行賞によるものと推測される。さらに、時の上総守が道鏡の実弟である弓削浄人（ゆげのきよひと）である事実があげられる。浄人は、天平宝字八年（七六四）十月から四年近くその任にあたり、上総国と特別な関係をもつ人物であった。上総国分寺尼坊の拡張は、太政官符を受け、道鏡―弓削浄人―檜前舎人直建麻呂―海上郡司という背景のもとで道鏡政権の政策が実現したのである。

武蔵国分寺・常陸国分寺

平城京系軒先瓦の採用

武蔵国分寺で道鏡政権期の軒先瓦を上げるとしたら、平城京軒丸瓦六一三三型式と軒平瓦六七二六型式を模倣した単弁八葉蓮華文軒丸瓦と均整唐草文軒平瓦である（図45—4）。武蔵国分僧寺では、七重塔の造営が金堂に先行し、前述した有吉編年Ⅰa・Ⅰb期の時期に、南武蔵や北武蔵の在地系瓦当文様で造営が進められてきた。Ⅰc期に、はじめて平城京系の瓦当文様が採用される。軒丸瓦六一三三型式と軒平瓦六七二六型式は、平城京編第Ⅳ期の後半に相当し、神護景雲元年（七六七）から宝亀元年（七七〇）に位置づけられている（図45—2）。

この形式の軒先瓦は、七重塔をはじめ国分尼寺を含めた各建物から出土するが、特に、塔跡からの出土が多い。このことは、この時期における武蔵国分寺の修理状況を反映した

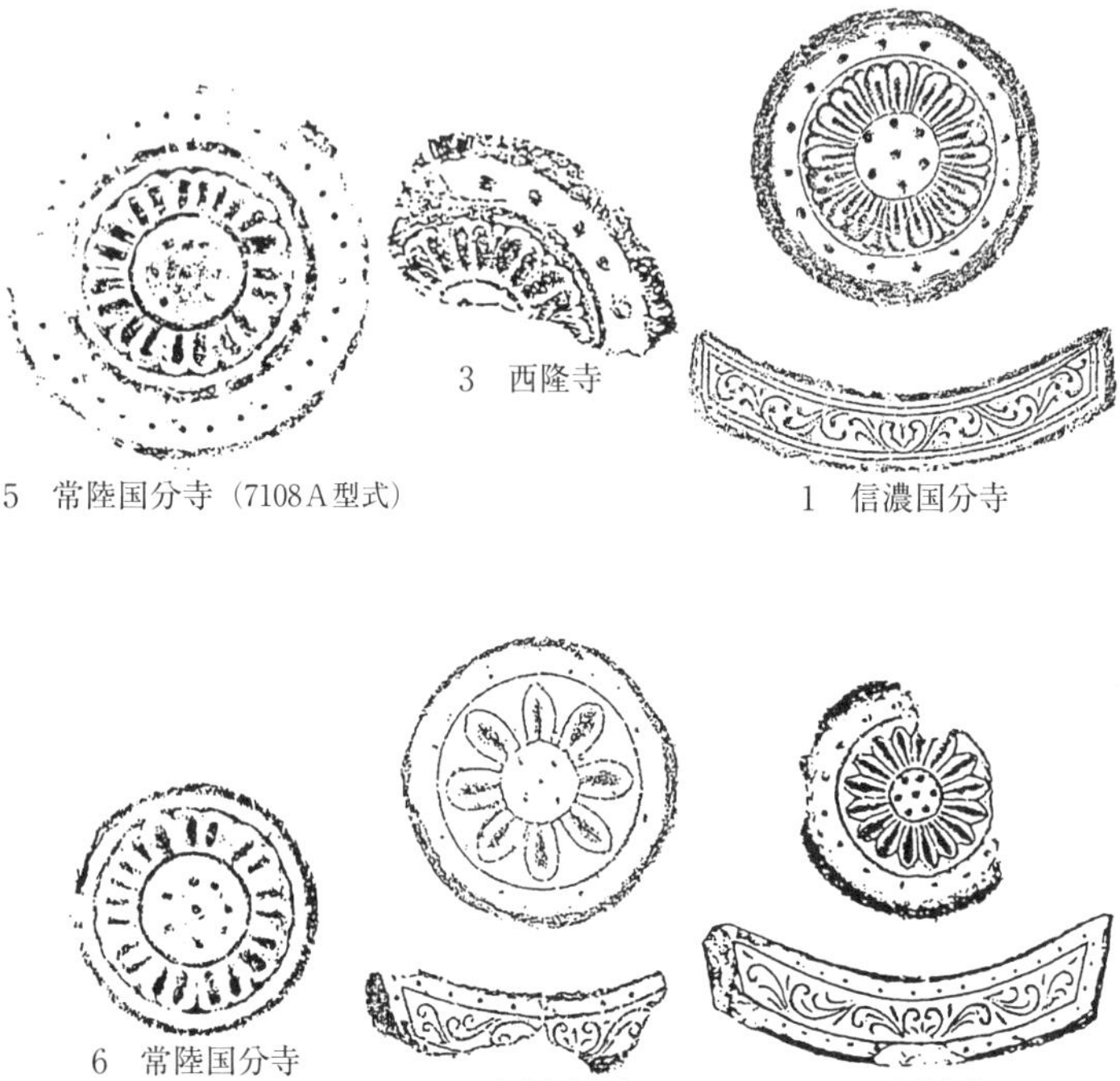

3　西隆寺

5　常陸国分寺（7108A型式）

1　信濃国分寺

6　常陸国分寺
5と同笵（7108B型式）

4　武蔵国分寺

2　平城京

図45　称徳朝期の瓦

現象としてとらえることができるので、すでに述べたように、道鏡政権時の天平神護二年（七六六）八月官符の第四条と、神護景雲元年十一月勅に対応した事業であった可能性が高い。

分析にあたった有吉重蔵氏によると、平城京系の軒先瓦の出土は七重塔に集中するという。これは屋根を七層に重ねるという特殊な建物構造に起因することもあるが、もともと七重塔は、天皇を象徴して建立された建物である。この時期の補修瓦が塔に集中することは、称徳天皇を擁する道鏡の天皇擁護と不可分の関係で進んだことを予測させる。

この間の武蔵国司として、正五位下藤原朝臣雄田麻呂（おだまろ）と従五位下弓削（ゆげ）朝臣広方（ひろかた）を上げることができる。前者の雄田麻呂は道鏡派官人であり、後者の広方は、道鏡の実弟にあたる弓削朝臣浄人の長男にあたる。同じ時期に上総国守であった道鏡の実弟の弓削朝臣浄人は、従三位にまで昇りつめてもなお、上総国守を兼任していたのである。政府内部に安定した政治的基盤をもたなかった道鏡は、藤原仲麻呂と同様に、好んで地方豪族を重用した政策をとるが、地方豪族と密接な関係を築くために、自派の官人を長期に特定国の国司として任ずる方策をとった。この時期、法王宮職大夫で造宮卿であった武蔵国高麗郡出身の高麗朝臣福信もその一人である。

武蔵国内では、神護景雲三年（七六九）九月に、入間（いるま）郡正倉（しょうそう）に火がかけられ、備穀一万五三〇〇斛が焼失するという象徴的な事件が発生する。いわゆる神火事件である。同年、入間郡人（おそらく郡司）である大伴部赤男によって、商布一五〇〇段、稲七万五〇〇〇束、墾田四〇町、林六〇町という膨大な量の財物が知識として、称徳天皇と道鏡が造営を進める西大寺に寄進される。神火事件と西大寺への大量の寄進は、同一人物によってなされた可能性が強く、武蔵国司をとりこんで、構造的におこなわれた事件である。武蔵国も、道鏡政権との関係が強い国であった。

西隆寺系瓦の採用

常陸国分寺では、創建期から平城京系の軒先瓦を採用し、畿内系技術の導入のもとに国分寺の造営が進められてきた。同国分寺出土の軒先瓦については、黒沢彰哉氏により創建期（Ⅰ期）、八世紀後半から九世紀始め（Ⅱ期）、九世紀後半期（Ⅲ期）に分類されている（黒沢彰哉「常陸国分寺」『聖武天皇と国分寺―在地から見た関東国分寺の造営―』雄山閣出版　一九九八）。このうち、Ⅱ期後半の瓦については、弘仁九年（八一八）の弘仁大地震の復興にともなう補修瓦と考えられている（黒沢彰哉・小杉山大輔「瓦から見た常陸国府内の災害復興」『古代の災害復興と考古学』高志書院　二〇一三）。

問題のⅡ期前半期の軒先瓦は、平城京西隆寺の系譜をひく七一〇八Aと同笵の七一〇八Bである（図45―5・6）。西隆寺は称徳天皇によって造営された西大寺の尼寺であり、その創建は、神護景雲元年（七六七）とされる。国分僧寺・国分尼寺のどの建物からの出土であるのかを特定するまでにはいたってないが、神護景雲年間に大規模な修復がおこなわれたことは明らかである。これも天平神護二年太政官符の第四条にともなう政策である可能性が高い。

相模国分寺

国分尼寺の造営

相模国分僧寺出土の創建期軒先瓦は、単弁五葉蓮華文軒丸瓦と均整唐草文軒平瓦の組み合わせであり、三浦郡乗越（のっこし）窯跡（横須賀市）から供給された（図41—3）。これに対し、相模国分尼寺出土の創建期軒先瓦は単弁八葉蓮華文軒丸瓦と偏行唐草文軒平瓦の組み合わせであり、武蔵国多磨郡瓦尾根（かわらおね）窯跡（町田市）から供給されたものである（図46—2）。創建期における相模国分僧寺と国分尼寺とは、軒先瓦の瓦当（がとう）文様や窯場をまったく異にして造営される。

国分尼寺出土の瓦当文様は、武蔵・相模国でその系譜をたどることができないので、他地域に求めると、大和西大寺六二三六型式軒丸瓦の複弁が単弁化した文様が有力候補になる。軒平瓦は、六七三二型式の均整唐草文を右から左に流れる偏向唐草文に変化させ、さらに唐草文の子葉や、内区と外区を分ける圏線を省略するなどの簡略化がみられるが、唐草文の先端に円形の果実を思わせる形状をもつ特徴は、西大寺六七三三型式や西大寺六七三四型式の文様と共通する。先述したように、上総国分尼寺と常陸国分僧寺・国分尼寺などの西大寺・西隆寺式瓦の瓦当文様の採用と共通する。

さらに、相模国分尼寺は中門と講堂を結んだ回廊内に金堂を置く伽藍配置を導入し、同じ尼寺である西隆寺と同様の配置をとる（図46―1）。西隆寺は神護景雲元年（七六七）八月、称徳天皇によって創始された西大寺の尼寺である。

相模国分僧寺は法隆寺式伽藍配置で、瓦が三浦郡乗越瓦窯から供給を受ける。一方、西

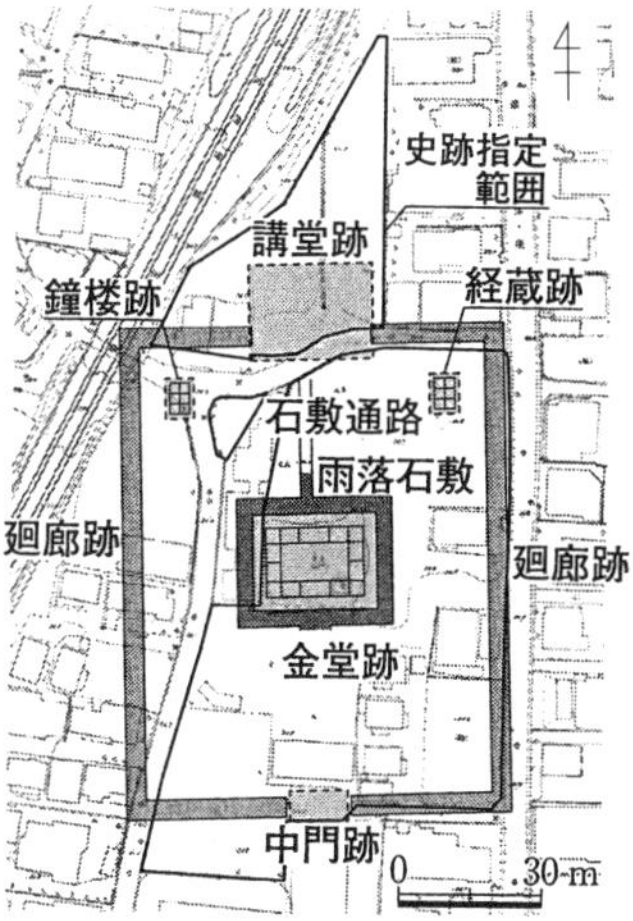

1　国分尼寺伽藍

2　創建軒先瓦

図46　相模国分尼寺と創建軒先瓦（河野一也ほか「相模国分寺」『国分寺の創建―組織・技術編―』吉川弘文館 2013）

隆寺式伽藍配置の国分尼寺は、武蔵国多磨郡瓦尾根瓦窯から供給されるなど、まったく異なった窯場で生産された。この相違は、瓦当文や技術体系にもあらわれ、相模国分僧寺と国分尼寺の造営が、同一計画のもとでおこなわれたとは思われない。

漆部直伊波

天平宝字八年（七六四）十月、藤原仲麻呂の乱の論功行賞により、従五位下に叙せられた人物に漆部直伊波がいる。伊波は神護景雲二年二月に相模宿禰を賜わり、相模国造に任ぜられた。相模国分寺が所在する高座郡を出自とする人物と考えられている。同二年七月、伊波は造西隆寺長官伊勢朝臣老人のもとで次官に任じられることになる。造西隆寺次官であった伊波は、出身国の漆部一族を通じ、道鏡政権の強い関心事であった国分造寺事業の一翼をになう立場から、相模国分尼寺の造営に関与した可能性が高い。相模国分尼寺の伽藍配置、瓦当文様の系譜、国分僧寺と異なる瓦生産組織などの諸要素は、造西隆寺次官である漆部直伊波を通し、はじめて理解できるのである。

相模国分尼寺の造営を、以上のように考えると、同国分尼寺の造営は、漆部直伊波が造西隆寺次官に就任した神護景雲二年七月以降に開始された可能性が高い。相模国ではそれまで、国分尼寺の造営に着手していなかったと想定される。瓦尾根瓦窯がある武蔵国多磨郡の地は、境川をへだて相模国高座郡と相接した位置にある。国境を隔てたとはいえ、地縁的関係の強い地であった。これまで実績のある国分僧寺の瓦窯から供給を受けなかったのは、中央官人である伊波を頂点とした漆部一族の独自性を示す必要があったからであろう。かくして道鏡―漆部直伊波―漆部直一族―相模国分尼寺の造営という構図が成り立つのである。

三河国分尼寺

三河国分寺は、国分僧寺が塔を西に置いた東大寺式、国分尼寺が西隆寺式伽藍配置をもつことが明らかにされている。特に国分尼寺は、回廊が唯一の複廊であること、講堂の規模が桁行九間×梁間四間である点など稀有の事例である。前述したように、三河国分寺の軒先瓦は、軒丸瓦が単弁八葉蓮華文、軒平瓦がT字状の中心飾りをもつ均整唐草文の組み合わせである。軒先瓦は、越中国分寺から瓦工人の移動により（前田清彦「三河国分寺系軒丸瓦をめぐって」『三河考古』八号　一九九五）、鬼瓦の四葉は、尾張国分寺や遠江国分寺からの影響を受けて成立したと考えられている（前田清彦「東海地方の古代の鬼瓦とその系譜」『三河考古』一三号　二〇〇〇）。このように、軒先瓦や鬼瓦の年代は、他の国分寺より遅れて成立したことが、前田清彦氏によって指摘されている。

さらに三河国分寺出土の軒丸瓦の製作技法が、平城京の造瓦技法にみられる積み上げ技法から折り曲げ技法を用いた、いわゆる横置き型一本作りにより製作されたことが明らかにされている（図47）。平城京での積み上げ技法は、平城京編年Ⅱ期（七二一～七四五）に

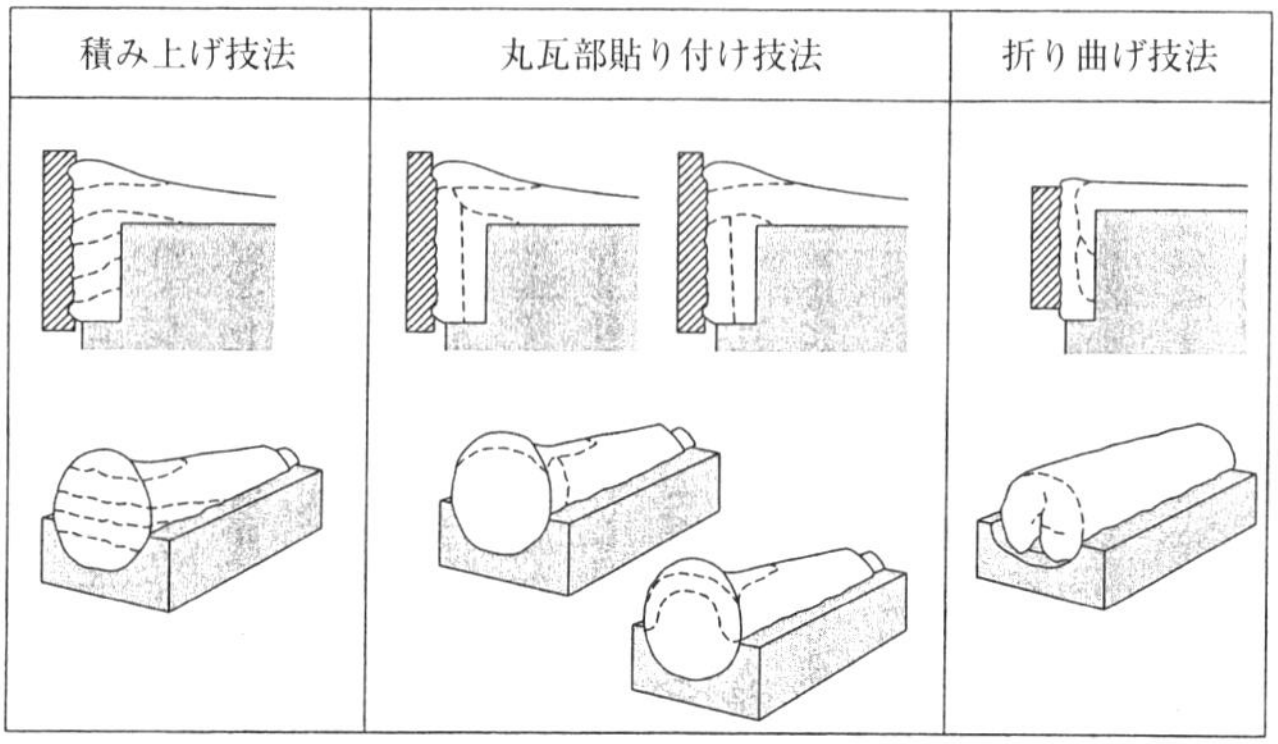

図47　横置型一本作り軒丸瓦の諸技法（梶原義実2007）

は出現するのに対し、折り曲げ技法はⅣ期後半（七六七〜七七〇）の成立と考えられている。三河国分寺の製作技法は、平城京での技法の変遷と矛盾しないことが確認された。三河国分尼寺出土の軒丸瓦の大半は、折り曲げ技法で製作されている。これらのことから、同国分尼寺の造営は、神護景雲年間まで降る可能性が高い。

天平宝字八年（七六四）九月、藤原仲麻呂の乱の論功行賞により、一躍、従六位下から従四位下に昇叙し、中臣伊勢朝臣の姓を賜った人物に、中臣老人がいる。老人は、道鏡派官人としての地歩を進め、同年十月には三河守に、さらに神護景雲元年八月には、称徳天皇が造営を創始した造西隆寺長官に就任した。同二年秋七月には、相模国分尼寺の造営を進めた可能性が高い、漆部直伊波が次官に任命される。

三河国分尼寺の伽藍配置は、金堂を回廊内に置く西隆寺式であり、相模国分尼寺の伽藍とも共通する。三河国分尼寺も、道鏡政権の国分寺造営政策の中で推進された可能性が高い。

但馬国分寺

木簡からみる寺院内活動

但馬国では、第五次・十六次・二十五次調査において、合わせて四五点の木簡が出土している。それらの木簡は、八世紀後半期における但馬国分僧寺の造営状況や寺院運営施設、さらに寺院内での諸活動を具体的に知るうえで貴重な資料である。国分僧寺の造営・修復に関する木簡として鋳所における大(おお)鐸(たく)鋳造のための荒炭(あらすみ)の請求（五号）、役夫へ支給する酒糟(さけかす)の請求（六号）、綱丁(こうちょう)（物資の輸送責任者）を差出人とする物資の輸送に関するもの（三号）、国分僧寺内のさまざまな施設の仕事に対する人員の割り当てに関するもの（一・二号）、などがある（図48）。鋳所は、塔や仏堂の軒先の四隅を飾る風鐸(ふうたく)製作や他の銅製品の鋳造に関する機関である。塔跡からは、大型と小型の二種が五点出土している。一～三号木簡も国分寺の造営に関わる木簡であろ

・鋳所解　申請荒炭事　合十籠　□□〔鐸カ〕鋳料　景雲二年四月廿五日物マ入鹿

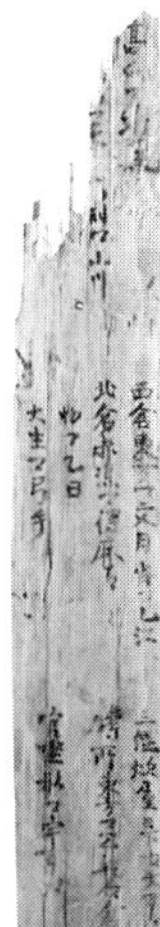

・高向マ綿万呂　西倉東方マ文月雀マ乙江　三綱炊屋日下マ大万呂
□□□□　□刑マ小川　北倉赤染マ得麻呂　鋳所東方マ公磐倉
物マ乙日　官坐私マ宇万呂
大生マ弓手　□

・□□　□□　醤殿日下マ倉主女　浄人乙女　川人小山　□□
□　□〔富カ〕□〔魚カ〕□　院内丈マ子万呂〔語カ〕
小王女　□舎仕丁国万呂　金見大国　呰人　□□

図48　但馬国分僧寺出土木簡（豊岡市立歴史博物館提供）

う（市大樹「国分寺と木簡―但馬国分寺木簡を中心に―」『国分寺の造営―組織・技術編―』吉川弘文館　二〇一三）。これらの木簡の内容から、すでに寺院のさまざまな運営組織が、活発に機能している状況を知ることができる。

「醤殿」は醤の醸造にあたる建物である。国分僧尼の食生活改善に、米・塩のほか、醤・酢・雑菜を供することが、神護景雲元年（七六七）十一月の勅で令達されている。道鏡政権時における国分寺僧尼の食に対する優遇政策の一環とみることができる。

但馬守高麗朝臣福信

第五次調査のＳＤ０一溝からの出土木簡に、「天平神護三年正月八月」「天平神護三年五月一日」「天平神護」「（神護）景雲二年四月十五日」などの年紀がみえ、出土したほとんどの木簡の年代が、道鏡政権時代の天平神護三年（七六七）から神護景雲二年までの二年間におさまるようだ。また、金堂の東北東四〇メートルの地点で、内法寸法一七〇センチの井戸枠の年輪年代測定により、伐採年は、天平宝字七年（七六三）であることが判明した。井戸は設置された位置から考えると、大衆院内に置かれたことは確実である。井戸は厨や温室など大衆院の機能を維持するために不可欠の施設であり、寺院運営施設の経営と密接に関わっていた。

東回廊東の大衆院想定地からは、坩堝・鞴羽口・砥石・比熱土器などの冶金関連遺物に加え、石敷をともなった炉跡が検出されている。これらの遺構・遺物が大鐸鋳造のための荒炭を申請した神護景雲二年銘の木簡（五号）の内容と一致し、前年の神護景雲元年に、塔と金堂の修理を命じた勅との関連が注目される。さらに、但馬国分寺出土軒丸瓦の中の補修用と考えられる軒丸瓦Ⅱ型式にはａｂがある。宝亀八年（七七七）七月に「但馬国分寺の塔に震す」の記事がみられ（『続日本紀』）、そのさいの修復瓦と考えられている。軒丸瓦の瓦当文様は平城京六一三三型式に近く、諸国国分寺で補修瓦として使用された例は多い。平城京編年では、神護景雲元年から宝亀七年の間に位置づけられている。但馬国分寺のⅡ型式軒丸瓦には、瓦笵の鮮明なａ類と摩耗(まもう)が進んだｂ類とがあり、両者は製作技法も異なるようだ。軒丸瓦Ⅱ式の出土数は少ないが、前者が道鏡政権の時代に、後者が地震にともなう資料と考えられないであろうか。

　大衆院内からは、大型風鐸の鋳造や人々の動きを知ることができる木簡が出土し、石敷の鋳所跡が検出されている。また、大衆院東南部のＳＤ０一溝内からは、手斧の削り屑も出土するので、道鏡政権の時期に、塔や金堂の修復工事が大規模におこなわれたことは、確実であろう。

　この間の但馬国守として、高麗(こまの)朝臣福信(ふくしん)がいる。福信は天平七年（七三五）正月に但馬守に任じられ、同年十月、再び但馬守として任命される。同じ十月、道鏡は法王(ほうおう)にのぼりつめ、翌神護景雲元年三月に法王宮職が設置される。そのとき福信は大夫(たいふ)に任命された。

官人として道鏡にもっとも近い位置にいたことになる。ときに福信は、従三位造宮卿但馬守であった。福信は中央に官職をもつので、但馬国に赴任することはなかったと思われるが、天平神護二年八月、太政官府や神護景雲元年十一月勅にもとづく但馬国分寺に対する素早い対応が可能な人物は、但馬国守高麗朝臣福信をおいてほかにあるまい。

国分寺の墾田開発

国分寺と墾田

国分寺には、天平十三年（七四一）詔と十九年詔にもとづき、二度にわたり寺田が施入される。このうち、天平十三年に国分僧寺と国分尼寺に施入された一〇町の寺田は、公乗田の熟田が施入されたのに対し、天平十九年に追加施入された国分僧寺の九〇町と国分尼寺四〇町の寺田は、「所司に仰せて墾開して施すべし」とあるので、新たに開墾して熟田化しなければならず、各国での達成率はまちまちであった可能性が高い。

その後、天平勝宝元年（七四九）七月、平城京の諸大寺をはじめ官寺・定額寺に対し、所有できる墾田の制限が定められ、諸国国分金光明寺に一〇〇〇町、諸国国分法華寺には四〇〇町の限度枠が定められた。この墾田限度の性格については、諸大寺や国分僧寺・国分尼寺・定額寺などによる墾田所有を、一方で確保し保証する側面と、他方で寺院の格付けをして制限を加える側面とがあった。天平十七年に墾田永年私財法が施行され、貴族・豪族や寺院などによる水田開発が各地で進み、墾田獲得が争われる状況に対応した政策と考えられる。この寺院許可令により、法令上は国分僧寺が一一〇〇町、国分尼寺は四五〇町までの墾田所有が認められたことになる。

しかし、実際には、東大寺の場合と異なり、国分寺の寺田や寺院墾田についての絵図や文献などの史料はほとんど残されていない。このため、国分寺に関するこの分野の研究は著しく立ち遅れている現状であるが、ここでは、上総国分寺の墾田開発について検討する。

墾田地の集落遺跡と墨書土器

上総国分寺から北東約二〇キロの九十九里平野に面した丘陵地に一四遺跡からなる大網山田台遺跡群と小野山田遺跡群がある（図49）。九十九里地域には、太平洋にそそぐ多くの河川があり、複雑な開析谷が形成されている。これらの遺跡群は、そうした河川の一つである真亀川の南に開析された山田支谷、宮ノ木支谷、菱田支谷、楠支谷と、それらの支谷によって形成された狭隘な丘陵に営まれた集落遺跡群である。

（1）竪穴建物　この地区は、弥生時代の遺構は確認されてなく、古墳時代の後期になってから小規模な古墳や集落遺跡が営まれるようになる。この時期に谷田の開発が開始され

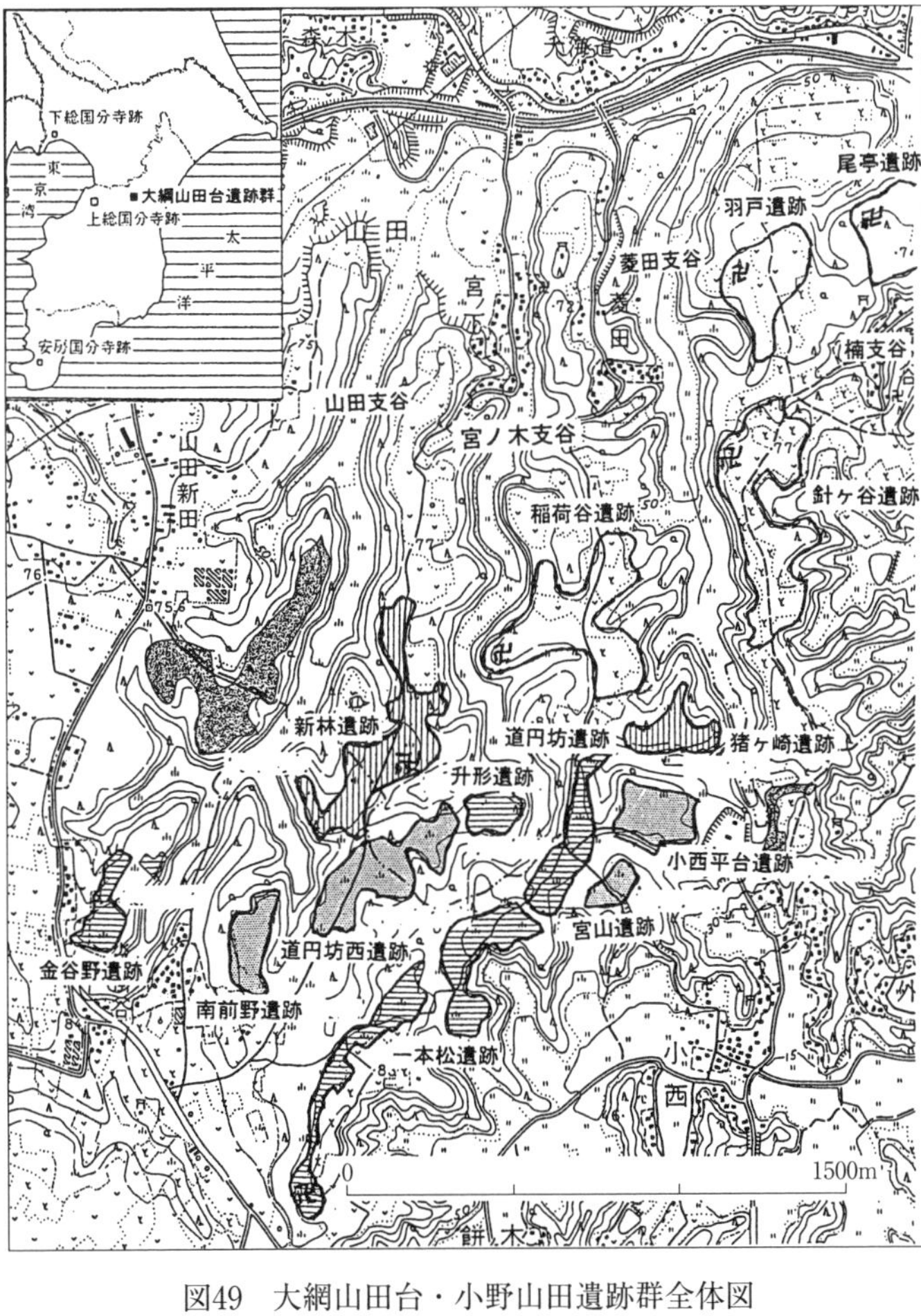

図49　大網山田台・小野山田遺跡群全体図

アミカケ＝大網山田台，白ヌキ＝小野山田.

たことを示唆する。その後、奈良・平安時代になると急激な発展をみせ、大網山田台遺跡群では、一〇遺跡で一一五〇軒の竪穴建物が検出されるようになる（図50）。七世紀に成立するが、八世紀代後半期から九世紀代の竪穴建物が七〇～八〇％を占める典型的な開拓村落である。

一方、小野山田遺跡群では、四遺跡で約一二〇〇軒の竪穴建物が検出されている。針ヶ谷遺跡は、八世紀後半から九世紀代の竪穴建物が約七〇％と大網山田台遺跡群と共通する。しかし、ほかの三遺跡での竪穴建物は、八世紀後半期から九世紀が五〇～六〇％を占める。これは、国分寺の創建以前の八世紀前半から開発がおこなわれ、その後次第に谷田の奥に向かって進行した状況としてとらえることができる。一〇世紀前半の竪穴建物はほとんどみられず、ほぼ九世紀で終焉を迎える。この遺跡群の南五キロにある南麦台遺跡（上総国山辺郡草野郷）からは、「下総国千葉郡千葉郷」と刻書された紡錘車が発見され、この地区の居住者の多くは、他地域からの移住者で構成されていた。

（2）掘立柱建物　大網山田台遺跡群は、一〇遺跡で約六三〇棟、小野山田遺跡では、四遺跡で約四七〇棟の掘立柱が検出され、両遺跡群と集落内に占める掘立柱建物の割合が多い。建物規模は、一×一間、二×一間、二×二間、三×二間、三×三間、四×二間の比較的小規模の建物が大半を占める。各遺跡で規模にばらつきもみられるが、二×二間、三×

図50　針ヶ谷遺跡全体図

二間規模の建物がもっとも多く、六〇～八〇%を占める。二×二間建物の床面積は一五～二〇平方メートル、三×二間が二一～二五平方メートルである。総柱建物は多い遺跡でも一〇%程度で、ほとんどが側柱建物で構成される。評家（こおりのみやけ）（大宝律令以前の郡家（ぐうけ））にともなう正倉（しょうそう）が三〇平方メートル前後、郡家正倉が四〇～六〇平方メートル規模であることを考えると、典型的な一般集落内の倉の構造といえよう。

稲荷台遺跡では、複数の掘立柱建物跡から炭化米や炭化豆が出土し、丘陵上の面積は狭いので、集落形成の目的が支谷の水田開発にあったことを示唆する。他の集落遺跡も同様であろう。

（3）墨書土器「山邊万所」　両遺跡群を特徴づける遺物に墨書土器がある（図51）。すべての遺跡から出土し、その数も多い。特に、両遺跡郡から共通して出土する土器に、「山邊万所」「山邊」「山万所」「万所」「万」「山口万」「山口」「山万」のほか「[山]」「[万]」「(万)」などがある。「山邊万所」は、山邊郡＋万所で、「山邊」はその略であろう。その一方で「山口万」があり、これは山口郷＋万所の略と考えられる。しかし、「山万所」「山万」の墨書土器もあり、この場合は、山邊郡万所と山口郷万所のいずれの略称なのかは区別できない。さらに、「山」「万」「[山]」「[万]」のように、一字のみ標記した墨書土器もあり、これも両遺跡群の全体に広がっている。そのことは、遺跡群全体が一字の標記で理解でき

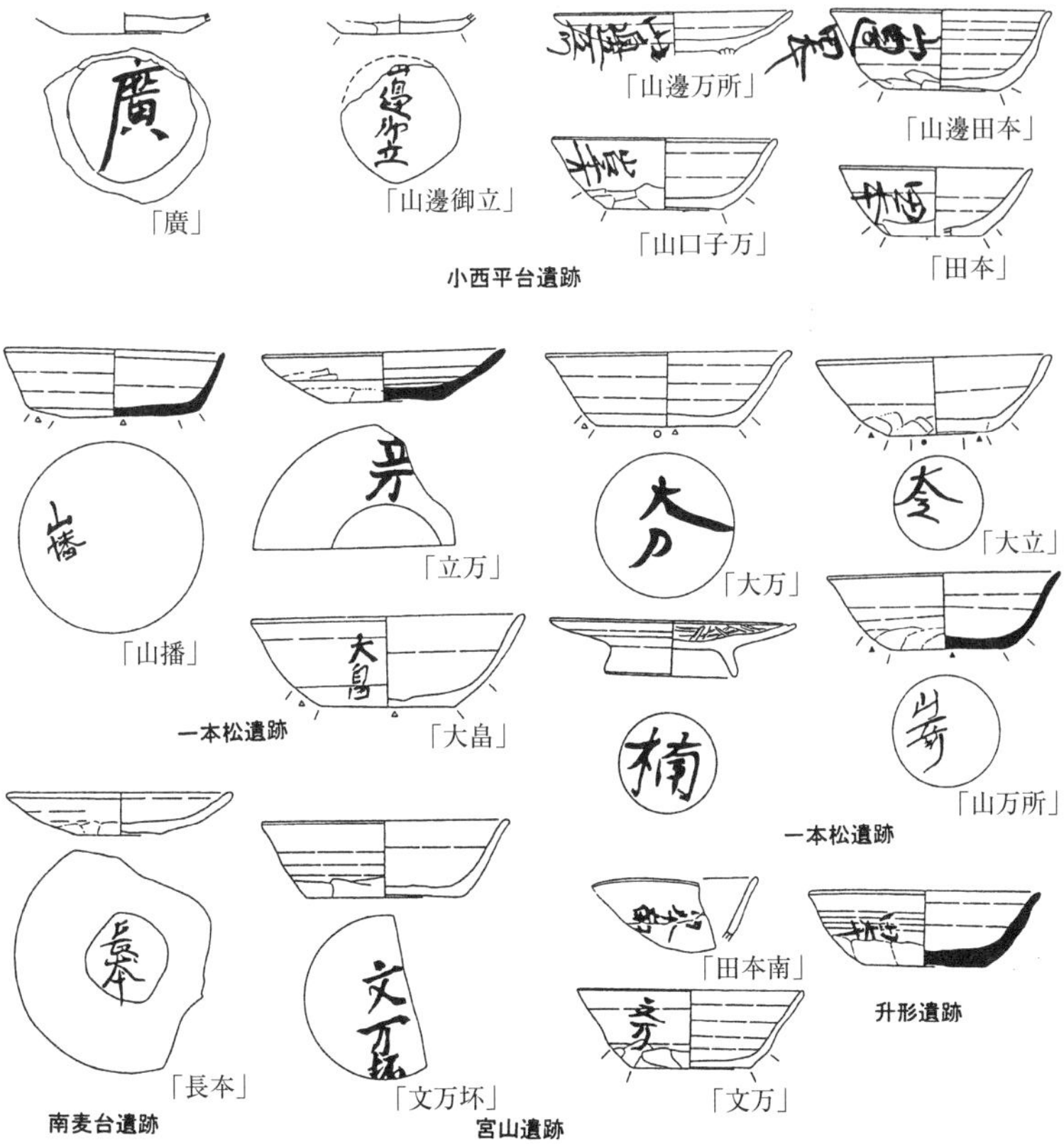

「廣」
「山邊御立」
「山邊万所」
「山邊田本」
「山口子万」
「田本」
小西平台遺跡
「山播」
「立万」
「大万」
「大立」
「大畠」
一本松遺跡
「山万所」
一本松遺跡
「長本」
「文万坏」
「田本南」
「文万」
升形遺跡
南麦台遺跡
宮山遺跡

図51　出土墨書土器

る場所（施設）であったと想定できる。そのため、「山」「万」「万」のような印章を思わせる標記が生まれたのであろう。

万所は、政所と想定されるので、山辺郡家などの官衙に置かれた施設ではなく、寺院にともなう施設名であろう。この場合は、上総国分僧寺大衆院に置かれた三綱務所、すなわち、上総国分僧寺政所と考えるのがもっとも可能性が高いので、「山邊万所」「山口万」は、上総国分僧寺が山辺郡山口郷に設置した政所の出先機関と想定できる。上総国分僧寺からは、「綱所」（三綱務所ないし三綱政所）の墨書土器が出土し、同寺に政所が存在したのは確実である（須田勉「国分寺の墾田開発と仏教―上総国分寺の事例を中心として―」『季刊考古学』一二九号　雄山閣　二〇一四）。

そうした大規模な開発にあたっては、多くの労働力を必要とするがゆえに、在地を直接支配する郡司の協力が不可欠である。「北曹」「曹司」の墨書土器や多くの銙帯金具の出土は、山辺郡曹司が関与したことを物語る。

国司から国分寺三綱へ

天平勝宝元年（七四九）四月、聖武天皇が東大寺に行幸したさい、「寺々に墾田地を許し奉り」と官寺に対しても墾田開発を認める詔を発布する。三ヵ月後の同年七月には、官寺ごとに墾田開発の限度枠が示された。大和国分金光明寺には破格の四〇〇〇町が、大和法華寺と諸国金光明寺には、大安寺・薬師寺・興福寺と同格の一〇〇〇町が、諸国国分法華寺には四〇〇町を限度とする墾田が与えられた。これは、墾田永年私財法の寺院版とも呼ぶべき法令で、一般の墾田と同様に輸租田であった。

前述したように、天平宝字八年（七六四）太政官符によれば、国分寺の寺田経営は、当初国衙が直接経営して得た収穫稲、または賃租経営して得た地子稲をいったん国衙に収め、国衙から国分寺に支出する仕組みになっていた。しかし、国司がほかに流用したり国分寺に支出しない実状が多くあったことの反省から、国分寺に直接納めることが定められた。さらに、天平神護二年（七六六）太政官符では、寺田の経営権そのものが国司から国分寺三綱へと移管されたのである。

大網山田台・小野山田遺跡群地区の集落遺跡内から出土する「山邊万所」「山口万」「万所」などの墨書土器は、上総国分僧寺の三綱政所が経営する寺院墾田であった。集落内の竪穴建物が急激に増えるのは八世紀後半期であり、道鏡政権における神護二年官符の第二条が画期となった確率は高いであろう。

上総国と道鏡との関係については、天平宝字八年九月の藤原仲麻呂が敗死した直後の人事で、道鏡の実弟である衛門督従四位下弓削御浄朝臣浄人が、上総国守を兼務することから始まる。すでに述べたように、そのとき上総国分尼寺で、天平十三年詔にもとづく尼僧一〇名規模の尼坊は、すでに完成していた。しかし、天平神護二年官符第三条の国分尼寺の尼僧を二〇名に倍増する政策に対応し、尼坊を建て替えた事実が発掘調査で確認された。さらに尼坊跡からは、これまで、同寺では系譜をもたなかった大和西大寺系の軒平瓦が出土するなど、道鏡政権の政策は上総国分尼寺の造営に色濃く反映した。そうした上総国での実態からみると、山辺郡山口郷の墾田開発も、上総国守弓削浄人—国分寺三綱—山辺郡司のラインで進行した可能性が高い。

国分尼寺跡の解明を目指して——エピローグ

未詳の国分尼寺

日本の国分寺制度の特色の一つは、国分僧寺と国分尼寺の二寺制を採用した点にあった。したがって、国分寺制度を歴史的に評価するに際しては、国分僧寺と国分尼寺の双方の実態が全国規模で明らかになって初めて可能になる。現在、諸国国分寺で、所在が判明している遺跡はどのくらいあるのであろうか（巻末の全国国分寺創建期所在地リスト）。全国の国分寺と島分寺（とうぶんじ）を含め、すべて踏査した玉手英四郎氏のデータがある（玉手英四郎『わが心の国分寺　巡訪事典』里文出版　一九九七）。これらの資料をもとに再度検証すると、国分尼寺の所在地が確定できない国が半数にのぼる。この数字には、私たちの関心が専ら国分僧寺に向けられ、国分尼寺の解明に対する努力を怠ってきた、という状況も含まれる。しかし、未詳の国分尼寺が三〇％近くも認められる現実は、国分二寺制を採用したことの根幹に関わる問題でもあり、強い関心を持たざるを得ない。そこで、中央国分寺である大和国分二寺の造営過程や成立時期について、再度検討しておく必要がある。

初期の大和国分寺金光明寺については諸説あるが、天平十三年（七四一）二月の国分寺建立の詔にもとづき、東大寺上院地区にあった光明皇后との関係が深い福寿寺が、これにあてられたとする見解が強い。その時期の福寿寺の金堂は非瓦葺建物であったが、急遽、恭仁宮（くにのみや）の造瓦組織を援用することで瓦葺建物に改造し、大和国金光明寺金堂（丈六堂）に改められたと考えられている。その年代は、恭仁宮の造営過程や国分寺建立の詔などとの関係から、天平十三年代から翌十四年の前半とされる。文献史のうえからは、天平十四年四月三日の光明皇后の令旨（りょうじ）にもとづき、金光明寺において夏安居（げあんご）の法会がおこなわれ、官大寺の格式で大和国金光明寺が正式に成立したとされる。

その後、天平十七年五月に、聖武天皇と光明皇后は平城京に還都した。同年八月には平城京の東の郊外の地で鋳造が始まり、大和国光明寺と盧舎那仏を擁する寺院の造営が統合され、現在の地で、日本最大の官寺として発展したのである。

大和国法華寺

一方、大和国法華寺という名称の初出は、天平十九年正月二十日である。これは、平城京還都の年に定めた宮寺を改めたもので、大和国法華寺という寺名の誕生はこの時期まで待たなければならなかった。その前後の時期は、天平十八年十月に、金字『金光明最勝王経』の書写が写金字経所においてほぼ完成し、翌十九年九月からは、東大寺に対し献物叙位の政策が取られた。また、同年同月には、そのことと連動し、紫香楽宮（しがらきのみや）で断念した盧舎那仏の鋳造が平城宮の東郊で開始されるなど、国分寺や盧舎那仏の造営に対する気運が一挙に高まった時期である。大和国法華寺の寺名は、そうした時流のなかで誕生した。

大和国法華寺金堂出土の所用瓦を検討した奥村茂輝氏は、その年代を天平勝宝年間の前半以降で、かつ阿弥陀浄土院が造営される天平宝字三年（七五九）以前と考えた（奥村茂輝「法華寺の成立過程」『南都仏教』九六号　南都仏教研究会　二〇一一）。史料のうえからは、法華寺が「大倭国法華滅罪之寺」として正式に認められたのは、天平勝宝九歳（七五七）におこなわれた安居からとされる（昌泰三年〈九〇〇〉二月九日付太政官符『類聚三代格』巻三）。考古学的成果と合わせ考えると、金堂が完成した時点で、安居が実施されたと想定される。安芸国分僧寺における天平勝宝二年の安居の実施も、金堂の完成時点で実施されたのであろう。その点で、安居の実施は、寺院の完成時点を示す一つの基準となるだろう。

大和法華寺における発掘調査の成果は、金堂の建物が桁行七間×梁間四間で、桁行の柱間が一四尺等間の建物であった。創建当初のこの建物は、身舎(もや)が礎石建で南北の側柱が掘立柱であったが、法華寺金堂に改築したさいに、礎石建物に改められたことが判明している。講堂については、掘立柱による南側柱と入側柱列(いりがわばしられつ)が検出され、桁行九間×梁間四間で、桁行の柱間が一〇尺等間の建物であることが明らかされている。

国分二寺制のねらい

このように、大和国法華寺伽藍の中枢は、皇后宮時代の建物を改造して成立したことが判明した。古い建物の大半を生かし、改造は最小限にとどまったようだ。その理由は、金堂・講堂とも桁行柱間寸法が等間のままで、通常の寺院建築には見られない構造であるからだ。このように大和国金光明寺と比較し、法華寺造営への対応方法や時期に関しては、大きな隔たりがあったようだ。

その後、諸国国分尼寺の造営に関しては、『続日本紀』天平宝字三年十一月九日条に、

国分二寺の図を天下の諸国に頒ち下す。

の記事がみえる。この「国分二寺の図」については、これまでにもさまざまな見解が出されているが、光明皇后が没する約八ヵ月前であることに注目する必要がある。阿弥陀浄土院は、みずからの忌斎(きさい)をおこなうために、天平宝字三年夏に起工し、同四年六月の光明皇太后の死後、同十七年二月に完成した。したがって、「国分二寺の図」が頒下された時点には、すでに浄土院の造営は開始されており、この二つの事柄は一体のものとしてとらえ

る必要がある。

国分寺建立構想の中で、二寺制を推進したのは、光明皇太后自身であった。「国分二寺の図」には、もちろん国分僧寺も含まれるが、このタイミングでの図の頒下の本意とするところは、先行した国分僧寺よりも、さらに遅れていた国分尼寺の造営促進にあったと考えて間違いなかろう。

天平宝字四年六月、光明皇太后は六〇歳で没した。聖武太上天皇のときには、諸国国分僧寺金堂で一斉に周忌斎会を執行するため、造営が遅れていた国の釈迦三尊像の造像と金堂の造営の催検使(さいけんし)と使工(しく)が派遣された。しかし、光明皇太后七七忌には、各国で阿弥陀浄土の画像の製作と国内の僧尼に称賛浄土経を書写させ、諸国国分光明寺において礼拝供養することが命じられたが、そこには、国分法華寺の寺名はみられない。

光明皇太后の周忌斎会は、同年六月七日、完成したばかりの阿弥陀浄土院で執りおこなわれた。諸国国分尼寺には、この段階に至ってはじめて阿弥陀丈六像一軀と挟持菩薩（観音と勢至）の造像が命じられたのである。諸国国分僧寺の本尊については、天平九年三月詔で、釈迦三尊像であることが宣言されるが、国分尼寺の本尊については、国分寺建立の詔から四〇年近くを経て、ようやく阿弥陀三尊像であることが決定されたのである。

以上のように、中央国分寺である大和国金光明寺と大和国法華寺の造営過程には、造営時期やその経緯をめぐり、多くの相違が認められる。これまでの諸国国分寺の考古学的調査からも、国分僧寺と国分尼寺とが同一計画で造営が進行しながらも、国分僧寺の造営が先行した国が多い。さらに称徳朝における道鏡(どうきょう)政権下で造営が進んだと考えられる相模(さがみ)・下総(しもうさ)・三河(みかわ)・信濃(しなの)・讃岐(さぬき)国分尼寺なども多く存在し、伯耆(ほうき)国分尼寺のように、瓦葺建物をもたない国分尼寺が判明していることは重要である。光明皇太后の周忌斎会の段階では、国分尼寺が存在しなかった国が多くあったことも予測される。

私たちは、国分僧寺と国分尼寺が同じような寺観で存在したことを前提に、国分寺を理解しようとしがちである。これまでの長年にわたる発掘調査で、国分僧寺の伽藍や規模が各国ともまちまちであったことが明らかになってきた。しかし、国分尼寺の実態については、各国でそれ以上の格差があることが予想される。むしろ、国分尼寺にこそ国分寺の実態が反映していた可能性もあろう。日本の国分寺制度の実態を知る意味でも、国分尼寺の保存が後手に回らないためにも、急ぎ実態の解明に取り組む時期にきたと考える。

あとがき

本書でほとんど触れることができなかったことに、国分寺の内外における僧尼の活動がある。例えば、上総（かずさ）国分僧寺の大衆院（たいしゅういん）で想定した客房の存在がある。最大で桁行（けたゆき）八間、梁間（はりま）三間の建物は、二〇名の僧侶の斎食（さいじき）や布薩（ふさつ）をおこなう食堂（じきどう）の身舎（もや）規模に匹敵し、多くの僧を迎えることができた。鈴木景二氏は、「東大寺諷誦文稿（とうだいじふじゅもんこう）」などの分析から、中央官寺の僧が地方の寺に赴き、そこでの法会の説法が、在地秩序の形成・維持の役割を果たしていたことを明らかにする（鈴木景二「都鄙間交通と在地秩序―奈良・平安初期の仏教を素材として―」『日本史研究』三七九号　一九九四）。そうした使命をもった官大寺僧（かんおおでらそう）の都鄙間交流は、想像以上に活発だったようだ。

また堅田理氏は、『日本霊異記』上巻第一〇に着目する。家長から「一（ひと）はしらの禅師を請うべし」と命じられた使人が、「何（いずれ）の寺の師を請けむ」と問い返す場面がある。この分析から、古代において、特定の寺を定めて僧を招く例があったと指摘する（堅田理『日本の古代社会と僧尼』法藏館　二〇〇七）。講師を招請する場合、地方の側が寺院や僧を逆指名することがあったようだ。上総国分僧寺の客房は、その際の受け皿となった。想像以上に大規模な客房は、国分寺における僧の活動を、改めて問い直す必要があろう。

出雲市山持遺跡出土の吉祥天板絵の発見も、国分寺僧の活動を知るうえで重要だ（内田律雄「出雲国分寺と吉祥悔過―出雲市山持遺跡出土「板絵」の再検討―」『日本古代考古学論集』同成社　二〇一六）。神護景雲元年（七六七）春正月、各国分金光明寺において吉祥悔過の法会をおこなうことを令達した勅が下され（『続日本紀』）、これを受けた出雲国分寺では、吉祥天像を画いて安置し、一〇〇年以上、毎年正月にその法会を勤修し続けてきた（『日本三代実録』元慶元年〈八七七〉八月二十二日条）。

山持遺跡から出土した吉祥天板絵は、伴出した須恵器・土師器から、八世紀後半から九世紀初頭に、民間レベルで勤修された吉祥悔過に関わる遺物と考えられている。地方では、部内諸寺の僧を国庁に招請した吉祥悔過もあり、国分寺僧や部内諸寺の僧により公的に勤修された法会が、民間に流布したのであろう。官大寺僧から国分寺、国分寺僧から民間へといった広がりは、想像以上に大きかったことを予測させる。

そのほか、国分寺僧尼の重要な活動に山林修行がある。自己の修行のために、本寺とは別に人里はなれた静寂な山林に営まれた別寺に住し、山林修行をおこなうことは、僧尼としての本分を遵守するさいの大切な要素であった。さらに、本文でも触れたように、国分寺の財政的基盤を築くための墾田開発を円滑に進めるにあたって、村落共同体の維持や資質の向上に果たす、彼、彼女らの仏教的役割は少なくなかった。僧尼の活動をそのように考えると、その日常は、かなり多忙であったのであろう。

これからの国分寺研究の方向性の一つは、古代社会や寺院社会の仕組みの中で、国分寺僧尼の活動と生き方を明らかにすることにある。そのことを具体的に究明するにあたり、無尽蔵な考古学的資料を駆使することは不可欠である。考古学が、今後の国分寺研究を飛躍的に進展させる鍵を握っているといっても過言ではない。寡黙な遺構や遺物は、静かに、しかも繰り返し語りかけることで、新たな情報を雄弁に語ってくれるのである。

吉川弘文館の永田伸さんから本書執筆のお話しをいただいた。国分寺に関する概説書は、石田茂作博士の名著『東大寺と国分寺』（至文堂　一九六六）以来あまり多くはないので、大変ありがたくお引き受けすることにした。改めてお礼を申し上げたい。

二〇一六年三月

満開のしだれ梅にメジロが遊ぶ姿をみつつ

須　田　勉

全国国分寺創建期所在地リスト

	国分僧尼寺	創建期所在地	宗派	本尊	史跡指定	後継寺院
畿内						
1	大和国分僧寺	奈良県奈良市雑司町	華厳	盧舎那	国史跡	東大寺（中央国分僧寺）
	国分尼寺	奈良市法華寺町	光明	十一面	国史跡	法華寺（中央国分尼寺）
2	山城国分僧寺	京都府木津川市加茂町例幣			国史跡	なし
	国分尼寺	（推）同市加茂町法花寺野			なし	なし
3	河内国分僧寺	大阪府柏原市国分東条町			国史跡	なし
	国分尼寺	（推）柏原市国分東条町			なし	なし
4	和泉国分僧寺	大阪府和泉市国分町	真言	薬師	なし	護国山国分寺
	国分尼寺	（未詳）			なし	なし
5	摂津国分僧寺	大阪府大阪市天王寺区国分町	黄檗	観音	なし	天徳山国分寺
						護国山金剛院国分寺
	国分尼寺	（推）大阪市東淀川区柴島町	曹洞	釈迦	なし	天平勝寶山法華寺
東海道						
6	伊賀国分僧寺	三重県伊賀市西明寺			国史跡	上寺山国分寺
	国分尼寺	（推）伊賀市西明寺			国史跡	龍王山菊昌院法華寺
7	伊勢国分僧寺	三重県鈴鹿市国分町	浄土	薬師	国史跡	常慶山金光明院国分寺
	国分尼寺	（推）鈴鹿市国分町			なし	なし
8	志摩国分僧寺	三重県志摩市阿児町国府	天台	薬師	県指定	護国山国分寺
	国分尼寺	（未詳）			なし	なし
9	尾張国分僧寺	愛知県稲沢市矢合町	臨済	薬師	国史跡	鈴置山国分寺

	国分尼寺	(推)稲沢市法花寺町	曹洞	薬師	なし	大齢山法華寺
10	三河国分僧寺	愛知県豊川市八幡町	曹洞	薬師	国史跡	国府山国分寺
	国分尼寺	豊川市八幡町			国史跡	なし
11	遠江国分僧寺	静岡県磐田市見付	真言	薬師	国特別史跡	參系山延命院国分寺
	国分尼寺	磐田市見付			なし	なし
12	駿河国分僧寺	静岡県静岡市駿河区大谷			国史跡	(伝)龍頭山国分寺
	国分尼寺	(未詳)			なし	なし
13	伊豆国分僧寺	静岡県三島市泉町	日蓮	釈迦	国史跡	宝樹山国分寺
	国分尼寺	(推)三島市南町	曹洞	釈迦	なし	三島山法華寺
14	甲斐国分僧寺	山梨県笛吹市一宮町国分	臨済	薬師	国史跡	護国山国分寺
	国分尼寺	笛吹市一宮町東原			国史跡	なし
15	相模国分僧寺	神奈川県海老名市国分南	真言	薬師	国史跡	東光山相模国分寺
	国分尼寺	海老名市国分北			国史跡	なし
16	武蔵国分僧寺	東京都国分寺市西元町	真言	薬師	国史跡	医王山最勝院国分寺
	国分尼寺	国分寺市西元町			国史跡	なし
17	安房国分僧寺	千葉県館山市国分	真言	薬師	県指定	日色山国分寺
	国分尼寺	(未詳)			なし	なし
18	上総国分僧寺	千葉県市原市惣社	真言	薬師	国史跡	医王山清浄院国分寺
	国分尼寺	市原市国分寺台中央			国史跡	なし
19	下総国分僧寺	千葉県市川市国分	真言	薬師	国史跡	国分山国分寺
	国分尼寺	市川市国分			国史跡	なし
20	常陸国分僧寺	茨城県石岡市府中	真言	千手	国特別史跡	浄瑠璃山東方院国分寺
	国分尼寺	石岡市若松			国特別史跡	なし

東山道						
21	近江国分僧寺	滋賀県甲賀市信楽町黄瀬			国史跡	なし
	国分尼寺	(未詳)			なし	なし
22	美濃国分僧寺	岐阜県大垣市青野町八反田	真言	薬師	国史跡	金銀山瑠璃光院国分寺
	国分尼寺	(推)不破郡垂井町平尾			なし	なし
23	飛騨国分僧寺	岐阜県高山市総和町	真言	薬師	国史跡	医王山国分寺
	国分尼寺	高山市岡本町辻ヶ森			市史跡	なし
24	信濃国分僧寺	長野県上田市国分	天台	薬師	国史跡	浄瑠璃山国分寺
	国分尼寺	上田市国分			国史跡	なし
25	上野国分僧寺	群馬県高崎市東国分町			国史跡	なし
	国分尼寺	高崎市東国分町			なし	なし
26	下野国分僧寺	栃木県下野市国分寺	真言	薬師	国史跡	瑠璃光山安養院国分寺
	国分尼寺	下野市国分寺			国史跡	なし
27	陸奥国分僧寺	宮城県仙台市若林区木ノ下	真言	薬師	国史跡	護国山医王院国分寺
	国分尼寺	仙台市若林区白萩町	曹洞	聖観音	国史跡	護国山国分尼寺
28	出羽国分僧寺	山形県酒田市城輪			国史跡	なし
	国分尼寺	(未詳)			なし	なし
北陸道						
29	若狭国分僧寺	福井県小浜市国分	曹洞	薬師	国史跡	護国山国分寺
	国分尼寺	(未詳)			なし	なし
30	越前国分僧寺	福井県武生市曙町	天台	薬師	なし	護国山国分寺

	国分尼寺	（未詳）			なし	なし
31	加賀国分僧寺	（推）石川県小松市古府町			なし	なし
	国分尼寺	（未詳）			なし	なし
32	能登国分僧寺	石川県七尾市国分町			国史跡	なし
	国分尼寺	（未詳）			なし	なし
33	越中国分僧寺	富山県高岡市伏木一宮	真言	薬師	県史跡	一宮山国分寺
	国分尼寺	（未詳）			なし	なし
34	越後国分僧寺	新潟県上越市大字長者原			なし	なし
	国分尼寺	（未詳）			なし	なし
35	佐渡国分僧寺	新潟県佐渡市国分寺	真言	薬師	国史跡	医王山瑠璃光院国分寺
	国分尼寺	（未詳）			なし	なし
	山陰道					
36	丹波国分僧寺	京都府亀岡市千歳町国分	浄土	薬師	国史跡	護国山国分寺
	国分尼寺	亀岡市河原林町河原尻			なし	なし
37	丹後国分僧寺	京都府宮津市国分	真言	薬師	国史跡	護国山国分寺
	国分尼寺	（未詳）			なし	なし
38	但馬国分僧寺	兵庫県豊岡市日高町国分寺	浄土	薬師	国史跡	護国山国分寺
	国分尼寺	豊岡市日高町山本	曹洞	薬師	なし	天台山法華寺
39	因幡国分僧寺	鳥取県鳥取市国府町国分寺	黄檗	薬師	なし	護国山国分寺
	国分尼寺	（推）鳥取市国府町法花寺			なし	なし
40	伯耆国分僧寺	鳥取県倉吉市国分寺	曹洞	薬師	国史跡	護国山国分寺

	国分尼寺	倉吉市法華寺畑			なし	なし
41	出雲国分僧寺	島根県松江市竹矢町			国史跡	なし
	国分尼寺	松江市竹矢町			なし	なし
42	石見国分僧寺	島根県浜田市国分町			国史跡	なし
	国分尼寺	浜田市国分町	曹洞	薬師	県史跡	東光山国分寺
43	隠岐国分僧寺	島根県隠岐郡隠岐の島町池田	真言	釈迦	国史跡	禅尾山国分寺
	国分尼寺	隠岐郡隠岐の島町有木			なし	なし
山陽道						
44	播磨国分僧寺	兵庫県姫路市御国野町国分寺	真言	薬師	国史跡	牛堂山国分寺
	国分尼寺	姫路市御国野町国分寺			なし	なし
45	美作国分僧寺	岡山県津山市国分寺	天台	薬師	国史跡	龍壽山国分寺
	国分尼寺	津山市国分寺			なし	なし
46	備前国分僧寺	岡山県赤磐市馬屋	真言	薬師	国史跡	金光山圓壽院国分寺
	国分尼寺	(推)赤磐市馬屋			なし	なし
47	備中国分僧寺	岡山県総社市上林	真言	薬師	国史跡	日照山總持院国分寺
	国分尼寺	総社市上林			国史跡	なし
48	備後国分僧寺	広島県福山市神辺町下御領	真言	薬師	国史跡	唐尾山医王院国分寺
	国分尼寺	(推)福山市神辺町湯野			なし	なし
49	安芸国分僧寺	広島県東広島市西条町吉行	真言	薬師	国史跡	金嶽山常光院国分寺
	国分尼寺	(推)東広島市西条町吉行			なし	なし
50	周防国分僧寺	山口県防府市国分寺町	真言	薬師	国史跡	浄瑠璃山国分寺

	国分尼寺	(推)防府市国分寺町			なし	なし
51	長門国分僧寺	山口県下関市長府宮の内町	真言	薬師	なし	浄瑠璃山国分寺
	国分尼寺	(推)下関市長府安養寺			なし	なし
南海道						
52	紀伊国分僧寺	和歌山県紀の川市東国分	真言	薬師	国史跡	八光山医王院国分寺
	国分尼寺	(推)紀の川市西国分			なし	なし
53	淡路国分僧寺	兵庫県南あわじ市八木国分	律	釈迦	国史跡	護国山国分寺
	国分尼寺	(推)南あわじ市八木新庄			なし	なし
54	阿波国分僧寺	徳島県徳島市国府町矢野	真言	薬師	県史跡	薬王山金色院国分寺
	国分尼寺	名西郡石井町石井尼寺			国史跡	なし
55	讃岐国分僧寺	香川県高松市国分寺町国分	真言	千手	国特別史跡	白牛山千手院国分寺
	国分尼寺	高松市国分寺町新居	浄土真	阿弥陀	国史跡	大慈山法華寺
56	伊予国分僧寺	愛媛県今治市国分	真言	薬師	国史跡	金光山最勝院国分寺
	国分尼寺	(推)今治市桜井	真言律	十一面	県史跡	補陀洛山法華寺
57	土佐国分僧寺	高知県南国市国分	真言	千手	国史跡	摩尼山宝蔵院国分寺
	国分尼寺	(未詳)			なし	なし
西海道						
58	筑前国分僧寺	福岡県太宰府市国分	真言	薬師	国史跡	龍頭光山国分寺
	国分尼寺	太宰府市国分			なし	なし
59	筑後国分僧寺	福岡県久留米市国分	真言	観音	市史跡	護国山国分寺

	国分尼寺	(推)久留米市国分西村			なし	なし
60	豊前国分僧寺	福岡県京都郡みやこ町国分	真言	薬師	国史跡	金光明山国分寺
	国分尼寺	(推)京都郡みやこ町徳政			なし	なし
61	豊後国分僧寺	大分県大分市国分	天台	薬師	国史跡	医王山国分寺
	国分尼寺	(推)大分市国分			なし	なし
62	肥前国分僧寺	佐賀県佐賀市大和町尼寺	曹洞	薬師	市史跡	金光明王山国分寺
	国分尼寺	(推)佐賀市大和町尼寺			なし	なし
63	肥後国分僧寺	熊本県熊本市中央区出水	曹洞	薬師	なし	医王山国分寺
	国分尼寺	熊本市中央区出水			なし	なし
64	日向国分僧寺	宮崎県西都市三宅国分			国史跡	なし
	国分尼寺	(推)西都市右松			なし	なし
65	大隅国分僧寺	鹿児島県霧島市国分中央			国史跡	なし
	国分尼寺	(未詳)			なし	なし
66	薩摩国分僧寺	鹿児島県薩摩川内市国分寺町			国史跡	なし
	国分尼寺	(推)薩摩川内市天辰町			なし	なし
67	壱岐島分僧寺	壱岐市芦辺町国分本村触	臨済	薬師	県史跡	護国山国分寺
	島分尼寺	(未詳)			なし	なし
68	対馬島分僧寺	(推)対馬市厳原町今屋敷	曹洞	薬師	なし	天徳山国分寺
	島分尼寺	(未詳)			なし	なし

主要参考文献

角田文衞編『国分寺の研究上・下』京都考古学研究会　一九三八年
堀井三友『国分寺址の研究』堀井三友遺著刊行会　一九五六年
大川　清『武蔵国分寺古瓦塼文字考』小宮山書店　一九五八年
石村喜映『武蔵国分寺の研究』明善堂書店　一九六〇年
井上　薫『奈良朝仏教史の研究』吉川弘文館　一九六六年
石田茂作『東大寺と国分寺』至文堂　一九六六年
坪井清足「最近発掘調査された諸国国分寺」『佛教藝術』七一号　毎日新聞社　一九六九年
坪井清足「最近発掘調査された諸国国分寺」『佛教藝術』一〇三号　毎日新聞社　一九七五年
三輪喜六編『国分寺』日本の美術一七一号　至文堂　一九八〇年
田村圓澄『日本仏教史』二　法蔵館　一九八三年
坪井清足『飛鳥の寺と国分寺』岩波書店　一九八五年
角田文衞『国分寺と古代寺院』角田文衞著作集2　法蔵館　一九八五年
角田文衞編『新修　国分寺の研究』一巻　東大寺と法華寺　吉川弘文館　一九八六年
須田勉編「特集　国分寺創建の諸問題」『考古学ジャーナル』三一八号　ニューサイエンス社　一九九〇年

角田文衛編『新修　国分寺の研究』二巻　畿内と東海道　吉川弘文館　一九九一年
角田文衛編『新修　国分寺の研究』三巻　東山道と北陸道　吉川弘文館　一九九一年
角田文衛編『新修　国分寺の研究』四巻　山陰道と山陽道　吉川弘文館　一九九一年
須田勉編「特集　武蔵国分寺」『考古学ジャーナル』三六四号　ニューサイエンス社　一九九三年
角田文衛編『新修　国分寺の研究』五巻上　南海道　吉川弘文館　一九八七年
角田文衛編『新修　国分寺の研究』五巻下　西海道　吉川弘文館　一九八七年
角田文衛編『新修　国分寺の研究』六巻　総括　吉川弘文館　一九九六年
角田文衛編『新修　国分寺の研究』七巻　補遺　吉川弘文館　一九九七年
玉手英四郎『わが心の国分寺　巡訪事典』里文出版　一九九七年
関東古瓦研究会編『聖武天皇と国分寺―在地からみた関東国分寺の造営―』雄山閣出版　一九九八年
福田信夫『鎮護国家の大伽藍・武蔵国分寺』シリーズ「遺跡を学ぶ」〇五二　新泉社　二〇〇八年
梶原義実『国分寺瓦の研究』名古屋大学出版会　二〇一〇年
須田勉・佐藤信編『国分寺の創建―思想・制度編―』吉川弘文館　二〇一一年
須田勉・佐藤信編『国分寺の創建―組織・技術編―』吉川弘文館　二〇一三年
渡辺明夫『讃岐国分寺の考古学的研究』同成社　二〇一三年
須田勉編「特集　王権擁護の寺・国分寺」『季刊考古学』一二九号　雄山閣　二〇一四年
かみゆ歴史編集部編『国分寺を歩く』イカロス出版　二〇一四年

著者紹介

一九四五年　埼玉県に生まれる
一九六九年　早稲田大学教育学部卒業
元国士舘大学教授、博士（文学、早稲田大学）

主要編著書

『古代東国仏教の中心寺院・下野薬師寺』（新泉社、二〇一二年）
『日本古代の寺院・官衙造営』（吉川弘文館、二〇一三年）
『国分寺の創建―思想・制度編―』（共編、吉川弘文館、二〇一一年）
『国分寺の創建―組織・技術編―』（共編、吉川弘文館、二〇一三年）
『日本古代考古学論集』（編、同成社、二〇一六年）

歴史文化ライブラリー
430

国分寺の誕生
古代日本の国家プロジェクト

二〇一六年（平成二十八）八月一日　第一刷発行

著者　須田勉（すだ　つとむ）
発行者　吉川道郎
発行所　株式会社 吉川弘文館
東京都文京区本郷七丁目二番八号
郵便番号一一三―〇〇三三
電話〇三―三八一三―九一五一〈代表〉
振替口座〇〇一〇〇―五―二四四
http://www.yoshikawa-k.co.jp/
印刷＝株式会社 平文社
製本＝ナショナル製本協同組合
装幀＝清水良洋・陳湘婷

ISBN978-4-642-05830-8

歴史文化ライブラリー

1996. 10

刊行のことば

現今の日本および国際社会は、さまざまな面で大変動の時代を迎えておりますが、近づきつつある二十一世紀は人類史の到達点として、物質的な繁栄のみならず文化や自然・社会環境を謳歌できる平和な社会でなければなりません。しかしながら高度成長・技術革新にともなう急激な変貌は「自己本位な刹那主義」の風潮を生みだし、先人が築いてきた歴史や文化に学ぶ余裕もなく、いまだ明るい人類の将来が展望できていないようにも見えます。このような状況を踏まえ、よりよい二十一世紀社会を築くために、人類誕生から現在に至る「人類の遺産・教訓」としてのあらゆる分野の歴史と文化を「歴史文化ライブラリー」として刊行することといたしました。

小社は、安政四年(一八五七)の創業以来、一貫して歴史学を中心とした専門出版社として書籍を刊行しつづけてまいりました。その経験を生かし、学問成果にもとづいた本叢書を刊行し社会的要請に応えて行きたいと考えております。

現代は、マスメディアが発達した高度情報化社会といわれますが、私どもはあくまでも活字を主体とした出版こそ、ものの本質を考える基礎と信じ、本叢書をとおして社会に訴えてまいりたいと思います。これから生まれでる一冊一冊が、それぞれの読者を知的冒険の旅へと誘い、希望に満ちた人類の未来を構築する糧となれば幸いです。

吉川弘文館

歴史文化ライブラリー

- 聖武天皇が造った都 難波宮・恭仁宮・紫香楽宮 ―― 小笠原好彦
- 悲運の遣唐僧 円載の数奇な生涯 ―― 佐伯有清
- 遣唐使の見た中国 ―― 古瀬奈津子
- 古代の女性官僚 女官の出世・結婚・引退 ―― 伊集院葉子
- 平安朝 女性のライフサイクル ―― 服藤早苗
- 平安京のニオイ ―― 安田政彦
- 平安京の災害史 都市の危機と再生 ―― 北村優季
- 天台仏教と平安朝文人 ―― 後藤昭雄
- 藤原摂関家の誕生 平安時代史の扉 ―― 米田雄介
- 安倍晴明 陰陽師たちの平安時代 ―― 繁田信一
- 平安時代の死刑 なぜ避けられたのか ―― 戸川 点
- 古代の神社と祭り ―― 三宅和朗
- 時間の古代史 霊鬼の夜、秩序の昼 ―― 三宅和朗

中世史

- 源氏と坂東武士 ―― 野口 実
- 熊谷直実 中世武士の生き方 ―― 高橋 修
- 鎌倉源氏三代記 一門・重臣と源家将軍 ―― 永井 晋
- 吾妻鏡の謎 ―― 奥富敬之
- 鎌倉北条氏の興亡 ―― 奥富敬之
- 三浦一族の中世 ―― 高橋秀樹
- 都市鎌倉の中世史 吾妻鏡の舞台と主役たち ―― 秋山哲雄
- 源 義経 ―― 元木泰雄
- 弓矢と刀剣 中世合戦の実像 ―― 近藤好和
- 騎兵と歩兵の中世史 ―― 近藤好和
- その後の東国武士団 源平合戦以後 ―― 関 幸彦
- 声と顔の中世史 戦さと訴訟の場景より ―― 蔵持重裕
- 運 慶 その人と芸術 ―― 副島弘道
- 乳母の力 歴史を支えた女たち ―― 田端泰子
- 荒ぶるスサノヲ、七変化 〈中世神話〉の世界 ―― 斎藤英喜
- 曽我物語の史実と虚構 ―― 坂井孝一
- 親鸞と歎異抄 ―― 今井雅晴
- 捨聖（すてひじり）一遍 ―― 今井雅晴
- 神や仏に出会う時 中世びとの信仰と絆 ―― 大喜直彦
- 神風の武士像 蒙古合戦の真実 ―― 関 幸彦
- 鎌倉幕府の滅亡 ―― 細川重男
- 足利尊氏と直義 京の夢、鎌倉の夢 ―― 峰岸純夫
- 高 師直 室町新秩序の創造者 ―― 亀田俊和
- 新田一族の中世 「武家の棟梁」への道 ―― 田中大喜
- 地獄を二度も見た天皇 光厳院 ―― 飯倉晴武
- 東国の南北朝動乱 北畠親房と国人 ―― 伊藤喜良
- 南朝の真実 忠臣という幻想 ―― 亀田俊和
- 中世の巨大地震 ―― 矢田俊文

歴史文化ライブラリー

大飢饉、室町社会を襲う！——清水克行
贈答と宴会の中世——盛本昌広
中世の借金事情——井原今朝男
庭園の中世史 足利義政と東山山荘——飛田範夫
土一揆の時代——神田千里
山城国一揆と戦国社会——川岡 勉
一休とは何か——今泉淑夫
中世武士の城——齋藤慎一
武田信玄——平山 優
歴史の旅 武田信玄を歩く——秋山 敬
戦国大名の兵粮事情——久保健一郎
戦乱の中の情報伝達 使者がつなぐ中世京都と在地——酒井紀美
戦国時代の足利将軍——山田康弘
名前と権力の中世史 室町将軍の朝廷戦略——水野智之
戦国貴族の生き残り戦略——岡野友彦
戦国を生きた公家の妻たち——後藤みち子
鉄砲と戦国合戦——宇田川武久
検証 長篠合戦——平山 優
よみがえる安土城——木戸雅寿
検証 本能寺の変——谷口克広
加藤清正 朝鮮侵略の実像——北島万次
落日の豊臣政権 秀吉の憂鬱、不穏な京都——河内将芳
北政所と淀殿 豊臣家を守ろうとした妻たち——小和田哲男
豊臣秀頼——福田千鶴
偽りの外交使節 室町時代の日朝関係——橋本 雄
朝鮮人のみた中世日本——関 周一
ザビエルの同伴者 アンジロー 戦国時代の国際人——岸野 久
海賊たちの中世——金谷匡人
中世 瀬戸内海の旅人たち——山内 譲
アジアのなかの戦国大名 西国の群雄と経営戦略——鹿毛敏夫
琉球王国と戦国大名 島津侵入までの半世紀——黒嶋 敏
天下統一とシルバーラッシュ 銀と戦国の流通革命——本多博之

近世史

神君家康の誕生 東照宮と権現様——曽根原 理
江戸の政権交代と武家屋敷——岩本 馨
江戸の町奉行——南 和男
江戸御留守居役 近世の外交官——笠谷和比古
検証 島原天草一揆——大橋幸泰
大名行列を解剖する 江戸の人材派遣——根岸茂夫
江戸大名の本家と分家——野口朋隆
赤穂浪士の実像——谷口眞子
〈甲賀忍者〉の実像——藤田和敏

歴史文化ライブラリー

江戸の武家名鑑 武鑑と出版競争――藤實久美子
武士という身分 城下町萩の大名家臣団――森下 徹
旗本・御家人の就職事情――山本英貴
武士の奉公 本音と建前 江戸時代の出世と処世術――高野信治
宮中のシェフ、鶴をさばく 江戸時代の朝廷と庖丁道――西村慎太郎
馬と人の江戸時代――兼平賢治
犬と鷹の江戸時代 〈犬公方〉綱吉と〈鷹将軍〉吉宗――根崎光男
江戸時代の孝行者 「孝義録」の世界――菅野則子
死者のはたらきと江戸時代 遺訓・家訓・辞世――深谷克己
近世の百姓世界――白川部達夫
江戸の寺社めぐり 鎌倉・江ノ島・お伊勢さん――原 淳一郎
宿場の日本史 街道に生きる――宇佐美ミサ子
〈身売り〉の日本史 人身売買から年季奉公へ――下重 清
江戸の捨て子たち その肖像――沢山美果子
歴史人口学で読む江戸日本――浜野 潔
それでも江戸は鎖国だったのか オランダ宿 日本橋長崎屋――片桐一男
江戸の文人サロン 知識人と芸術家たち――揖斐 高
エトロフ島 つくられた国境――菊池勇夫
江戸時代の医師修業 学問・学統・遊学――海原 亮
江戸の流行り病 麻疹騒動はなぜ起こったのか――鈴木則子
江戸幕府の日本地図 国絵図・城絵図・日本図――川村博忠
江戸城が消えていく 『江戸名所図会』の到達点――千葉正樹
都市図の系譜と江戸――小澤 弘
江戸の地図屋さん 販売競争の舞台裏――俵 元昭
近世の仏教 華ひらく思想と文化――末木文美士
江戸時代の遊行聖――圭室文雄
ある文人代官の幕末日記 林鶴梁の日常――保田晴男
幕末の世直し 万人の戦争状態――須田 努
幕末の海防戦略 異国船を隔離せよ――上白石 実
江戸の海外情報ネットワーク――岩下哲典
黒船がやってきた 幕末の情報ネットワーク――岩田みゆき
幕末日本と対外戦争の危機 下関戦争の舞台裏――保谷 徹

近・現代史

五稜郭の戦い 蝦夷地の終焉――菊池勇夫
幕末明治 横浜写真館物語――斎藤多喜夫
横井小楠 その思想と行動――三上一夫
水戸学と明治維新――吉田俊純
大久保利通と明治維新――佐々木 克
旧幕臣の明治維新 沼津兵学校とその群像――樋口雄彦
維新政府の密偵たち 御庭番と警察のあいだ――大日方純夫
明治維新と豪農 古橋暉皃の生涯――高木俊輔
京都に残った公家たち 華族の近代――刑部芳則

歴史文化ライブラリー

歴史文化ライブラリー

文化史・誌

歴史文化ライブラリー

殺生と往生のあいだ 中世仏教と民衆生活――苅米一志
浦島太郎の日本史――三舟隆之
宗教社会史の構想 真宗門徒の信仰と生活――有元正雄
読経の世界 能読の誕生――清水眞澄
戒名のはなし――藤井正雄
墓と葬送のゆくえ――森 謙二
仏画の見かた 描かれた仏たち――中野照男
ほとけを造った人びと 止利仏師から運慶・快慶まで――根立研介
〈日本美術〉の発見 岡倉天心がめざしたもの――吉田千鶴子
祇園祭 祝祭の京都――川嶋將生
洛中洛外図屏風 つくられた〈京都〉を読み解く――小島道裕
茶の湯の文化史 近世の茶人たち――谷端昭夫
時代劇と風俗考証 やさしい有職故実入門――二木謙一
化粧の日本史 美意識の移りかわり――山村博美
乱舞の中世 白拍子・乱拍子・猿楽――沖本幸子
神社の本殿 建築にみる神の空間――三浦正幸
古建築修復に生きる 屋根職人の世界――原田多加司
大工道具の文明史 日本・中国・ヨーロッパの建築技術――渡邉 晶
苗字と名前の歴史――坂田 聡
日本人の姓・苗字・名前 人名に刻まれた歴史――大藤 修
読みにくい名前はなぜ増えたか――佐藤 稔
数え方の日本史――三保忠夫
大相撲行司の世界――根間弘海
武道の誕生――井上 俊
日本料理の歴史――熊倉功夫
吉兆 湯木貞一 料理の道――末廣幸代
アイヌ文化誌ノート――佐々木利和
流行歌の誕生 「カチューシャの唄」とその時代――永嶺重敏
話し言葉の日本史――野村剛史
日本語はだれのものか――川口 良・角田史幸
「国語」という呪縛 国語から日本語へ、そして〇〇語へ――川口 良・角田史幸
柳宗悦と民藝の現在――松井 健
遊牧という文化 移動の生活戦略――松井 健
薬と日本人――山崎幹夫
マザーグースと日本人――鷲津名都江
金属が語る日本史 銭貨・日本刀・鉄炮――齋藤 努
書物に魅せられた英国人 フランク・ホーレーと日本文化――横山 學
災害復興の日本史――安田政彦
夏が来なかった時代 歴史を動かした気候変動――桜井邦朋

民俗学・人類学

日本人の誕生 人類はるかなる旅――埴原和郎
倭人への道 人骨の謎を追って――中橋孝博